삶은 당신을 기다리고 있다

삶은 당신을 기다리고 있다
통제하려는 생각을 멈추고 삶의 초대에 응하기

2017년 11월 1일 초판 1쇄 발행. 2024년 5월 27일 개정판 1쇄 발행. 메리 오말리가 쓰
고 닐 도널드 월시가 서문을 썼으며, 김수진이 옮겼습니다. 도서출판 샨티에서 이홍용
과 박정은이 펴냅니다. 표지 및 본문 디자인은 황혜연이 하였으며, 이강혜가 마케팅을
합니다. 제작 진행은 굿에그커뮤케이션에서 맡아 하였습니다. 출판사 등록일 및 등록번
호는 2003. 2. 11. 제2017-000092호이고, 주소는 서울시 은평구 은평로3길 34-2, 전화
는 (02) 3143-6360, 팩스는 (02) 6455-6367, 이메일은 shantibooks@naver.com 이 책
의 ISBN은 979-11-92604-20-6 03180이고, 정가는 18,000원입니다.

이 책은 2017년에 《내 안의 가짜들과 이별하기》라는 제목으로 번역 출간되었던 책을 제목을 바꾸어 다시
낸 것입니다.

삶은 당신을___기다리고 있다

메리 오말리 지음 | 김수진 옮김

통제하려는 생각을 멈추고
삶의 초대에 응하기

【샨티】

이 책에 대한
찬사

"나는 메리 오말리가 우리 시대 가장 특별한 스승 중 하나라고 생각한다. 인생의 어려운 순간을 위대한 선물로 바꿀 수 있는 방법을 알려주는 데 이보다 노련한 사람은 없다. 깊은 연민과 비범한 의식, 투명한 통찰이 담긴 그녀의 글은 말 그대로 보물이다."

— **닐 도널드 월시**Neale Donald Walsch (*Conversations with God* 저자)

"메리의 작업은 실용적 지혜와 심오한 통찰로 가득한 보물 상자다. 그 지혜와 통찰은 한 가지 근본적인 진리, 즉 '깨어서 현재 순간을 알아차리고, 있는 그대로를 받아들이며 사는 법'을 향해 있다. 메리, 인간 의식의 진화에 기여해 주셔서 고마워요."

— **에크하르트 톨레**Eckhart Tolle (*The Power of Now* 및 *A New Earth* 저자)

"이 책은 당신에게 자유, 기쁨, 편안함이라는 신비를 열어줄 것이다."

— **잭 콘필드**Jack Kornfield (스피릿 락Spirit Rock 명상센터 설립자, *A Path With Heart* 저자)

"중요한 정보와 지혜를 담은 이 책이 우리의 인생 여정에 심오한 차이를 만들어낸다는 걸 나는 경험으로 알고 있다."

— **버니 시겔**Bernie Siegel (*365 Prescriptions for the Soul* 및 *The Art of Healing* 저자)

"더 행복하고 평화로운 삶을 위한 부드럽고 사랑스러운 안내서이다. 이 책에 담긴 지혜로운 언어는 누구에게나 도움이 될 것이다."

— **조셉 골드스타인**Joseph Goldstein(*Mindfulness: A Practical Guide to Awakening* 저자)

"깨어남은 강력한 치료제이다. 늘 품고 살면서 배울 수 있는 보물 같은 책이다."

— **크리스티안 노스럽**Christiane Northrup(산부인과 의사, *The Wisdom of Menopause* 저자)

"붓다는 온 세상을 둘러보아도 자기 자신보다 사랑스러운 존재를 찾아내지 못할 거라고 했다. 메리 오말리는 우리의 한계 너머에 있는 경이로움을 알아보고, 우리의 빛나는 본성이 해방되도록, 이 사실을 반복해서 일깨워준다."

— **스티븐 레빈**Stephen Levine(*A Year to Live* 저자)

"가장 단순명료하고 기초적이며 활용하기 쉬운 영성 수련법이다. 또한 놀랍도록 심오하며 가장 어두운 곳에 있는 사람들에게도 희망을 준다. 그녀의 메시지는 온 세상을 치유한다."

— **제프 포스터**Jeff Foster(*The Deepest Acceptance* 저자)

"지혜로 가득한 이 책은 단순하면서도 심오한 변형의 기술이 담겨 있다. 내려놓는 법과 삶을 신뢰하는 법을 당신에게 전해줄 것이다."

— **타라 브랙**Tara Brach(*Radical Acceptance* 저자)

"실용적이며 유쾌하다! 메리의 언어는 가슴의 자유를 향해 나아가려는 모든 이에게 치유의 길을 알려준다."

— **샤론 잘쯔버그**Sharon Salzberg(통찰 명상 소사이어티Insight Meditation Society 공동 설립자, *Real Happiness* 저자)

"오늘날 인류는 의식의 심오한 도약을 앞두고 있다. 메리 오말리는 이 책에서 우리 모두가 심오한 진실로 돌아가는 과정을 열어보였다. 그녀의 안내에 따라 날마다 수련하면서 우리의 깊은 본성 안에 머무는 법을 배우다 보면, 위대한 사랑이 깨어나는 놀라움과 기쁨을 맛보게 될 것이다."

— 브라이언 토마스 스윔Brian Thomas Swimme (캘리포니아 통합연구학교California Institute of Integral Studies 교수)

"이 책에서 메리 오말리는 혼돈을 넘어 의식의 빛에 이르는 길을 일러준다. 이 책을 이정표로 삼으면 길을 잃고 헤매는 일은 없을 것이다. 모두에게 유익하며 특히 무언가에 중독된 사람들(사실 우리 모두가 무언가에 중독되어 있다)이 읽어야 할 책이다."

— 토미 로젠Tommy Rosen (Recovery 2.0 저자)

"자신의 진실은 거들떠보지도 말라고 조장하는 이 세상에서, 메리 오말리는 우리 안에 묻혀 있던 목소리를 내라고, 그리하여 이 미친 세상에 절실히 필요한 변형의 길을 밝히라고 청하고 있다. 현존으로의 초대. 끌어안음으로의 초대. 그저 성스러울 뿐인 이 책은 내게 크나큰 위안이다."

— 제프 브라운Jeff Brown (Soulshaping 및 Ascending with Both Feet on the Ground 저자)

"나는 메리의 메시지가 좋다. 넘치는 호기심을 지닌 내게 이 책은 단어가 어떻게 새로운 의미와 쓰임새를 갖게 되는지 깨닫게 해준다!"

— 엘리사벳 사투리스Elisabet Sahtouris (진화생물학자, 미래학자)

"메리 오말리는 진정한 스승으로, 영적 깨어남과 그 눈부신 본보기를 합리적이고 군더더기 없이 쉽게 풀어내는 대표적인 사람이다. 이 책에 담긴 모든 말에 진실한 울림이 있어 참 좋다."

— 마크 매투섹Mark Matousek (Sex Death Enlightenment 및 When You're Falling, Dive 저자)

"메리 오말리는 갈등 없이 충만하게 살아가게 해주는 놀라운 방법을 개발해 왔다. 그녀는 연민어린 호기심으로 우리 삶에서 일어나는 모든 문제를 들여다보고 치유할 수 있도록 가르친다."

— **마시 시모프** Marci Shimoff (*Happy for No Reason* 저자)

"관대함과 연민, 특히 자신에게 관대함과 연민을 가질 필요가 있다고 말하는 저자의 지혜는 실로 본질적인 가르침이다. 우리는 모두 이 세상의 평화와 치유를 위해 나름의 기여를 해왔고, 평화와 치유는 우리 자신에게서 먼저 시작되어야 한다. 메리 오말리는 세월이 흘러도 변치 않는 가르침을 주고 있다."

— **리처드 모스** Richard Moss (*The Mandala of Being* 및 *Inside-Out Healing* 저자)

"메리 오말리의 이 놀라운 책은 가장 큰 시련을 견디는 것이 가장 감동적인 승리의 씨앗이 된다는 것을 보여준다!"

— **앨 콜** Al Cole (CBS 라디오 진행자, *The Spirit of Romance* 저자)

"메리가 한 작업에 경외심을 느낀다. 메리는 일상의 문제들을 신성한 무엇으로 변형시켰다. 사람으로 살아간다는 게 진정 어떤 의미인지 그녀가 보여준 통찰이 내 가슴에 깊이 와 닿았다. 나는 메리 오말리가 오늘날 진리를 전달하는 가장 생생한 목소리라고 생각한다."

— **앤 루이스 기틀먼** Ann Louise Gittleman (건강 전문가, *The Fat Flush Plan* 저자)

"메리는 우아하고 능숙하게 자신의 생각을 전달할 줄 알며, 아무에게서나 보기 힘든 뛰어난 민감함까지 갖추고 있다."

— **제리 카츠** Jerry Katz (www.nonduality.com 설립자)

"너무 자극적이거나 실제 필요한 경험적 내용은 없는 영성 서적이 범람하지만, 이 책은 다르다. 설명과 가르침을 적절하게 버무려내는 메리의 방식이 참 좋다."

— **스캇 킬로비**Scott Kiloby(작가, 킬로비 치유센터 설립자)

"책을 읽고 실습을 해보면서 낱낱의 부분들이 실제로 해보거나 받아들이기 쉽게 하나로 꿰어져 있다는 것을 느꼈다. 그 단순함도 좋지만, 우리가 지닌 약점을 어루만지는 능력은 누구도 비할 바가 못 된다. 우리는 여기서 혼자가 아니라 함께 있다."

— **로레인 헐리**Lorraine Hurley(라디오 진행자)

"메리의 책은 근사할 뿐 아니라, 개인의 자유와 지구 차원의 지혜를 동시에 구하는 사람들에게 아주 유용하다. 그리고 가슴의 지성에, 호흡의 힘에, 인간 영혼의 깨어남에 초점을 맞추게 해준다."

— **그랜트 수살루**Grant Soosalu(*Avoiding the Enemies to HAPPINESS* 및 *mBraining* 저자)

"어떤 페이지를 펼쳐도 우리의 제한된 인식이라는 한계와 갈등에서 우아하게 벗어날 수 있도록 영감을 준다."

— **안드레아 애들러**Andrea Adler(*The Science of Spiritual Marketing*)

"메리는 우리에게 우리 자신과 환경, 또 우리의 경험과 꿈을 끌어안으라고 부드러우면서도 똑 부러지게 이야기한다. 억지로가 아니라 기꺼운 마음으로 우리에게 이 여정에 나서보라고 권한다. 메리는 정말 귀한 진주 같은 사람, 보물 같은 사람이다."

— **제프 레너**Jeff Renner(기상학자, 시애틀 킹 파이브KING 5 뉴스 기상 전문 기자)

"이 책은 내적인 갈등에서 벗어나 평화와 안녕, 자유를 얻고자 하는 사람들에게 아주 큰 도움이 된다."

— **존 가브리엘**Jon Gabriel(작가, 심신 통합적 접근을 통한 체중 감량 요법 설립자)

"그냥 책을 읽는다는 것과 책을 읽는 동안 바로 그 자리에서 기꺼이 변화할 수 있다는 것은 다른 일이다. 그녀의 가르침은 정확하고, 삶의 느낌으로 충만하며, 어지러운 감정들과 우울한 생각들로부터 벗어나도록 도와준다. 그녀가 독자들에게 주는 선물이 얼마나 큰지 헤아릴 수 없을 정도이다. 이 선물은 바로 지금은 물론 앞으로도 영원히 유효할 것이다."

— **데이빗 실버**David Silver(텔레비전 디렉터. 마인드팟 네트워크Mindpod Network 공동 설립자)

"메리의 언어는 기쁨과 아픔을 모두 아는 정직한 가슴에서 나오는 게 틀림없다. 메리는 삶에 열려 있는 방식으로 사는 법을 익혀왔다. 이 책은 자유로 가는 길에서 만나는 것들을 어떻게 활용하면 좋을지 명료하고 간결한 방식으로 알려준다."

— **크리스 그로소**Chris Grosso(*Indie Spiritualist* 및 *Everything Mind* 저자)

"메리의 책은 자아 탐구의 길을 걷는 모든 사람들을 아주 섬세하게 안내한다. 한마디로, 에고에 근거한 관점을 영혼에 근거한 관점으로 바꿈으로써 두려움을 사랑으로 변형시켜 보라고 권하고 있다."

— **라구 마르쿠스**Raghu Markus(마인드팟 네트워크 공동 설립자)

＊

이 책을 내 소중한 벗이자 동료인 메리수 브룩스에게 바칩니다.

이 작업을 진행하고 지혜를 불어넣어 주어서 고맙습니다.

당신의 존재, 재능, 헌신과 진심 덕분에

이 책이 세상에 나오게 되었습니다.

우리가 이 길을 함께하고 있음에 얼마나 감사한지

말로는 다 표현하지 못합니다.

✦

차례

서문_ 닐 도널드 월시 · 16

들어가며_ 변형이 시작되다 · 19

☼ 1 ☼ 정말로 다 괜찮아요 · 32

괜찮지 않다는 통념 · 33 / 초원 · 35 / 스토리텔러 · 37

다시 가슴을 열고 · 40 / 연민어린 호기심의 힘 · 43

길에서 마주치는 모든 것이 길이다 · 45

되짚어보기 ·47

삶에 온전히 머물기 〉 **기억하기 실습 1주** ·49

☼ 2 ☼ 초원 알아가기 · 52

초원의 특성 · 55

되짚어보기 ·74

삶에 온전히 머물기 〉 **기억하기 실습 2주** ·76

3 두려워할 것은 없다 · 79

어린 시절과 두려움 · 82 / 마음이 지어낸 나 · 84
어린 시절에 만들어진 나 · 86 / 어린 시절의 두려움이 지속되다 · 88
두려움의 대가 · 90 / 모두의 경험 · 93 / 두려움 알기 · 94
벗어나는 길 · 96 / 두려움과 가슴 · 99 / 두려워할 필요가 없다 · 100

되짚어보기 · 102

삶에 온전히 머물기 **기억하기 실습 3주** · 104

4 당신은 혼자가 아니에요 · 107

우리를 갈라놓는 주문들 · 109 / 신이란 무엇인가? · 122
도움 청하기 · 124 / 질문의 힘 · 127

되짚어보기 · 132

삶에 온전히 머물기 **기억하기 실습 4주** · 134

5 호기심이 치유한다 · 137

바라보는 기술 · 139 / 해결에 중독되다 · 143
호기심: 해결의 반대말 · 145 / 부끄러워할 것은 없다 · 148
두려워할 것은 없다 · 152 / 내 몸을 친구처럼 · 155

되짚어보기 · 158

삶에 온전히 머물기 **기억하기 실습 5주** · 160

6 직접 경험하는 삶 · 164

자신으로 돌아가다 · 166 / 몸의 지혜 · 168 / 호기심 기르기 · 171
불편함 · 175 / 불편함이라는 보물 · 178 / 불편함과 잘 지내기 · 180
다섯 가지 위대한 스승 · 182 / 호기심과 일상 · 188

되짚어보기 · 191

삶에 온전히 머물기 **기억하기 실습 6주** · 193

7 여기선 모든 것이 환영받는다 · 197

가슴으로 나를 어루만지기 · 201 / 모든 것이 가슴을 바란다 · 204
나는 네가 보여 · 208 / 한 걸음 한 걸음씩 · 212
귀 기울여 듣기 · 214 / 더 깊이 듣기 · 221 / 나의 길 찾기 · 225

되짚어보기 · 228

삶에 온전히 머물기 **기억하기 실습 7주** · 230

8 다 괜찮으니, 이리 와 · 234

깨어남을 도와주는 네 가지 도구 · 238 / 서서히 깨어나다 · 255

되짚어보기 · 258

삶에 온전히 머물기 **기억하기 실습 8주** · 260

9 — 삶은 당신을 위해 존재한다 · 264

의식의 여섯 단계 · 266 / 신뢰의 진실 · 277
당신의 이야기 · 280 / 삶을 신뢰한다는 것 · 283
응답하는 기쁨 · 285

되짚어보기 · 287

삶에 온전히 머물기 **기억하기 실습 9주** · 289

10 — 가슴이 부르는 노래 · 293

네 가지 실천 · 294 / 가슴으로 살기 · 307
과정을 신뢰하기 · 312

되짚어보기 · 315

삶에 온전히 머물기 **기억하기 실습 10주** · 317

책을 마치며_ 삶으로 깨어나다 · 323
부록_ 여덟 가지 주문과 그 변형 · 333
감사의 말 · 338
옮긴이의 말 · 340

어린 시절 나는 종종 이렇게 말하곤 했다. "인생은 정말 단순한데 어째서 다들 복잡하게 살지?"

학교에서 큰 시험이 다가오거나 학년말이 되면 애들이 어째서 그토록 난리법석인지 이해할 수가 없었다. 일고여덟 된 꼬마였지만 나는 엄마 아빠한테는 웬 문제가 그리도 많은지, 엄마는 무슨 걱정이 그렇게 많은지 알 수가 없었다. 쾌활함을 신경질로, 행복을 불평으로, 내면의 평화를 불안으로 바꿔버리는, 무언가를 염려하고 걱정하는 사람들을 나는 전혀 이해할 수 없었다.

왠지는 모르겠지만 나는 언제나 일이 잘 풀려나가리라는 것을 알았고, 실제로도 늘 그랬다. 항상 내가 생각한 방식이나 원하던 대로 풀려나간 건 아니지만, 하늘은 언제나 거의 최선의 상태로 나를 인도해 주었다. 그래서 무슨 일이 일어나고 있는지 알아차리고, '삶의 방식'을 신뢰하기까지는 그리 오랜 시간이 걸리지 않았다.

훌륭한 영적 스승인 메리 오말리는 이 책에다 바로 그것을 명료하고 놀랍도록 쉬운 언어로 풀어놓았다. 이 책에 정말 설렌다! 나는 이 책이 앞으로 오랫동안 이 길에서 가장 중요한 작업 중 하나가 되리라 생각한다. 또한 단언컨대 지금껏 읽었던 책 가운데 가장 이로운 책 중 하나가 될 것이다.

이 책은 삶을 있는 그대로 대하는 법에 대해 이야기하고 있다. 쉬운 일뿐만 아니라 어려운 일 앞에서도 그렇게 하기가 수월해질 것이다. 내 삶의 험난한 시절에 이 책이 있었다면 얼마나 좋았을까? 누구에게나 살다 보면 어려운 시절이 있게 마련이다. 그런 순간들에 뭔가 의지할 수 있는 것, 무슨 일이 일어나는 중이고 어떻게 겪으면 되는지 이해할 수 있도록 도와줄 무언가가 있었다면 나는 어떤 값이라도 치렀을 것이다. 또 힘든 순간에 대처하는 구체적 방법을 사전에 참고할 수 있었더라면 나는 그 순간을 내 인생 최고의 축복이라 여겼을지도 모른다. 나는 힘든 경험을 넘어서는 데 이보다 더 유용하고 효과적인 도구를 손에 쥐기 어려울 거라고 장담한다.

어린 시절 내가 직관적으로 알고 있었듯이 삶이란 사람들이 경험하는 것처럼 그렇게 혼란스러울 필요가 없다. 그러나 '어째서 그런지, 그렇게 살지 않을 방법이 무엇인지' 말로 설명할 재주가 내겐 없었다. 메리 오말리는 그 두 가지를 다 해냈고, 사람들에게 줄 수 있는 가장 커다란 선물을 일궈냈다.

살면서 힘든 순간을 겪고 있다면, 지인이나 사랑하는 사람이 어려운 시기를 지나고 있다면 이 책만큼 좋은 선물은 없을 것이다. 이보다 더 연민으로 가득하고, 이해심 있고, 영적으로 깨어 있으며, 정서적인 표현력까지 갖추고, 심리적으로도 뛰어나며, 놀랍고 유능한 스승이자 메신저는 찾아볼 수 없을 것이다.

이 책은 내면의 평화나 외적인 기쁨, 안팎의 평안을 누리기 위해 아무것도 달라질 필요 없이 더 나은 삶으로 가는 길을 보여주고 있다. 그러나 이 책은 이론서나 개념서가 아니다. 이 책은 실습서요 교본이며 '인생 작동 매뉴얼'이라고도 할 수 있다.

당신의 영혼은 지금 이 자리로 당신을 데려오기까지 자신이 해온 일을 정확히 알고 있다.(아시다시피 당신은 어쩌다 우연히 이 책을 만난 것이 아니다.) 이 책을 빨아들이고 들이마셔라. 신들의 음료처럼 들이켜보라. 이것은 그 같은 지혜를 있는 그대로 뿜어내는 신성한 존재로부터 비롯된 것이 틀림없기 때문이다.

우리의 밤낮을 풍요롭게 해주고 상처받은 자리를 치유할 수 있도록 해준 메리 오말리에게 고마움을 전한다.

— 닐 도널드 월시Neale Donald Walsch(《신과 나눈 이야기》 저자)

변형이 시작되다

이제 당신을 가장 중요한 여정으로 초대하려 한다. 자신의 가슴과 다시금 연결되고, 자신의 삶과 신뢰로 연결되는 여정이다. 이 여정은 삶에서 무슨 일이 벌어지든 당신이 늘 평안함well-being 속에 있다는 사실을 알려줄 것이다.

대부분의 사람들처럼 당신도 이 평안함을 그저 드문드문 알아차렸을 것이다. 이는 모두가 그렇듯이 자신이 어딘가 모자란다는 뿌리 깊은 신념이 당신 안에도 있기 때문이다. 자기 자신 혹은 인생을 고쳐서 모자람이 없어지면 그때 비로소 그토록 갈망하던 평화와 행복을 얻게 될 거라는 믿음에 길든 탓일 수도 있다. 당신은 여전히 풀어야 할 과제가 있다고 여기고, 이로 인해 자신의 충동이나 재정 상황, 인간 관계, 건강과 갈등을 빚고 있을 것이다. 평화나 기쁨보다는 주기적으로 한 번씩 폭발하거나 혼란을 맛보고, 인생은 살아볼 만한 모험이라기보다는 풀어야 할 문제들의 연속이라 생각할 것이다. 그러나 정직하게 스스로를 돌아본다면 이 '고치고 해결하기'가 결코 평화도 안녕도 편안함도 가져다주지 않는다는 사실을 인정할 수밖에 없을 것이다.

나 역시 오랫동안 애쓰며 살았고, 그래서 뭔가를 고쳐야 한다는 생각에서 비롯되는 깊은 고뇌와 가슴앓이가 어떤 건지 아주 잘 알고 있다. 나는 몹시 충동적이었고, 때로는 자살 충동에 시달렸으며, 내가 아무런 가치도 없다고 느꼈다. 대부분의 시간 나는 평안하지 않았고, 그것은 종종 두려움이나 절망, 불안의 형태로 불쑥불쑥 튀어나오곤 했다. 나는 어마어마하게 살이 쪘고, 술과 함께 엄청난 폭식을 했으며, 약이란 약은 손에 닿는 대로 다 집어삼켰다.

내게 결함이 있다고 생각했기 때문에 내가 싫어하는 부분이나 의존하던 부분을 없애려 애를 썼다. 그러나 이런 부분은 저만의 생명력이라도 있는 것처럼 내가 원치 않을 때면 나타나고, 머물러주었으면 할 때는 사라져버리는 것 같았다. 그 모든 것을 필사적으로 이해하려고 해봤지만 그럴수록 생각에만 사로잡힐 뿐이었다.

나 자신에게 귀 기울이는 법을 알고 난 후에야 나는 비로소 다시 마음을 열기 시작했다. '고쳐야 해'라고 하기보다는, 더 이상 판단이나 고치기, 없애기, 이해하려 애쓰기를 하지 않고 나 자신을 있는 그대로 만나는 법을 배웠다. 무엇이 되었든 그 경험 속에 온전히 머무는 법, 설령 받아들일 수 없거나 마주하기 어려운 부분이 있다 해도 진심으로 나 자신과 만나는 법을 배웠다.

서서히, 아침 햇살이 어둠을 몰아내듯 나는 나 자신으로 돌아왔다. 또한 삶이라는 위대한 모험이 드러나는 방식, 일상적인 의미로서의 삶뿐만 아니라 모든 사람과 사물을 통해 펼쳐지는 어떤 지적인 과정을 발견하게 되었다. 더 나은 현실을 창조하려 애쓰는 대신에 나는 완전히 다른 현실을 끌어안기로 했다.

나는 불편한 상태에서 벗어나 점차 기쁨, 신뢰, 사랑을 알아갔다. 그렇다고 내 약점이 전부 사라져버렸을까? 그렇지는 않다. 그런 느낌은 언제나 내 일부로 존재할 것이다. 약점이 있다는 것은 인간 존재의 핵심이기 때문이다. 약점이 있다는 사실은 또한 평화와 기쁨과 사랑에 이르는 길이기도 하다. 이제 내 약점은 넓은 내 가슴에 포근하게 안겨 있다. 그리고 이따금씩 잔혹한 삶의 순간을 지날 때 그것이 되살아난다 해도 더는 큰일이 되지 않는다. 오히려 그것들로 인해 내 가슴이 전보다 더 활짝 열린다.

이 책의 내용은 실제 나의 삶에서 비롯되었다. 삶은 깊은 어둠 속에 나를 버려두지 않고, '제한'과 '갈등'에서 '연결'과 '평안'으로 가는 길을 보여주었다. 30년 전 이 여정을 나누기 시작한 이래, 나는 자기 자신과 삶으로 되돌아오려는 사람들 수천 명을 안내해 왔다.

그리고 그들 모두는 결과적으로 삶으로 돌아가는 길을 내가 더욱 명료하게 볼 수 있도록 도와주었다.

이 책에서 나는 편안함과 평온으로 돌아가는 여정으로 당신을 초대하려 한다. 이 여정에서 당신은 먼저 갈등이 벌이는 게임을 꿰뚫어보게 될 것이고, 그 결과 온전히 살아있는 기쁨을 알게 될 것이다. 갈등은 기쁨과 평화라는 자연스러운 상태로부터 당신을 갈라놓는, 스토리들로 이루어진 일종의 구름층과도 같은 것이며, 당신은 평생 그 스토리들을 믿도록 길들여져 왔다. 갈등의 바탕은 두려움이다. 그것은 판단으로 뭉쳐 있으며, 당신이 슬픔과 분노, 외로움과 절망으로 상처받도록 내버려둔다.

갈등하는 자아는 인생의 큰 시련하고만 다투는 게 아니다. 남들로부터 주목받지 못한다거나, 셔츠에 묻은 얼룩이나 코의 생김새처럼 작은 것들에 저항한다. 당신은 갈등에 중독된 마음이 유혹할 때 알아차리는 법, 갈등의 특정한 레퍼토리를 알아보는 법, 그것들을 넓은 마음으로 받아들이고 내려놓는 법 등을 배우게 될 것이다. 갈등이 불러일으키는 온갖 두려움, 갈망, 짜증과 슬픔에 걸려들지 않는 법도 배우게 될 것이다. 충동적으로 행동하거나 남들과 다투는 대신, 삶에서 문제를 일으키는 것은 언제나 자신의 아주 작은 부분이라는 사실을 알아차리면서 그 모든 것이 가만히 자신을 지나쳐가게 할 수 있을 것이다. 당신의 나머지 부분은 평화로울 것이다.

당신은 또한 있는 그대로의 자신을, 심지어 사랑할 수 없다고 생각하는 부분까지도 가슴으로 마주하는 법을 배우게 될 것이다. 시련의 희생자가 되는 대신, 거기에 딸려 있는 보물을 얻게 될 것이다. 삶이 그저 우연히 일어나는 사건의 연속이 아니라는 것, 그 모든 일이 자신을 위해 일어나고 있다는 걸 알게 될 것이다. 살면서 일어나는 모든 일, 특히나 시련은 당신의 갈등이 자아내는 스토리를 바라보게 해주려고 주문 제작된 것이다. 길 안에서 무엇을 만나든 그것이 바로 길이다! 당신은 시련을 극복하려 애쓰기보다 시련에 귀 기울이는 법을 배우고, 그로 인해 자신의 가슴으로 돌아가게 될 것이다.

그리고 마침내 당신이 어디에 있든, 무슨 일이 생기든 편안한 마음으로 바로 여기, 지금 이 순간 다시금 삶을 향해 자신을 여는 법을 알게 될 것이다. 이 여정에서 겪는 모든 일이 삶이라는 대모험 속에서 당신을 안전하게 지켜줄 것이다. 그럴 거라는 생각이 아니라 실제로 그러하다. 이는 당신이 깊이 갈망하던 그것, 바로 삶과의 친밀한 연결이다. 당신의 중심은 뭔가 다른 경험을 바라는 게 아니라 지금 이 순간 주어진 삶을 온전히 받아들이기를 바라고 있다. 애쓰고 저항하며 자신의 방식을 끊임없이 평가하는 일을 관두고, 삶에 느긋해지며 삶을 알차게 살아내고 삶에 현존하는 기쁨을 알게 되길 당신은 바라고 있다.

신화학자인 조셉 캠벨Joseph Campbell은 《신화의 힘The Power of Myth》에서 이렇게 말했다. "사람들은 모두가 삶의 의미를 찾고 있다고 말한다. 내 생각엔 그렇지 않다. 우리가 정말로 찾고 있는 것은 살아있는 경험이다. 순수한 물질적 차원에서 일어나는 삶의 경험이 가장 깊은 내면의 상태나 현실에 공명하고, 그로 인해 정말 살아있음의 환희를 느껴보는 것이다. 그것이 전부이다."

캠벨이 언급하는 것이 바로 이 책의 핵심이다. 이 책은 삶을 온전히 경험하면서 다시 한 번 '살아있음의 환희'를 알게 되기를 청하고 있으며, 그러기 위해서는 바로 여기, 지금 이 순간에 연결되는 것이 그 열쇠이다.

1장에서는 당신이 만들어낸 스토리들이 마음속 구름이 되어 점차 당신을 에워싸고, 원래 당신이 있던 평안의 초원과 온전한 삶으로부터 당신을 떼어놓는다는 사실을 이야기하고 있다. 2장에서는 초원의 특성을 더 자세히 탐색하게 된다. 3장에서는 스토리텔러의 가장 핵심적인 역할을 하는 두려움에 대해 알아보고 그것이 지어낸 스토리들을 꿰뚫어보는 일이 가능하다는 사실도 알게 될 것이다. 4장에서는 이 변화의 과정을 책임지고 있는 것은 당신만이 아니라는 사실, 당신은 혼자가 아니며, 가까운 거리에 도움의 손길이 있다는 사실을 발견하는 핵심 단계에 도달한다.

이를 토대로 5장에서는 지금 하고 있는 경험에 호기심을 품고 대할 수 있는 힘에 대해 알아볼 것이다. 6장에서는 그 호기심의 힘을 일상으로 가져오는 법을, 7장에서는 우리의 가슴이 지닌 치유의 힘을 살펴볼 것이다. 그 다음 8장에서는 가슴이 지닌 치유의 힘으로 가장 깊은 내면에 사로잡혀 있는 것들을 어루만지는 법을 배우게 될 것이다.

9장에서는 '신뢰'라는 자연스러운 상태와 다시 연결될 것이다. 그리고 10장에서는 지금까지 살펴본 모든 것을 '네 가지 실천'으로 정리해서 우리가 살면서 겪는 온갖 경우에 유용하게 활용할 수 있도록 할 것이다. 이 책을 다 읽을 즈음이면 우리가 살펴본 것들에 세상을 바꿀 힘이 있다는 사실을 발견하게 될 것이다.

이 책을 활용하는 법

이 책에 담긴 내용을 이해하는 것도 중요하지만, 온전한 삶으로 들어가는 문은 경험을 통해서만 열린다는 사실을 기억하길 바란다. 삶을 향해 자신을 여는 데 저항이 느껴질 수도 있다. 깊이 바라온 일임에도 우리는 또한 그것을 두려워하기 때문이다. 저항이 느껴지는 부분이 있다 해도 직접 경험하다 보면 그냥 지나쳐 보낼 힘이 생겨날 것이다.

우선, 각 장 중간중간에 제안한 것들을 시도해 보길 권한다. 이는 갈등의 세계를 내려놓고 지금 여기에 존재하는 삶에 가슴을 열며, 알아차림의 촉수finger of your attention를 경험의 강물에 담가 삶이 스며들도록 하려는 것이다. 때로는 단어만 이해하는 수준에 머무를 수도 있지만, 이 역시 중요한 단계이다. 그러나 단순한 이해를 넘어 실제로 그 말이 가리키는 바를 경험하게 되는 순간이 온다. 그게 무엇인지 알아낼 필요는 없다. 단지 그 순간에 갈등을 내려놓고 삶에 연결될 수 있다는 사실을 발견하면 된다.

그 다음, 이 책은 10주간의 자기 성찰 과정을 통해 열 개의 장을 온전히 체험할 수 있도록 구성되었다. 이 과정은 각 장마다 끝에 정리했다. 이 책에 실려 있는 모든 내용은 당신이 이미 알고 있지만 잊어버렸던 것들이다. 이 과정에는 '기억하기re-membering'라는 요소가 들어 있는데, 이는 우리가 더 이상 자신을 전체에서 분리된 부분으로 보지 않고, 하나로 뭉쳐 있는 삶의 본모습, 그리고 우리가 어떻게 거기에 없어서는 안 될 구성원으로 참여하고 있는지를 재발견하는 것이다. 갈등이 지어내는 스토리가 무언지 명확해질수록 우리는 더욱 많은 것을 기억해 내거나, 삶이라는 이 위대한 흐름 속으로 더 수월하게 돌아갈 것이다.

'이 주의 기억할 구절'은 각 장의 핵심을 추린 것이다. 이 진실의 구절들은 갈등하는 자아 너머에서 왔다. 이것을 일상에서 활용할 수 있을 것이다. 이 구절들을 메모지에 써 붙여둘 수도 있다. 화장실에 갈 때나 전화 받을 때처럼 하루에도 몇 번씩 하는 활동들과 관련시킬 수도 있다. 의식적인 호흡을 할 때마다 만트라처럼 활용할 수도 있을 것이다.

또 이 진실의 구절들 덕분에 당신의 갈등하는 자아의 존재를 알아차릴 수도 있다. 당신의 마음이 진실의 구절과 언쟁을 벌일 때면 이 마음이 단지 갈등하는 자아일 뿐이라는 사실을 명심한다.

그 주에 제시된 구절이 와 닿지 않으면 그 장章에서 가장 깊이 와 닿은 구절 가운데 몇 마디를 기억할 구절로 되새겨도 좋다.

또한 갈등이 벌이는 게임에 현혹되기보다는 날마다 홀로 고요한 시간을 가지면서 자기 내면의 경험을 살펴보고 거기에 귀 기울이는 법을 배우기를 권한다. 이 시간을 '기억하기 실습'이라 부르겠다.

이 실습 세션이 명상처럼 보일 수도 있지만 전통적인 의미의 명상은 아니다. 뭔가를 불러일으키려 하거나, 더 나은 상태에 닿으려 하거나, 무언가를 바꾸려는 게 아니라, 단지 알아차림의 근육을 강화하는 것이다. 알아차림을 통해 지금 이 순간 벌어지는 일을 문제로 삼기보다 그것에 호기심을 품고 연결되는 법을 찾아낼 수 있다. 그 훈련이 되면 마음속 갈등의 구름을 넘어 편안함, 평화, 평온이라는 본래의 감각을 재발견할 수 있게 된다.

'기억하기 실습'은 자신의 마음을 알게 해주는 유용한 기회이다.

그러나 이 실습을 하는 동안 당신의 마음이 제대로 하려 애쓴다든지 잘되고 있는지 판단하려 들 수도 있다. 종종 지겨워지거나 멍해지기도 할 것이다. 대부분의 사람들이 '명상'이라는 것에 실패했다고 생각하는 이유는 그것을 '똑바로' 하려고 하기 때문이다. 그러나 매일 '기억하기 실습'을 하면서 떠오르는 것은 그것이 무엇이든 모두 필요해서 일어난 일이라는 사실과, 거기에 호기심을 품으면 갈등 게임에서 벗어날 수 있다는 사실을 알고 있으면 그 경험이 완전히 달라질 것이다.

매주 첫날에는 각 장의 '기억하기 실습'에 나온 지시문을 다 읽고 눈을 감은 채 그것을 음미해 보기를 권한다. 지시문 말미의 '짧은 실습'은 한 주간 동안 매일 당신을 안내해 줄 것이다.

그러나 이만하면 됐다 싶으면 일주일이 아니라 더 짧아도 상관없다. 이 실습들이 더 깊은 수준에서 통합되는 데 도움이 되겠지만, 별로 끌리지 않는다면 하지 않아도 상관없다. 그래도 이 책에서 필요한 것을 얻을 수는 있을 것이다. 이 실습이 자신에게 적합하다고 느껴지면 그때는 스스로를 믿고 이 실습에 마음을 열어라. 애쓰는 삶doing Life에서 존재하는 삶being Life으로 향하는 제아무리 검증된 길이 있다 해도, 당신에겐 독특한 자기만의 길이 있을 것이다. 그러니 자신에게 와 닿는 것을 받아들이고 나머지는 내려놓는 것이 중요하다.

*

우리가 함께하는 이 여정의 핵심은 갈등하는 자아에 묶여 있던 에너지가 해방되고, 그 결과로 온전히 살아있다는 기쁨을 되찾는 데 있다. 평안은 지금 여기에 있다. 찾아다닐 필요도 없고, 그것을 알기 위해 자신을 고칠 필요도 없다. 인생의 무엇도 바꿀 필요가 없다. 평안은 갈등하는 자아에서 놓여나는 법을 배우면 절로 드러난다. 그것은 당신이 원래 누리던 것이기 때문이다.

이 아름답고 푸른 지구에서 살아가는 모든 이를 대신해, 삶을 향한 여정을 기꺼이 선택한 당신에게 고마움을 전한다. 당신의 삶이 변화해 갈수록 당신이 만나거나 떠올리는 모든 이의 삶도 변화해 갈 것이다. 갈등의 세계에 사로잡히지 않으면, 당신은 평안의 빛을 발하며 삶의 장엄함과 신비에 열린 채로 이 자리에 존재하게 된다. 이 자리에 존재하는 법을 알게 된 사람은 다른 이들까지도 갈등에

중독된 마음에서 풀려나 지금 여기에 살아가는 기쁨을 누리도록
해준다. 모든 존재가 치유되는 동안 삶은 당신을 고향으로 데려다
준다.

　갈등에서 평안으로 향하는 여정에 오를 준비가 되었는가? 그렇
다면, 시작해 보자.

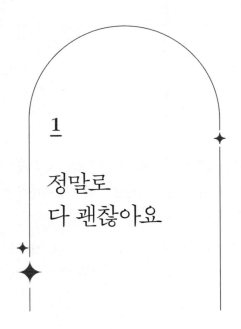

1

정말로
다 괜찮아요

　모든 것이 다 괜찮은 하루를 상상해 보라. 괜찮은 정도가 아니라 정말로 근사한 하루를. 이제 막 사랑에 빠졌거나 오랫동안 바라던 무언가를 얻었거나, 아니면 아무런 부담 없이 행복한 기분으로 해변에 드러누워 휴가를 즐기고 있다고 해보라. 이 근사한 하루의 이미지로 자신을 가득 채워보라. 그 행복을 만끽하라. 그 느낌이 당신의 마음과 몸과 가슴으로 흘러넘치게 하라.

　이제, 상상 속에서 모든 것이 괜찮다는 그 기쁨을 만끽하는 동안 어떤 경험을 했는지 알아차려 본다. 마음에선 아무것도 달라질 필요가 없다는 느낌이 들었을 것이다. 몸에서는 깊은 이완감과 함께 기쁨이 차올랐을 것이다. 가슴이 열리고 탁 트이면서 가벼워지는 기분이 들었을 것이다.

모든 것이 언제나 괜찮다는 사실을 알고 있었다면 어땠을까? 그렇다고 어려움이 없었으리라는 뜻은 아니다. 다만 그런 것이 문제가 되지는 않았을 것이고, 좀 더 명료한 상태에서 거기에 반응할 수 있었을 것이다. 이처럼 열려 있고, 느긋하고, 연결되어 있으면서도 매이지 않은 채 살아간다는 건 어떤 모습일까? 더는 삶에서 갈등을 겪지 않고, 지금 여기 있는 그대로 삶을 경험하는 것이야말로 당신이 그토록 바라던 일 아닌가? 가능하다! 사실 인생의 온갖 일은 모든 것이 괜찮다는 사실을 알아차리고 갈등 없는 삶을 향해 가는 여정의 한 부분이다.

괜찮지 않다는 통념

우리는 다들 이렇게 괜찮기를 바라지만, 실제로 이는 몹시 어려운 일 같다. 잠시 물러나 온종일 자기 내면에서 일어나는 것들을 지켜본다면 만족하며 편안히 쉬기보다는 그 반대로 하고 있는 마음을 더 많이 보게 될 것이다. 마음은 뭔가 더 나은 것을 찾는다. 더 나은 몸, 더 나은 애인, 더 나은 명상, 더 나은 자동차, 더 나은 마음…… 이런 마음은 삶이 생각하는 대로 굴러가기만 하면 자신이 편안해질 거라 기대한다.

당신은 또 자기 마음에 들지 않는 부분을 없애려 굉장한 에너지를 쓰고 있다. 그러나 인생과 씨름하는 동안에는 만족감이 오래가기 어렵고, 그래서 무감각한 충동의 세계에서 만족을 찾으려 들게 된다.

정직하게 들여다본다면 당신은 더 나은 경험을 찾아다녀 봐야 별 소용없다는 걸 알게 될 것이다. 잠시 효과는 있겠지만, 결국은 똑바로 해야 한다거나 자신과 삶을 완전히 바꿔야 한다는 관념에 다시 사로잡히고 말 것이다.

여기서 마음이란 결코 없앨 수 있는 것이 아니라는 사실을 이해하는 일이 중요하다. 마음은 우주가 탄생한 이래 138억 년에 걸쳐 삶이 정교하게 다듬어온 창조물이다. 삶은 책임을 지우기 위해서가 아니라 도구로 활용하기 위해서 마음을 창조했다. 마음은 훌륭한 하인이지만, 끔찍한 주인이 될 수도 있다. 이런 마음에게 삶을 책임지라는 임무를 맡겼기 때문에 사람들 대부분이 평화와 기쁨에서 멀어져 온종일 갈등의 세계에서 살아가게 된 것이다.

마음에게 사로잡히는 게 아니라 마음을 부리는 법을 배울 때, 당신은 평안함이 자연스러운 상태이며 무슨 일이 벌어지든 당신이 늘 평안함 속에 있다는 걸 알게 될 것이다. 당신은 항상 찾으려 하고 있기 때문에 보지 못한다. 그것은 찾을 수가 없다. 잃어버린 적이 없기 때문이다. 화가 나거나 깊이 절망하거나 몹시 두려운 순간에도, 갈등에 사로잡혀 있는 순간에도 당신이 원래 타고난 평안의 장이 당신과 함께 있다. 어떤 일이 일어나든 당신은 그 사실을 깨닫고 갈등을 넘어선 자리에서 살아가는 법을 배울 수 있다.

✦━━━━━━

잠시 눈을 감고 귀를 기울여본다. 지금 이 순간 온갖 소리가 들려올 것이다. 계속 마음을 모으고 얼마나 다양한 소리가 들려오는지 헤아려본다. 다 끝나면 눈을 뜨고 아주 놀라운 일이 벌어졌음을 인식한다. 잠깐 동안 당신은 삶을 '생각'하지 않았다. 무언가에 귀를 기울이면서 삶을 직접 경험했다. 삶에 대해 생각하는 것과 실제로 삶을 경험하는 것 사이에는 커다란 차이가 있다.

초원

햇살 가득한 아침의 아름다운 초원을 떠올려보라. 이 초원은 색색의 들꽃과 새들의 노랫소리로 가득하다. 꽃향기와 근처 산들의 원시적인 아름다움이 깊은 평화를 자아낸다.

이 초원은 삶의 중심에 존재하는 '평안'이라는 경험을 나타낸다. 당신 또한 놀랍고 신비롭게 펼쳐지는 이 삶의 일부이기 때문에 초원은 당신 존재의 핵심이기도 하다. 어린 시절 당신은 이 평안을 알았고 그 안에서 살았다. 어쩌면 그런 평안함에 대한 기억이 없을 수도 있지만, 머릿속에 '생각'이라는 게 없던 시절이 있었다. 과거도 미래도 의미가 없고, 지금 이 순간이 전부였던 시절! 더 나은 상태를 바라지 않았기 때문에 당신은 삶의 모든 것에 열려 있었고, 삶은 정확히 있는 그대로 괜찮았다. 고통이나 불편함이 있다 해도 마음속에서 그것을 문제로 만들기보다는 그것을 온전히 경험했다.

이제 자신을 그 초원에 살고 있는, 매순간 새로움에 매료되고 모든 것에 열려 있는 어린아이라고 생각해 보라. 하늘에는 구름이 떠가고, 웃음과 눈물도 그렇게 오가며, 모든 것이 당신 안팎으로 흐른다.

자라는 동안 당신 자신이나 삶에 대해 스토리를 지어내기 시작하면서 생각이 머릿속을 채우기 시작한다. 하늘의 구름이 더 낮아져 당신의 머리를 맴돌기 시작한다. 처음에는 구름이 성글어서 초원을 완전히 가리지는 못한다. 그러나 시간이 흐르고, 보통은 사춘기를 지나면서 구름은 당신을 완전히 에워싸고 머릿속을 가득 메워서 당신에겐 더 이상 초원이 보이지 않는다. 보이는 것이라곤 마음속에서 끊임없이 떠다니는 구름뿐이다.

사람들은 대부분 삶에 관한 '생각'이라는 구름 속에 살고 있다. 그리고 대개 삶을 직접 경험하기보다는 삶과 씨름을 한다. 머리 모양이 마음에 안 든다거나 남들에게 주목받지 못해 언짢다거나 등등 그 씨름은 대체로 사소하지만, 때로는 크게 번져 외로움이나 절망으로 끝나기도 한다. 어린 시절 처음으로 새를 보았을 때 당신은 그것을 신비 그 자체로 여겼다. 생각의 대상으로 경험한 게 아니라 자신의 온 존재로 경험을 한 것이다. 커가면서 당신은 생각으로 그것을 경험하게 되었다. "오, 저건 새구나" 하고 말이다. 삶을 직접 경험하지 않고 삶에 대한 생각에 사로잡히면, 좋고 싫음, 결핍과 저항, 해야 하는 것과 해서는 안 되는 것, 선과 악, 옳고 그름이라는 형태로 서서히 삶과 씨름하는 데 익숙해진다. 그리고 갈등은 삶의 중심에 있는 평안의 초원에서 당신을 분리시키는 구름을 만들어낸다.

마음속의 구름과 자신을 동일시하고 있다는 사실을 알아차리기 어려울 수도 있다. 내면에 있는 평안의 초원을 떠난 뒤로 시간이 좀 흘렀기 때문이다. 대부분의 사람들처럼 당신도 만성적이고 사소한 갈등에 익숙해진 나머지 자신의 생각이 진실이며 그 생각대로 되기만 하면 모든 것이 괜찮아질 거라 믿게 되었을 것이다. 복권에 당첨될 수도 있고, 원하는 마음 상태에 다다르기 위해 날마다 몇 시간씩 명상을 할 수도 있고, 몸이 '완벽해' 보이도록 성형 수술을 받을 수도 있겠지만, 여전히 만족스럽지 않을 것이다. 이 모든 것은 초원이 아니기 때문이다. 이것들은 단순히 초원을 찾으려는 시도일 뿐이며 오히려 장기적으로는 구름을 더 두텁게 만들고 계속 더 많은 갈등만 불러일으킬 것이다.

스토리텔러

스토리텔러란 갈등의 구름에서 들려오는 목소리이다. 머릿속에 온종일 떠드는 목소리가 있다는 게 무슨 말인지 당신도 알 것이다. 그것은 무엇이 좋고 무엇이 싫은지 이러쿵저러쿵 이야기한다. 무엇을 해야 한다거나 하지 말아야 한다고 떠들고, 순식간에 이랬다가 저랬다가 한다. 다른 사람들은 물론이고 자기 자신도 가혹하게 판단한다. 그리고 삶을 두려워한다. 자신의 두려움을 두려워하며, 혼자가 되는 것을 몹시 두려워한다.

그것은 스토리텔러가 계속해서 모든 것을 똑바로 하려 애쓰고, 조종하고, 시험하고, 기대하고, 바라고, 분노하고, 저항하기 때문이다. 그것은 두려움, 슬픔, 자기 심판, 분노, 의심, 혼돈, 짜증 같은 온갖 느낌과 절망을 불러일으킨다. 사랑, 친절, 평화 같은 느낌을 자아낼 때도 있지만, 이런 것은 대체로 스토리텔러가 원하는 것을 얻을 때에만 나타난다. 그러지 못하면 가슴에서 비롯되는 느낌은 어떤 것이든 대개는 당장 차단해 버린다.

자세히 살펴보면 스토리텔러는 마트에 늘어선 줄, 새로 산 화장품의 색깔, 배우자가 텔레비전 채널을 바꾸는 것, 몸무게가 1킬로그램 늘어난 것과 같은 일상적인 일들로 끝없는 갈등에 빠져 있다는 걸 알게 될 것이다. 물론 때로는 "그 사람한테 거절당했어. 혼자가 된다는 게 견딜 수 없어" "가슴에 종양이 생겼으니 이제 난 곧 죽을 거야" "직장을 못 구하면 집도 없이 길거리에 나앉고 말 거야" 같은 커다란 갈등으로 번지기도 한다. 스토리텔러는 '끔찍하게 만들기'의 명수라서 당신을 위축시키고 반발하게 만들며 인생의 시련에 명료한 방식으로 대응할 수 없게 한다.

스토리텔러는 삶과의 연결이 끊어진 상태에서 등장한다. 이는 당신이 초원에서 분리되었으며 삶은 '존재하는' 게 아니라 '애써야 하는' 것이라는 믿음에서 나온다. 스토리텔러가 이용하는 '생각'은 현실을 조종하는 데 정교한 도구이지만 그것이 진정한 현실은 아니다. 스토리텔러는 초원이 아니다. 초원에 관한 생각을 지어내고 그리로 돌아가려 애써보지만 갈등만 더 커진다. 또한 스토리텔러는 삶에 응답하기respond보다 반응하는react 경향이 있다.

다른 행성에서 온 외계인이 이 초원에 착륙하려 한다고 상상해 보자. 그는 초원에 있는 당신이 구름에 완전히 둘러싸이더니 삶과의 연결을 잃고 아등바등하는 모습을 내려다본다. 그에겐 구름 사이로 비어져 나온 당신의 손발이 보인다. 초원 여기저기를 뛰어다니는 당신이 한 손에는 잠자리채를 들고 있다는 것도 알아본다. 그는 당신이 나비들을 잡으려 하는구나 생각한다. 왜냐하면 당신은 돈과 성공 같은 나비들을 낚아채고 올바른 짝, 올바른 몸, 올바른 머리 모양, 올바른 직장이 있어야만 행복해질 수 있을 거라 믿기 때문이다.

외계인은 또 당신이 다른 손에는 파리채를 쥐고 있다는 것도 본다. 그는 이번에도 당신이 파리채를 가지고 다니는 이유를 본능적으로 알아챈다. 그는 당신이 커다란 코나 배우자의 거슬리는 습관, 불안처럼 원치 않는 것들을 없애야 모든 게 괜찮아질 거라고 믿는다는 사실을 알게 된다.

좋아하는 것은 갖고 싫어하는 것은 내버리려 애쓰며 초원을 위태롭게 뛰어다니는 당신을 보면서, 외계인은 당신이 추구하거나 저항하는 모든 것이 잠시 평안을 안겨줄 수도 있지만 길게 보면 결국은 갈등의 구름만 더 두껍게 만들 뿐이라는 사실을 알아본다. 그는 또 삶이 달라지기를 원하지만 바라는 대로 삶을 통제하지 못하고 절망하거나 자포자기하는 당신의 모습을 계속해서 바라본다. 당신이 실체도 없는 한갓 구름 따위와 씨름하고 있다는 사실이 너무도 뻔히 보이기 때문에 외계인은 혼란스러워한다. 그는 당신이 그토록 절박하게 찾아 헤매는 평화의 초원 속에 당신이 이미 존재하고 있다는 사실을 높은 데서 내려다본다. 평안의 초원이 늘 당신 곁에 있으나 그것을 알아차리지 못할 뿐이라는 사실도 그는 알고 있다.

평화는 당신이 타고난 상태이다. 당신이 바라는 것과 진실한 자신의 전부를 지금 이 순간, 초원에서 발견할 수 있다. 당신은 그저 삶에 열려 있기만 하면 이 초원에 연결될 수 있다. 열려 있다는 것은 쉬운 일이든 어려운 일이든, 즐거운 일이든 슬픈 일이든 무슨 일이든 간에 다 직접 경험한다는 뜻이다. 주어진 삶을 바꾸려고 애쓰는 게 아니라 있는 그대로 드러내 보이는 것이다.

✦━━━━━━

이 책을 읽는 지금 이 순간, 자신이 초원에 있다는 앎에 가슴을 열어본다.

다시 가슴을 열고

자신이 평생 유쾌함을 좇고 불쾌함에 저항해 왔다는 사실, 그러나 이것이 결코 바라던 평화로 이끌어주지는 못했다는 사실을 알아차린다는 건 실로 놀라운 깨달음이다. 궁극적인 경험을 추구하는 게 아니라, 힘든 경험을 포함한 모든 경험이 궁극적인 경험이 되는 삶의 흐름에 몸을 온전히 맡기면 어떤 느낌이 들까? 이 온전한 허용은 당신 앞에 평안의 초원을 열어준다.

당신의 가슴은 그 모든 경험에 열려 있는 법을 알고 있다. 고대 아유르베다 의학에서부터 현대의 하트매스 연구소HeartMath Institute(심장과 두뇌 사이의 밀접한 관련을 인정하고 심장 활동과 감정을 조절하면 활력과 행복을 느낄 수 있다는 원리에 입각해 심장의 중요성을 다각도로 연구하는 단체—옮긴이)에 이르기까지, 수많은 지혜 전통들은 우리 존재의 중심이 가슴임을 가르치고 있다. 가슴은 단지 물리적 기관만이 아니라 거기에서 나오는 에너지의 정수를 뜻한다는 것이다. 가슴은 느낌이 전부가 아니다. 가슴은 말 그대로 흉부에 위치한 에너지 센터로서, 그것이 열리면 지혜의 에너지가 존재 전체를 가득 채운다. 깊이 아끼는 사람을 하나 떠올리면서 그 사람을 얼마나 소중히 여기고 있는지 한번 느껴보라. 주의를 기울이면 가슴 에너지가 열린다는 사실을 알아차리게 될 것이다. 이제 당신이 분노하고 반발하던 때를 떠올리면서 가슴 에너지가 차단되는 것을 알아차려 보라. 먼젓번 기억을 다시 한 번 떠올리면서 가슴이 다시금 따뜻해지게 해보라.

당신의 마음이 아니라 당신의 가슴이 지혜와 치유와 사랑의 근원이다. 이 가슴은 아주 명석하다. 삶을 느끼는 것도, 공명을 통해 삶에 연결되는 것도 가슴이다. 가슴은 배척이 아니라 포용하는 법,

판단이 아니라 수용하는 법, 저항이 아니라 허용하는 법을 알고 있다. 마음으로 생각하기보다 가슴으로 느끼는 법을 배울 때 삶의 경험은 완전히 달라진다.

어린 시절 당신은 열린 마음으로 살았지만, 대부분의 사람들처럼 당신도 점점 마음 열기를 두려워하게 되었다. 가슴이 아파 괴로운 것을 피하려고 당신은 머리로 달아났다. 그러나 자신의 가슴에 귀 기울이고 다시금 그것을 믿는 법을 알게 되면 가슴이 가장 지혜로운 안내자이자 친구라는 사실을 깨닫게 될 것이다. 가슴은 당신의 살아있는 에너지를 지키는 문지기이다. 가슴이 닫혀 있을수록 더 우울해지고 삶의 흐름에서 더 멀어진다. 가슴이 열릴수록 어떤 일이 벌어지든 상관없이 평화, 행복, 편안이라는 타고난 상태에 잘 접속하게 된다.

다시 가슴을 열어도 안전하다고 느낄 만큼 충분히 구름 너머 세상을 보게 되면 삶은 더 이상 생각의 대상이 아니라 가슴의 문제가 된다. 당신의 모든 부분, 심지어 받아들일 수 없는 부분까지도 전부 가슴속으로 엮여든다. 또 결핍감이나 저항의 마음이 아니라 가슴으로 사람들을—대하기 힘든 이들까지도—만나게 된다.

✦————

가슴 한가운데로 주의를 모으고 그곳으로 숨을 들이쉬고 내쉬어본다. 이렇게 해본 적이 없다면 가슴 한가운데 작은 코가 있어 거기로 호흡한다고 상상해 본다. 이제 가슴 안쪽에 켜져 있는 작은 불꽃을 바라보며, 숨을 들이쉴 때마다 그 불꽃이 더 밝아지는 모습을 지켜본다.

연민어린 호기심의 힘

어떻게 하면 마음의 반응에 꺼둘리지 않고 다시금 평안의 초원에 머물 수 있을까? 사실 당신은 한 번도 초원을 떠난 적이 없다. 떠났다고 생각했을 뿐이다. 핵심은 고치거나 바꾸거나 없애는 게 아니라 갈등의 구름을 알아보는 데 있다. 그리고 그 열쇠는, 자기 안에서든 밖에서든 무슨 일이 벌어지고 있는지 호기심을 품고 바라보는 법을 배우는 것이다. 그러면 머릿속에 있는 스토리텔러가 뭐라고 하는지 알 수 있다. 자세히 들여다보면 볼수록 이런 스토리를 덜 받아들이게 되고, 거기에서 벗어나기가 더 쉬워진다. 나는 그것을 '벗어나 바라보기look to unhook'라고 부른다.

마음이 두려움의 파도에 휩쓸렸다고 상상해 보라. 뱃속은 뭔가 단단히 체한 것처럼 굳어 있고, 머리는 어지럽다. 그러나 그 순간 '머릿속에 이게 뭐지?' 하는 호기심을 품어보라. 당신은 두려움에 빠지지 않고 그것과 함께 머물 수 있다. "이건 그냥 두려움이야. 그리고 나는 이것에 호기심을 품을 수 있어." 바로 그 순간 당신은 실제로 일어나고 있는 일에 주의를 기울이고, 그것에 대해 생각하는 게 아니라 그것을 경험하게 된다.

무언가와 다시 연결된다는 것은 그것에 관해 생각하는 게 아니라 실제로 그것을 경험한다는 뜻이다. 이는 겉보기와 달리 매우 강력한 힘을 발휘한다. 당신은 두려움에 사로잡혀 거기에 굴복하는 것이 아니라, 한 걸음 뒤로 물러나서 두려움과 연결이 되었다. 물론 내면에서 일어나는 일을 자각할 수 있는 건 잠깐에 불과하므로 곧 다시 두려움이 엄습해 올 수도 있지만, 중요한 것은 바로 그 순간이다. 마음을 놓치지 않고 그것이 무엇을 하고 있는지 알아차리는 것은 갈등 게임에서 벗어나는 데 매우 중요하다.

자신이 하고 있는 경험에 호기심을 품을 수 있다면 당신은 가슴의 지혜에 연결될 것이다. 가슴은 당신의 모든 스토리들과 그것들이 만들어내는 느낌을 안전하게 마주할 수 있는 곳이다. 대다수 사람들처럼 당신도 구름을 만들어내는 스토리가 부끄럽거나 두려워 그것을 내면 깊숙이 감추어놓곤 한다. 만일 그것들이 인식의 표면으로 드러난다면, 당신은 그런 것이 있다는 이유로 자신을 판단하고, 그것들을 무시하거나 없애고자 에너지를 쏟을 것이다. 그러나 이는 생각도 마찬가지다. 생각도 판단받으면 반발하고, 귀 기울여주면 놓여난다.

당신은 머릿속에 있는 모든 스토리들에 연민어린 호기심을 품는 법을 배울 수 있다. 평생 사로잡혀 살던 스토리들에 연민어린 관심의 빛을 쬐어주면 그것들은 햇살의 온기가 닿은 구름처럼 점점 엷어질 것이다. 그렇게 구름이 엷어지면 무슨 일이 생겨도 다 괜찮은 그곳, 초원을 다시 경험할 수 있는 길이 열릴 것이다.

✦━━━━━━

다시 한 번 '삶'에 귀를 기울여본다. 몇 페이지 앞에서 귀 기울였을 때와 그 소리가 어떻게 다른지 느껴본다. 이 잠깐 동안 당신은 삶을 생각하는 게 아니라 삶

에 호기심을 품는 데 마음을 활용하고 있다.

길에서 마주치는 모든 것이 길이다

자신의 경험을 바꾸려 하기보다 그 경험에 호기심을 품기 시작하면 당신은 점점 놀라운 진실을 발견하게 된다. 삶을 바꾸려 애쓰는 대신 삶과 협력하는 방법을 당신이 원래부터 알고 있었다는 사실 말이다. 그렇게 되면 자신의 현실을 창조하려 애쓰기보다는, 삶이 펼쳐지는 그대로 기꺼이 받아들이게 될 것이다.

호기심을 품는 힘이 커질수록 삶이 당신을 위해 존재한다는 사실이 더 명백해진다. 갈등의 구름에 사로잡혀 있을 때는 이러한 진실을 알기가, 불가능하지는 않아도, 몹시 어렵다. 이 책의 후반부에서 더 깊이 살펴보겠지만, 구름이 엷어질수록 삶이 믿을 만하다는 걸 당신은 더 분명히 알게 될 것이다. 신뢰trust란 당신이 원하는 것을 얻게 될 거라는 믿음이 아니다. 갈등의 구름에서 벗어나는 데 필요한 것을 얻으리라는 사실을 이해하는 것이다. 그래서 신뢰는 쉬운 것만 믿는 게 아니라 어려운 것도 믿는 것이다.

신뢰를 통해 인생의 시련이 당신을 위한 것임을 알게 된다. 시련은 마음에서 작용하는 구름을 더 잘 드러내 보여주는 노란 형광펜과도 같다. 연민어린 관심의 햇살을 내리쬐여 구름이 엷어지면 그 순간 초원이 거기 있음을 다시금 알아볼 수 있도록 해주기 위해서 말이다.

연민어린 호기심을 통해 자신의 내면을 성장시키고 신뢰를 회복해 갈 때, 당신은 삶에 저항하거나 집착하기보다 편안한 마음으로 삶이 흘러가도록 허용하게 될 것이다. 그러면 삶은 모험이 되고, 모든 순간순간 온전히 살아있음의 기쁨에 참여하게 될 것이다. 구름이 엷어질수록 당신의 에너지는 더 활짝 열린다. 더 활짝 열릴수록 당신은 삶에 더 깊이 연결된다.

✦━━━━━━━

지금까지 살펴본 모든 것을 내려놓고, 어떤 감각이든 삶과 직접 연결되게끔 하는 도구로 활용한다. 듣고, 보고, 만지며 몸속을 흐르는 감각을 느껴본다. 이는 삶에서 아주 새로운 시간이다. 전에도 없었으며 앞으로도 없을 것이다. 빛이 다르고, 몸의 감각이 다르고, 듣고 있는 소리조차 완전히 새로운 것이다. 여기엔 지적인 흐름이, 가슴의 지혜를 통해 의식적으로 느낄 수 있는 흐름이 존재한다. 2초든 10분이든 원하는 만큼 이 흐름에 머무른다.

각 장의 끝에는 그 장의 핵심 내용이 정리되어 있고, 자신에게 가장 크게 와 닿은 생각을 써볼 수 있는 공란이 있다. 이 목록은 '기억하기' 과정에서 일어나는 인식의 전환을 알아차리는 데 도움이 될 것이다.

- 마음이 뭐라 하건 모든 것은 괜찮고, 앞으로도 언제나 괜찮을 것이다.
- 당신 머릿속에선 온종일 스토리텔러가 떠들고 있어서 당신은 모든 것이 괜찮다는 것을 인식하지 못한다.
- 스토리텔러는 삶에 열려 있기보다는 삶을 살아내려고 '애를 쓴다.'
- 당신이 바라는 것과 진실한 당신은 언제나 바로 여기, 지금 이 순간에 있다.
- 자유로 가는 길은 갈등의 구름에 기꺼이 호기심을 품는 데서 시작한다.
- 자신이 사로잡혀 있는 스토리에 연민어린 관심의 빛을 보낼수록, 태양의 온기에 구름이 엷어지듯 스토리도 점점 더 엷어질 것이다.
- 마음으로 생각하기보다 가슴으로 느끼는 법을 배울 때 삶은 완전히 달라진다.
- 삶은 믿을 만하다. 항상 마음에 쏙 드는 것은 아니더라도 그 길 속에 바로 길이 있다.

- 이 신뢰는 원하는 것을 얻게 될 거라는 믿음이 아니다. 갈등의 구름에서 벗어나는 데 필요한 것을 얻으리라는 사실을 이해하는 것이다.
- 삶의 시련은 당신을 위한 것이다. 그것은 마음에서 작용하는 구름을 더 잘 드러내 보여주는 노란 형광펜과도 같다. 연민어린 관심의 햇살을 내리쬐여 구름이 얇어지면 그 순간 초원이 거기 있음을 다시금 알아볼 수 있도록 해주기 위해서 말이다.

이 주의 기억할 구절

"지금 이 순간, 이것이 삶이다.
그리고 삶은 괜찮다."

나만의 구절

삶에 온전히 머물기

기억하기 실습
• 1주 •

이제 알아차림의 근육을 강화해 보자. 그러면 경험에 온전히 머무는 법을 배우게 될 것이다. 사람이나 전화, 애완동물로부터 방해받지 않을 수 있는 편안한 공간을 찾으라. 먼저 몸에서 만성적인 긴장을 풀고, 그 다음으로 들고나는 호흡을 알아차릴 것이다. 호흡은 삶의 가장 근본적인 리듬으로 태어난 순간부터 지금까지도 당신과 함께해 왔고, 앞으로도 삶에서 어떤 일이 일어나든 당신과 함께할 것이다.

1. 눈을 감고 잠시 이 특별한unique 순간으로 자신을 데려온 인생의 수많은 순간들을 떠올려본다. 지금은 텔레비전을 보고 있는 것도, 샤워를 하고 있는 것도, 아침을 먹고 있는 것도 아니다. 당신은 지금 이 순간의 경험에 호기심을 품겠다는 의도로 눈을 감고 앉아 있다. 이 순간에 알아차릴 수 있는 것을 알아차린다.

2. 다음번 들숨에 근육을 당겨본다. 당기고, 당기고, 또 당겨본다. 그 다음 숨을 내쉬며, 당겼던 근육을 천천히, 아주 천천히 풀어주며 '아!' 하고 내려놓는 소리를 크게 낸다. '아!' 하는 소리의 힘과 함

께 깊이 내려놓는 맛을 음미해 본다.(소리 내기에 불편한 곳이라면 소리 없이 '아!' 하고 말해보라.) 다양한 방식으로 표현하면서 이 소리를 가지고 놀아본다.

3. 이렇게 긴장과 이완을 해보면 몸과 마음에 만성적으로 붙들려 있던 것들이 녹아내린다. 적어도 세 번은 반복한다.

4. 이제 원하는 대로 호흡하면서 들숨과 날숨이 어떻게 다른지 유심히 살펴본다. 들숨은 부풀어 오르며 당신의 내면을 열어준다. 끝까지 들이마시고 난 뒤에는 이완하면서 날숨을 내보내는데, 들숨과는 아주 다른 경험일 것이다. 그런 다음 잠시 멈추고, 또 다른 들숨으로 자신을 채워본다.

5. 호흡의 흐름을 타고 있다는 사실을 되새기려면 자신에게 조용히 이렇게 말해준다. "들이쉬고…… 내쉬고, 깊이…… 천천히." 들숨에 "들이쉬고", 날숨에 "내쉬고"라고 말한다. 다음번 들숨에서는 "깊이", 날숨에서는 "천천히"라고 말한다. 호흡에 이런 표현을 덧붙이는 법을 배우려면 카드에 써두는 것이 좋다. 카드에는 두 마디 정도 덧붙일 공간을 남겨둔다. 다음번 '기억하기 실습'에서 다른 표현을 덧붙일 것이다.

6. '스토리텔러에게 다시 빠져들었구나' 하고 매번 판단할 필요는 없다. 사람들은 평생 자신의 '생각'에 관심을 기울여왔다. 그냥 호흡이 어떻게 들고나는지에 호기심을 갖고, "들이쉬고…… 내쉬고, 깊이…… 천천히"라고 말하며 호흡하는 데로 돌아온다. 원하는 만큼 이 호흡을 계속한다.

7. 끝으로, 온몸을 알아차리고, 스스로에게 관심어린 치유를 보내는 지금 이 순간 무엇이 달라졌는지 알아차린다.

8. 준비가 되었으면 눈을 떠도 좋다.

짧은 실습

1. 눈을 감고 알아차림의 촉수를 경험의 강물에 담근 뒤, 지금 자신의 느낌이 어떠한지 알아차린다.

2. 적어도 세 번, 들숨에 근육을 당겨본다. 그리고 날숨에 '아!' 하는 소리를 크게 내며 천천히, 아주 천천히 모든 것을 이완시켜 본다.

3. 이제 조용히 "들이쉬고…… 내쉬고, 깊이…… 천천히"라고 말하면서 호흡이 들고나는 것을 알아차린다.

4. 생각에 빠져들 때면 아무런 판단 없이, "들이쉬고…… 내쉬고, 깊이…… 천천히"라고 말하며 호흡하는 데로 돌아온다. 원하는 만큼 호흡한다.

5. 끝으로, 알아차림의 범위를 넓혀서 몇 분간 의식적인 호흡을 한 뒤 내면에서 어떤 일이 일어나는지 호기심을 품고 바라본다.

6. 준비가 되었으면 눈을 떠도 좋다.

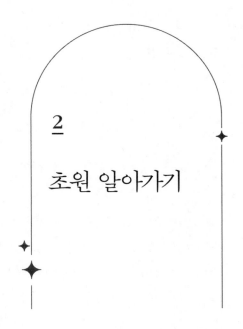

2

초원 알아가기

머릿속의 스토리텔러, 즉 갈등의 구름에서 나오는 목소리를 자신과 동일시하면, 인생의 아름다움과 신비, 당신의 가슴과 단절된 채 살아가게 된다. 스토리텔러에게서 벗어나려면 갈등이라는 익숙하고 낮은 차원의 세계와는 반대로 드넓게 열려 있어야 한다. 스토리텔러로부터 벗어나면서 당신은 '마음'을 결정권자가 아니라 정교한 도구로서 활용하는 법을 알게 될 것이다. 벗어난다는 게 무언지 느껴보려면 삶의 놀라운 창조성을 잠시 살펴볼 필요가 있다.

황갈색 먼지와 바위뿐인 달에 갔다고 상상해 보자. 이제 눈앞에 떠오르는 지구를 바라보면서 당신은, 형형색색 앵무새들로 가득한 밀림에서부터 물 위를 장엄하게 떠다니는 태고의 빙하, 끝도 없이 이어지는 산호초, 바람 속에 춤추는 들풀들, 젖은 갈색 눈동자의 아기 물개 떼에 이르기까지, 삶의 창조성이 어쩌면 이렇게 상상도 할 수 없는 형태와 색으로 펼쳐졌는지 아연해진다.

이 우주는 수십억 년 동안 수많은 별들을 낳고, 폭발시키고, 그런 다음 우주 먼지들로 우리가 '지구'라 부르는 이 황홀하고 신비로운 행성을 만들어냈다. 태초부터 지금까지 빨리 감기를 해서 한 편의 영화처럼 펼쳐본다면 행성, 산, 무당벌레, 인류 등 온갖 형태들이 계속해서 나타났다 사라져가는 모습을 보게 될 것이다.

이 모든 것이 나타나고 사라지는 과정에서 당신이 등장했다. 당신은 138억 년이라는 긴 시간의 아주 작은 조각을 경험해 보는 선물을 받은 것이다. 이 얼마나 값진 선물인가! 온 세상 바다에 거북이가 단 한 마리뿐이고 그 거북이가 백 년마다 한 번씩 물 위로 떠오른다고 생각해 보라. 거기에 바다 위를 떠다니는 황금 고리 하나가 바람과 해류를 타고 여기까지 흘러왔다고 상상해 보라. 백 년에 한 번 물 위로 떠오르는 거북이가 황금 고리를 목에 거는 일이 과연 몇 번이나 될까? 그 정도로 드문 일이 바로 인간으로 태어나 사는 것이라고 한다.

잠시 그 기적의 기쁨에 당신의 온 존재를 열어보라. 삶은 당신이 오기 전부터 수십억 년 동안 진화해 왔고, 당신이 떠난 후로도 오랫동안 지속될 것이다. 이 귀한 시간 동안 아주 잠시, 유구하게 펼쳐지는 삶이라는 강물을 경험하게 된 것이다. 삶과 의식적으로 다시 연결되는 문은 바로 지금 이 순간이다. 지금 이 순간이 평생에 유일한 순간이다. 이 책을 읽고 있는 지금 이 순간이 삶의 중심에 존재하는 기쁨과 창조성과 사랑을 전부 다시 발견할 수 있는 자리이다.

✦────────────

책에서 눈을 떼고 알아차림의 촉수를 경험의 강물에 담근 다음, 지금 있는 그대로의 삶에 가만히 자신을 열어본다. 보고, 듣고, 온전히 경험한다. 이 순간은 인생의 어떤 순간들과도 다르며, 특별하다.

이제 자신이 거의 평생 동안 삶을 온전히 경험해 본 적이 없었음을 알아차린다. 남들과 마찬가지로 당신도 아주 어린 시절 삶에서 뒷걸음쳐, 삶에 대해 계속 생각만 하는 개념의 세계로 들어갔다. 때로 아주 드물지만 진짜를 경험하기도 했다. 개념의 세계로 빠져들기 전에 당신은 고양이를 보면 진짜로 고양이를 보았다. 고양이를 독특하고 놀라운 삶의 창조물로서 온전히 경험했다. 생각의 세계에 넋을 잃게 되자, 당신은 더 이상 삶을 충만하게 경험하지 않게 되었다. 그 대신 그에 관한 생각을 경험했다. 어느 선사禪師의 말처럼 "'물'이라는 말을 아무리 여러 번 해도 그걸로 젖지는 않을 것이다." 즉 삶에 대해 얼마나 많이 생각하든 간에 그것은 삶을 진실로 경험하는 것과는 다르다.

그렇게 당신은 생각에 사로잡힌 채, 삶을 직접 경험하는 일을 그리워하며 헤맨다. 당신은 그것을 그리워하지만 동시에 두려워하기도 한다. 어린 시절 삶은 너무나 크고 예측할 수 없고 무서웠기 때문에 당신은 마음의 세계로 숨어버렸다. 마음은 이렇게 말했다. "삶을 통제할 수 있는 방법을 생각해 보자. 그러면 우리는 안전해질 거야." 그래서 당신은 직접적인 삶의 경험을 통제라는 환상과 맞바꿔버렸고, 그 과정에서 존재하기보다는 '행위하는' 사람이 되어버린 것도 모른 채 뭔가를 '하려고', 그것도 제대로 하려고 애쓰는 데 시간을 다 쏟아왔다.

당신은 마음에 사로잡혀, 온전한 자신이 되는 것을 두려워한다. 그렇게 된다는 게 무언지 짐작도 할 수 없기 때문이다. 그러나 구름을 꿰뚫어보고 삶으로 되돌아오는 일은 세상에서 제일 안전한 일이라고 장담할 수 있다. 결국 그것은 집home으로 돌아오는 일에 다름 아니기 때문이다. 자신의 본질을 탐구하고 구름에서 벗어나는 데 필요한 기술을 배울수록 그 모습과 느낌이 더욱 선명해질 것이다.

초원의 특성

초원에는 다섯 가지 기본적인 특성이 있다. 그리고 삶과 연결되는 법을 다시 배우면 그 특성을 지니고 살게 된다. 그것은 다음과 같다.

- 흐름flow
- 광대함spaciousness
- 빛light
- 사랑love
- 고요stillness

이러한 특성은 언제나 당신 안에 있어왔고, 이 책을 읽는 지금도 당신 안에 있다. 그러나 갈등의 구름에 뒤덮인 탓에 지금까지는 그 것을 알아차리지 못했다. 그러니 사실은 찾을 필요도 없다. 당신이 할 일이란 갈등의 소음들로 뭉쳐 있는 구름을 어떻게 하면 흩뜨릴 수 있는지 배우는 것뿐이다. 여기에 그 방법이 있다.

이 다섯 가지 특성을 살펴볼 때, 삶에는 폭력과 혼돈이 있다는 사 실을 아는 것이 중요하다. 거기엔 죽음도 있으며, 한때 살아있던 모 든 것은 신비 속으로 되돌아간다. 초원에서는 폭력, 혼돈, 죽음에 대한 저항이 없다. 다섯 가지 초원의 특성은 이러한 삶의 측면들에 맞서 싸우거나 저항하기보다는 이것들을 모두 포용한다. 진실한 기쁨은, 그것이 무엇이든지 우리가 받아들일 수 있는 데서 비롯한 다. 그리고 자세히 들여다보면 이 다섯 가지 특성에서 새로운 삶이 태어난다는 것을 알게 된다.

흐름

어디를 바라보든, 삶이 흐른다. 강물은 산에서 바다로 흐르고, 구름은 하늘을 가로질러 흐르며, 바다는 파도와 조류를 타고 흐른다. 공기는 제트 기류로 이 지구를 감싸며 흐르고, 바람은 나무를 흔들며 춤을 춘다. 심장이 뛰는 덕분에 피가 온몸으로 흐르며, 신경 회로를 따라 정보가 흘러간다.

삶의 위대한 순환 속에서 흐름은 낮과 밤의 춤, 계절의 변화로 드러나기도 한다. 죽음 또한 이 흐름의 일부이다. 삶은 신비에서 솟아나 놀랍도록 다양한 모습으로 자신을 표현하다가, 결국은 모두 신비 속으로 사라져간다. 보이지 않는 세계 또한 그러하다. 빛은 에너지의 파동으로 나타나고, 색은 각기 다른 진동수를 지닌 파동이다. 소리 또한 고막을 두드리는 진동의 물결이다.

백 년 전의 초원을 상상해 보고, 지구 안의 이 작은 곳이 펼쳐져 나아가는 모습을 '빨리 감기'한다고 상상해 보라. 낮이 밤으로 계속해서 흘러드는 모습을 끝도 없이 보게 될 것이다. 구름이 왔다가 가고, 소리도 생겨났다 사라진다. 겨울이 봄이 되고, 식물이 자랐다 시들고, 동물이 태어났다 죽는다. 초원의 모든 것은 흐름이다. 이제 시야를 확장해 이 흐름이 지구 어디에서나 일어나고 있음을 보라.

자세히 들여다보면 이 삶의 흐름에 어떤 '지성Intelligence'이 스며 있다는 것을 알게 될 것이다. 이 지성은 대단히 창조적이어서 우리의 맨눈으로는 보이지도 않을 만큼 작은 세포 하나로 생겨나, 어떤 생각의 개입도 없이 일사분란하게 움직이는 수조 개의 세포들로 펼쳐져 나아간다. 머리카락이 자라거나 위장이 음식을 소화시키거나 심장이 뛰게 하려고 노력한 적이 있는가? 이 지성은 또한 지극히 명석해서 아주 작은 씨앗을 세쿼이아 나무나 당근으로 키워내는 법도 알고 있다. 씨앗마다 무엇으로 커나가야 할지를 말해주는 것이 바로 삶의 흐름에 내재하는 이 지성이다.

모든 창조물 중에서 유일하게 흐르지 않는 것이 바로 우리 마음속에 있는 갈등의 구름이다. 이 구름은 여기 '내'가 있고 저 바깥에 '삶'이 있다는 환상을 지어낸다. 마음은 자신이 삶의 흐름과 분리되어 있으며 모든 것을 통제해야 한다고 믿는다. 그것은 선과 악, 옳고 그름, 좋고 싫음을 고집하며 살아간다. 자신이 분리되었다는 믿음은 삶을 잠재적인 위협으로 보게 만든다.

삶에서 분리되었다는 믿음은 나이가 들수록 더 완고해지는데, 이런 믿음은 우리를 삶의 흐름에서 더 멀리 떼어놓을 뿐이다. 그리고 이 때문에 자신과 다른 사람들을 상처 입히는 방식으로 행동하게 된다.

삶의 흐름 속으로 다시 한 번 편안하게 나아가 보면 어떨까? 삶을 통제하려 애쓰는 게 아니라 자신의 의도를 그 흐름에 열어두는 것이다. 당신은 온몸으로 살아간다는 게 어떤 것인지를 알고 있다. 사랑에 빠지던 순간을 기억하는가? 발걸음은 가볍고, 존재에선 활기가 넘치며, 다른 무엇도 더 필요하지 않다. 어째서 그런 걸까? 사랑이 다시 한 번 삶을 열어주었기 때문이다. 그래서 사람들이 그토록 사랑에 중독되는 것이다. 사랑은 생각의 구름을 넘어 지금 여기에서 삶과 함께 온전히 존재하게 해주는 몇 안 되는 경험 중 하나이다. 그러나 알다시피 이 같은 사랑은 오래가지 않는다. 구름은 형태만 바꾸어 당신의 삶을 또다시 만성적인 갈등 속에 구겨 넣는다.

삶의 흐름에 연결되는 법을 발견하면 삶이 쉬워진다. 거기에 다시 연결되려면 삶이 하나의 지적인 흐름이라는 사실을 인식하는 것이 중요하다. 삶을 항상 이해하거나 좋아할 수는 없을지라도 신뢰할 수는 있다는 말이다. 당신은 매일 아침 일어나 삶이라는 대모험에 기꺼이 뛰어들 수 있다. 핵심은 삶이 자신에게 무엇을 가져다주든 거기에 열려 있는 법을 아는 것이다. 그렇게 되면 사랑에 빠지든, 죽어가든, 혐오감이 치밀든, 불안해하든, 멋진 석양을 보든, 상사랑 다투든, 새끼 고양이의 재롱을 구경하든 아무것도 문제가 안되는 지점에 도달하게 될 것이다. 이 모든 것은 삶이 진정한 당신이라는 그 광대함을 잠시 스치고 지나가는 것에 불과하다.

지금 이 순간에 열려 있음으로써 삶의 흐름 속에 들어간다는 것은, 무슨 일이 닥치든 그것을 온전하게 느끼는 법을 배운다는 말이다. 삶은 기쁘면서 슬프고 쉬우면서 어렵고 아름다우면서 볼품없는 경험의 극단들을 계속 안겨줄 것이다. 삶의 고통이나 불편함을 두려워한다면 당신은 그것들에 저항할 것이고, 그것들은 결국 괴로움으로 변할 것이다.

당신은 기쁨을 타고났고, 따라서 기쁨은 삶의 특정한 상태에 의존하지 않는다. 기쁨은 무슨 일이 닥치든 있는 그대로 삶의 흐름에 자신을 온전히 담글 수 있는 능력에서 생겨난다. 또한 그것은 삶이 어느 특정한 쪽으로 나아가도록 애쓰는 게 아니라 그냥 자신을 통과해 지나가도록 허용할 수 있는 능력에서 비롯된다. 힘든 상황이라고 긴장할 필요도 없고 아름다운 것이라고 집착할 필요도 없다는 사실을 아는 데서 평화가 나온다. 불교 수행자인 페마 최드렌 Pema Chödrön은 이렇게 말한다. "평화란 시련이나 풍파가 없는 것이 아니다. 위협받는다는 느낌 없이, 일어나는 모든 것을 품을 만큼 충분히 커져 있는 경험이다."

✦━━━━━━━

잠시 책에서 눈을 떼고 새로운 눈으로 주변을 바라본다. 눈에 보이는 모든 것은 삶의 흐름이며, 이 책을 읽기 시작한 이후 바로 그 흐름 속에서, 당신이 머무는 공간의 모든 것이 변화했다. 변한 것처럼 보이지 않을 수도 있지만, 변한 것이 진실이다. 주위의 소리가 변했고, 몸은 몇 분 더 나이를 먹었다. 실내에 있다면 카펫과 전등이 조금 더 폐기물에 가까워지고, 야외에 있다면 자연의 모든 것이 시간의 흐름과 더불어 변화했을 것이다. 이 모든 것은 보통 우리가 알아차리지 못할 정도로 느리게 진행되지만, 그럼에도 일어나고 있다.

광대함

초원이 간직한 두 번째 특성은 광대함이다. 유심히 살펴보면 삶은 공간을 사랑한다는 사실을 알게 될 것이다. 지금 이 책을 읽고 있는 동안에도 당신은 광활한 공간의 바다에서 춤추는 행성 위에 앉아 있다. 세상에, 가장 가까운 별(센타우르스 자리의 알파별—옮긴이)까지가 4.2광년이라니! 그 뒤로는 그보다 수만 배 먼 별들이 존재한다. 그 공간이 얼마나 넓은지 짐작이나 할 수 있겠는가? 이 모든 것이 바로 끝도 없는 우주에서 일어나는 일이다.

이제 방향을 바꾸어 몸속으로 들어가 보자. 당신의 몸은 어림잡아 70조 개에서 100조 개에 이르는 세포들로 이루어져 있고, 각 세포는 또 약 100조 개의 원자들로 구성되어 있다. 원자 하나를 메이저리그 야구장 크기로 확대해서 보면, 원자의 핵은 야구장 한가운데 모래알만 하고, 핵 주위를 도는 전자는 야구장 외곽을 따라 춤추며 돌고 있을 것이다. 그러니 원자도 대부분 빈 공간으로 이루어져 있으며, 그 원자들로 이루어진 당신 또한 대부분 빈 공간이다. 자신을 견고한 물질이라 생각할 수도 있겠지만, 과학은 그것이 단지 인식의 속임수일 뿐이라고 말한다. 당신이라는 존재는 바로 공간이다.

구름 속에서 길을 잃으면 마음이라는 비좁고 꽉 막힌 공간에서 살게 된다. 지금 이 순간에 열려 있다면 몸과 마음과 가슴으로 광대함이 스며들 것이다. 어느 날 아침, 잠자리에서 일어나 그날 할 일 따위는 다 무시해 버리는 자신의 모습을 상상해 보라. 그 대신 잠자리에 누운 채로 아침을 만끽한다. 느지막이 아침을 먹고, 그날 하루가 어떻게 펼쳐질는지는 가슴을 따른다. 바로 광대함을 음미하는 하루이다. 무언가를 해야 한다는 압박감에서 놓여나 삶을 즐기는 것이다. 이것이 당신의 자연스러운 상태이다. 어떤 일이 일어나든 상관없이 당신은 이런 상태를 누릴 수 있다. 광대함 속에 살아간다는 건 삶에서 벗어나기를 바란다는 뜻이 아니라 더는 삶과 갈등하지 않는다는 뜻이다.

자신에게 공간을 선물하면 답답한 감정에서도 벗어날 수 있다.

스스로에게 '그냥 사람'으로 있어도 괜찮은 공간을 주면, 엄격한 자기 판단 속에서 헤맬 때보다 훨씬 기분이 좋아질 것이다. 친구나 연인 때문에 마음이 상했던 때를 떠올려보라. 그날 일을 개인적으로 받아들이지 않고 더 이상 반응하지도 않는다고 상상해 보라. 이런 상상들을 하는 동안에 당신은 아마 더 깊이 호흡했을 것이다. 경직되게 반응하지 않고 열린 상태로 받아들였기 때문이다.

마음속 구름에 사로잡혀 있을 때는 모든 것이 위축된다. 구름이 두터워지면 당신은 더 옹졸해진다. 그러나 삶을 향해 열려 있을 때는 훨씬 여유로워지고, 당신을 통해 에너지가 자유롭게 흐르며, 살아있음의 순수한 기쁨을 경험하게 된다.

당신은 꽉 막혀 비좁은 것과는 정반대로 태어났다. 열려 있는 것이 당신의 자연스러운 상태이며, 자신을 비좁은 공간에 살게 하는 것은 스스로 지어낸 조건일 뿐이다. 마음이 판단에 사로잡혀 있거나, 가슴이 슬프거나, 인생이 무너지는 것 같을 때에도 다시 가슴을 열고 광대함 가운데서 살아갈 수 있다. 어떻게 그럴 수 있을까? 초원에 있는 것이 당신의 원래 상태이며, 그 초원에서 당신은 어떤 반응이든 자신이라는 광대한 존재를 통과해 지나치게 하는 법을 익힐 수 있기 때문이다.

✦———————

앉아 있는 자리에서 잠시 지금 이 순간을 인식해 본다. 당신은 별들에 완전히 에워싸여 있다. 별은 당신 위에, 아래에, 또 양 옆에도 있다. 이 별들은 다함께 춤추고 있으며, 아름다운 우리 지구도 천상에서 벌어지는 이 춤의 일부이다. 마음이 그 광활함에 겁을 먹고 있다면, 잠시 손을 붙잡고 마음이 확장되고 열리기를 청해본다. 이 느낌을 간직한 채 광대함을 경험하는 일이 얼마나 멋진 일인지를 생각해 본다.

빛

흐름과 공간에 다시 연결된다면 이제 초원의 세 번째 측면인 '빛'을 알게 된다. 〈창세기〉에 이런 말이 있다. "태초에 하느님이 말씀하셨다. 빛이 있으라!" 〈창세기〉에 따르면 이는 태양과 별들이 생겨나기 이전의 일이다. 우리는 빛이 태양에서 오는 것이라 생각하지만, 최첨단의 과학에서는 '모든 것'이 빛으로 이루어져 있다고 말한다. 양자물리학의 선구자인 데이비드 봄David Bohm도 "물질이란 단지 얼어붙은 빛"이라고 했다.

《행성의 마음The Planetary Mind》에서 안 윌러Arne Wyller는 "우주의 대부분의 입자들은 빛이다" "빛은 모든 원자의 필수 요소이다"라고 했다. 모든 것이 원자로 이루어져 있기 때문에 이는 고양이, 나무, 바위, 인체도 전부 빛으로 이루어졌다는 말이다.

눈빛이 반짝거리거나 존재 자체에서 따스한 기운이 풍기는 사람을 만나본 적이 있을 것이다. 그런 사람들을 종종 '빛난다'고 표현한다. 그것은 자기 안과 주변에서 평안의 초원을 다시금 발견할 때면 보이기 시작하는 것이다. 존재하는 모든 것은 에너지를 발하며 내면으로부터 빛난다. 그것이 눈에 보이지는 않을 수 있지만, 고요해지면 느낄 수 있다.

　대부분의 시간, 당신은 마음속 구름에만 관심을 기울이기 때문에 존재의 빛이 희미한 상태로 있다. 우리는 대부분 자신의 빛을 흐리게 해왔다. 마음이라는 문제의 공장에서 헤맬수록 머릿속의 구름은 더 두터워져, 당신 몸에서 나오는 빛과 살아있음이 주는 순수한 기쁨을 차단해 버리는 것이다. 그러나 구름이 아무리 짙어져도 당신이 빛나고 있다는 진실은 사라지지 않는다. 어린 시절 그랬듯이, 당신은 다시 빛날 수 있다.

　잠시 힘차게 한 손을 흔들어보라. 이제 흔들기를 멈추고 눈을 감고서 그 손을 느껴보라. 에너지의 흐름이, 욱신거림과 생생함이 느껴진다. 이는 에너지가 열리고 광대해지면 어떤 느낌일지를 인위적으로 경험해 보는 방법이다. 기분 좋은 느낌, 살아있다는 느낌이 들 것이다.

　페르시아의 시인 하피즈Hafiz는 이 느낌을 〈눈부신 내 모습My Brilliant Image〉이라는 시에서 다음과 같이 표현했다.

　　어느 날 태양이 말하길,

　　다만 나는 그림자일 뿐,
　　무한의 불꽃을
　　보여드릴 수만 있다면……

그것이
눈부신 내 모습 드리웠네!

어느 외롭고 암울한 날에
나 보여드리리

당신이 지닌
이 놀라운 빛을!

"당신이 지닌 이 놀라운 빛을!" 이 얼마나 근사한 표현인가! 당신은 내면에 커다란 에너지를 지녔으며, 갈등의 게임에서 벗어나 확장되고 춤추기를 바라고 있다. 에너지가 자유롭게 흐르면 빛이 난다. 이것이 바로 그토록 갈구하던 당신 고유의 빛이다. 무거운 짐에서 놓여났을 때, 정말 행복하다고 느낄 때 흔히 "빛이 보여!" 하고 말하는 것은 우연이 아니다. '환희delight'라는 말의 의미가 '빛에서 나온of the light'이라는 것 역시 우연이 아니다. 성인聖人들의 초상화에서도 그런 것이 보인다. 성인의 머리 주위에 후광을 그린 것은 그들이 갈등의 구름에서 벗어나자 그들의 빛이 환히 드러나 사람들이 그 빛을 알아보았기 때문이다.

플라톤은 이런 말을 남겼다. "어둠을 두려워하는 아이는 쉽게 용서할 수 있다. 인생의 진정한 비극은 빛을 두려워하는 어른들이다." 우리는 모두 자신의 빛을 두려워한다. 당신은 삶을 향해 열리기를 두려워하는 자신을 용서할 필요가 있다. 어린 시절엔 삶이 너무나 두려웠다. 그러나 설령 그랬을지라도 다시 한 번 열려 있음이 안전하다는 사실을 배울 수 있다. 예수의 말을 빌리면, 자신의 빛을 구름 속으로 숨기지 않는 법을 배울 수 있다. 삶에 열려 있어서 내면이 빛나는 것, 이것은 당신이 인류에게 줄 수 있는 가장 위대한 선물이다. 칼 융Carl Jung은 "알아볼 수만 있다면, 인간이라는 존재의 유일한 목적은 보잘것없는 존재의 어둠 속에서 한 줄기 빛을 밝히는 일이다"라고 말했다. 당신 또한 빛날 수 있으며, 스스로 빛나는 기쁨을 알 수 있다.

✦━━━━━━━

잠깐 다시 한 번 손을 흔들어본다. 흔들기를 멈추면서 손을 알아차리고 욱신거림을 느껴본다. 그 느낌이 사라지면 알아차림을 확장해, 삶의 에너지에서 나오는 미묘한 욱신거림이 온몸으로 퍼져나가는 것을 느껴본다. 그 느낌을 발견하기 어렵다면 몸에서 살짝 떨어진 곳에 주의를 모았다가 천천히 몸 가까이로 주의를 옮겨본다. 자신을 둘러싼 공간과 실제 몸의 에너지를 경험하는 것 사이의 차이를 알아차린다. 그 에너지는 기쁨 속에서 확장되고 빛나기를 원한다.

사랑

다시금 삶의 광대한 흐름 앞에 자신을 열고, 에너지를 통제하려 애쓰기보다는 에너지가 자신을 통해 흐르는 것을 느낄 때, 이 빛의 움직임을 가장 잘 묘사하는 말이 '사랑'이라는 것을 당신은 깨닫게 된다. 노랫말에 담긴 위대한 진실처럼 "세상은 사랑으로 굴러간다." 사랑은 단순히 세상을 굴러가게만 할 뿐 아니라 모든 것에 완벽하게 스며 있다.

그리스 어에는 '사랑'에 해당하는 단어가 네 가지 있다. 에로스eros(낭만적 사랑), 필리아philia(친구 간의 사랑), 스토르게storge(가족 간의 사랑), 그리고 아가페agape(우주적 혹은 무조건적 사랑).

신경외과 의사인 이븐 알렉산더Eben Alexander는《나는 천국을 보았다Proof of Heaven》(한국어판 제목—옮긴이)라는 베스트셀러에서 척수막염으로 일주일 간 혼수 상태에 빠져 있을 때 겪은 일에 관해서 썼다. 몸 밖에 머무는 동안 경험한 핵심 내용이 무엇이냐는 질문에 그는 이렇게 대답했다. "의심의 여지없이 모든 것의 바탕이 사랑이라는 겁니다. 이것은 본질 중의 본질이며, 이미 존재하고 앞으로도 존재할 만물의 중심에서 살아 숨쉬는, 불가사의할 정도로 장엄한 진실 중의 진실입니다. 또한 자신이 누구이며 무엇인지 정확히 이해한다면 사랑이 무엇인지 모르는 사람도 그 상태에 도달하고, 자신의 모든 행동에서 사랑을 드러낼 수 있습니다."

작가이자 진화우주론자인 브라이언 스윔Brian Swimme은 삶의 중심에 있는 이 본질을 '매혹allurement'이라 부른다. 이 끌어당기는 힘은 우주가 시작될 때부터 존재했다. 빅뱅과 함께 솟아난 '이것'은 끌어당기는 힘을 통해 원자라는 집단들을 구성했다. 그리고 이 원자들은 다시 한데 이끌려 분자를 이루었다. 분자들은 세포라는 또 다른 집단으로 뭉치고, 세포들은 매혹의 힘에 이끌려 다세포 생물로 되었다.

삶의 중심에 있는 이 끌어당기는 힘은 곤충과 동물의 짝짓기 춤은 물론 이들의 일상에서도 잘 드러난다. 찰스 다윈은 《인간의 유래The Descent of Man》에서 자신이 관찰한 생물들의 행동을 언급하면서 '적자생존'이라는 표현은 단 두 번밖에 안 썼지만 '사랑'이라는 표현은 아흔다섯 번이나 썼다. 그는 또 모든 동물의 행동에서 가장 중요한 특성이 화해와 협력이라고도 했다.

삶의 중심에 연결되고자 하는 이 열망이 바로 사랑이다. 세상의 위대한 신비가들은 우리가 마음의 구름에서 벗어나면 누구나 사랑을 깨닫고 온전히 사랑으로 되리라는 데 동의한다. 그리고 이 사랑, 매혹, 연결되고자 하는 열망이, 원자보다 작은 입자가 됐든 인간이나 태양계가 됐든 그 모든 것을 하나로 모은다.

당신이라는 존재를 이루는 세포 하나하나에 이 사랑이 가득하며, 이것이 당신이 하는 모든 일의 동력이 된다. 그러나 당신은 그 사랑을 바깥에서 찾는 데 익숙하고, 자신을 사랑해 줄 누군가를 찾는 일에, 대부분 만족하지 못함에도, 필사적으로 매달려왔다. 사랑이 바로 여기, 지금 이 순간에 존재한다는 사실을 깨달으면 어떻게 될까? 찾아다녀야 하는 무엇이 아니라 이미 자신이 사랑이라는 사실을 깨달으면 어떤 일이 벌어질까?

사랑은 모든 것을 이루고 있다. 가슴이 더 많이 열릴수록, 나무, 바위, 새, 구름, 강아지, 심지어 태양에 이르기까지 모든 것에 생기를 주는 그 사랑의 에너지가 더욱 잘 느껴질 것이다. 삶의 중심에 있는 사랑에 진실로 깨어 있던 시인 하피즈는 〈태양은 결코 말하지 않으리The Sun Never Says〉라는 시에서 이 진실을 설파한다.

이 모든 시간이
흐른 후에도
태양은 결코 지구에게

"넌 나에게 빚졌다"라고
말하지 않으리.

그 사랑으로
일어나는 것을
보라.
그것이
온 하늘을
밝히나니.

태양도 끝없이 빛을 발하면서 삶의 중심에 있는 그 사랑을 표현하고 있다. 태양이 빛을 줌으로써 온 지구가 번성한다. 가슴으로 살아가는 법을 배우는 동안 당신도 태양처럼 밝게 타오르며, 매일매일 따뜻하게 빛나는 사랑의 에너지를 발하게 될 것이다. 원자, 분자, 세포가 더욱 큰 집단에 끌려드는 것처럼, 사람들도 당신의 가슴의 공동체에 끌려들 것이다. 우리는 누구나 삶의 본질인 사랑의 독특한 표현들임을 가슴으로 깨닫고, 우리 모두가 광활한 우주의 대양에서 춤추는 이 작고 푸른 행성 위를 함께 떠다니고 있다는 진실에 가슴으로 깨어나게 될 것이다.

✦────────

살며시 가슴 위에 손을 얹고, 그동안 기다려온 연인이 바로 자신일 수도 있다는 사실을 가만히 느껴본다.

고요

세상을 둘러보라. 모기, 공룡, 당신의 증조부모, 산과 별, 나타났다 사라지며 수십억 년간 지속되어 온 이 춤을 바라보라. 삶이라는 춤을 추고 있는 이 모든 것들은 나타났다 사라져간다. 이 끝없는 삶의 움직임은 수많은 은하들로부터 당신 몸의 원자 한 알에 들어 있는 핵과 그 주위의 전자들에 이르기까지 어디에도 미치지 않는 곳이 없다. 그러나 이것이 전부가 아니다. 이 모든 움직임은 드넓은 고요에서, 삶의 온갖 형태들을 낳는 고요에서 솟아난다.

트라피스트Trappist 수도사이자 향심 기도Centering Prayer 운동의 창시자인 토마스 키팅Thomas Keating 신부는 "침묵은 신의 모국어이다. 다른 것은 전부 시원찮은 번역이다"라고 했다. 자연 속에서 가만히 마음을 내려놓고 앉아 있으면, 생사의 주기를 반복하며 만물이 태어났다 돌아가는 그 고요와 침묵을 느낄 수 있다.

이 고요는 당신 안에도 있다. 《고요함의 지혜Stillness Speaks》(한국어판 제목—옮긴이)를 쓴 에크하르트 톨레Eckhart Tolle는 "진정한 자신에 대한 내밀한 느낌은 고요와 뗄 수 없는 관계"라고 했다. 그러나 사람들은 대개 내면에 있는 이 고요에 대해 잘 알지 못한다. 그들은 귀 기울이는 일에 서투르다. 여기저기로 뛰어다니느라 분주한 나머지, 가만히 생각을 가라앉혀 이 고요를 알아차리고 이로부터 양분을 얻기가 거의 불가능하다. 그러나 바쁜 일상 한가운데서도 고요히 쉬며 자신을 활짝 열고 삶에 깊이, 열정적으로 귀 기울일 수 있다.

삶의 위대한 흐름에 열려 있는 그 기쁨을 갈망하는 것보다 더 깊이, 당신은 이 고요를 그리워한다. 당신은 자신의 고요를 알아차리지 못하도록 길들여졌기에 그 지혜로 다가설 수 없었다. 삶 전체는 야외에서 울리는 아름다운 교향곡인데 시끄러운 사람 하나(바로 당신의 분주한 마음)가 고요라는 교향곡에 집중하지 못하도록 계속 산만하게 구는 것과 같다.

고요는 찾아다닐 수 있는 것이 아니다. 그것을 찾아다니면, 있는 그대로와는 다른 경험을 하려고 하면서 더 많은 갈등을 만들어낼 뿐이다. 존재의 중심에 머무는 고요에는 갈등이 없기에, 그것을 찾으려 애쓰는 건 고요로 향하는 문을 닫아거는 결과를 낳을 뿐이다. 다만 자신의 내면에서 일어나는 일에 기꺼이 호기심을 품는다면, 갈등하는 자아는 저절로 차분해지며 고요가 스스로 드러날 것이다.

내면에 주의를 기울일 때 당신이 발견하는 것은 텅 빈 고요가 아니다. 그것은 충만하고 풍요로우며, 거기에는 삶의 중심에서 나오는 사랑과 지성이 스며 있다. 이는 당신과 늘 함께하는 '작고 고요한 목소리'의 근원이다. 자신이 혼자가 아님을 발견하는 자리이기도 하다. 고요한 현존, 고요한 앎, 고요 속에 전해오는 사랑은 언제나 당신과 함께한다. 이 사실을 깨달으면 당신은 삶의 지혜와 협력할 수 있다.

고요에 가 닿는 것은 삶의 가장자리에 주저앉아 조용하고 평화롭게 마냥 쉰다는 뜻이 아니다. 정확히 그 반대이다. 당신은 삶에 더 온전히 발 딛게 되며, 삶에서 분리되었다고 믿는 분주한 마음이 아니라 바로 이 고요로 반응하게 된다.

✦————

잠시 눈을 감고 자신의 마음이 얼마나 분주한지 바라본다. 그 모든 소음 아래 깊은 고요의 장場이 있다는 사실을 깨닫는다. 이 고요는 언제나 당신과 함께하며, 당신은 그 안에 안겨 쉬는 법을 발견할 수 있다.

진정한 자신의 중심에 있는 이 다섯 가지 특성을 살펴보면서, 그것들이 지금 여기 당신과 함께하고 있다는 사실을 인식하는 것이 중요하다. 미처 알아차리지 못할 수도 있지만, 이 특성들은 살면서 어떤 일이 일어나든 늘 당신과 함께한다.

이 책의 나머지 부분은 초원을 이루고 있는 이 다섯 가지 특성에 접근하는 방법들이다. 찾으려 애쓰는 방식으로는 그것들에 다시 연결되지 못할 것이다. 그런 방식은 갈등만 더 키운다. 그 대신 마음의 구름을 꿰뚫고 보는 법을 배우면 구름이 엷어지면서, 분주하고 통제하는 마음이 아니라 이 다섯 가지 초원의 특성을 가지고 살아가는 기쁨을 발견하게 될 것이다. 그렇게 당신은 초원의 특성이 바로 자기 존재의 특성이라는 사실을 깨닫게 될 것이다.

- 머릿속 구름 안에 살고 있다면 삶의 아름다움과 신비, 당신의 가슴과는 단절된 채 꽉 막히고 비좁은 자리에서 살고 있는 것이다.

- 삶은 당신이 태어나기 전부터 수십억 년 동안 진화해 왔고, 당신이 죽은 이후로도 계속될 것이다. 당신은 이 짧은 생애 동안 유구하게 펼쳐지는 삶이라는 강물을 체험하는 것이다.

- 흐름, 광대함, 빛, 사랑, 고요로 이루어진 초원의 다섯 가지 본질은 언제나 당신과 함께해 왔지만, 당신이 갈등의 구름에 뒤덮여 있었기 때문에 미처 알아차리지 못했던 것이다.

- 구름이 걷히고 나면 당신은 다섯 가지 특성을 깨닫게 되고, 그 특성들을 가지고 살게 될 것이다. 이는 당신을 평안이라는 본연의 상태로 데려다줄 것이다.

- 어떤 일이 일어나든 지금 이 순간에 가슴을 열고 삶의 흐름 속으로 들어갈 때, 당신은 근사한 일에 집착하거나 힘든 일을 밀쳐내지 않는 법을 배우게 된다.

- 갈등의 구름에서 벗어나는 것은 넓어지고 열리는 것이다. 늘 익숙하

던 사소한 갈등의 세계와는 반대의 세계이다.

- 당신은 내면에 아주 많은 에너지를 갖고 있으며, 그 에너지는 갈등이란 감옥에서 벗어나 확장되고 춤추고 빛나기를 원한다. 자신의 빛, 이것이 바로 당신이 갈구하던 것이다.

- 사랑이 모든 것의 바탕이다.

- 삶의 모든 것은 거대한 고요에서 솟아나며, 이 고요는 진정한 당신의 본질이다. 그것은 충만하고 풍요로우며, 거기에는 삶의 중심에서 나오는 사랑과 지성이 스며 있다.

- 다섯 가지 특성은 찾으려 노력한다고 찾아지는 것이 아니다. 그러면 갈등만 더 생겨난다. 그 대신 구름에 대해 알게 되면, 구름은 엷어지며 다섯 가지 특성이 저절로 드러날 것이다.

이 주의 기억할 구절

"초원은 지금 여기에, 또는 _____은
지금 여기에 있다."

(빈 칸에 흐름, 광대함, 빛, 사랑, 고요 중 하나를 써 넣으시오.)

나만의 구절

기억하기 실습
• 2주 •

이번 주에는 마음속 구름을 만들어내는 갈등의 스토리들을 잠재우는
방법을 살펴본다. 이는 초원의 다섯 가지 특성들에 훨씬 수월하게 재연
결되도록 해줄 것이다. 날숨에 집중하며 깊이 호흡하는 단순한 실습으
로 그렇게 할 수 있다. 6분 정도면 된다. 시간에 구애받지 않는다면 원
하는 만큼 각 단계에 머물러도 좋다.

1. 눈을 감고 알아차림의 촉수를 경험의 강물에 담근 뒤, 지금 자신
   의 느낌이 어떠한지 알아차린다.
2. 최소한 세 번, 숨을 들이쉬며 근육을 당겼다가 내쉬는 숨에 '아!'
   하고 내려놓는 소리를 크게 내면서 모든 것을 아주 천천히 이완
   한다.
3. 들어오고 나가는 호흡에 주의를 모은다.
4. 날숨을 더 깊이 내쉬기 위해 자기 앞에 작은 촛불이 하나 떠 있다
   고 상상해 본다. 코로 들이쉬고, 입으로 부드럽게 내쉬면서 이 촛
   불을 불어서 끄고 있다고 상상한다. 이 리듬에 편안해지면 깊고

느린 날숨의 맛을 음미해 본다.

5. 긴 날숨에 편안해지면 촛불 이미지는 내려놓고, 코로 숨을 들이
    쉬고 내쉬면서 계속 길고 느린 날숨을 만끽할 수 있다. 호흡의 리
    듬에 맞춰 조용히 "들이쉬고…… 내쉬고, 깊이…… 천천히"라고
    말한다. 원하는 만큼 이 호흡을 한다.

6. 더 이상 호흡을 알아차리지 못한다고 느껴지더라도 판단하지 않
    고, 가만히 호흡에 다시 주의를 모은다.

7. 끝으로, 잠시 온몸에 주의를 기울여, 알아차림의 선물을 받은 지
    금은 무엇이 달라졌는지 살펴본다.

8. 준비가 되었으면 눈을 떠도 좋다.

짧은 실습

1. 눈을 감고 알아차림의 촉수를 경험이라는 강물에 담근 뒤, 지금
    이 순간의 느낌이 어떠한지 알아차린다.

2. 최소한 세 번, 숨을 들이쉬며 근육을 당겼다가 내쉬는 숨에 '아!'
    하고 내려놓는 소리를 크게 내면서 모든 것을 아주 천천히 이완
    한다.

3. 들어오고 나가는 호흡에 주의를 모은다.

4. 자기 앞에 작은 촛불이 있다고 상상하면서 코로 숨을 들이쉰 다
    음, 촛불을 향해 길고 느리게 음미하면서 숨을 내쉰다.

5. 준비가 되면 촛불 이미지를 내려놓은 뒤, 코로 숨을 들이쉬고 내
    쉬면서 호흡의 리듬에 맞춰 "들이쉬고…… 내쉬고, 깊이…… 천천

히"라고 말한다.

6. 호흡에 주의를 집중하지 못하고 있다는 것을 알아차리더라도 아무런 판단 없이 가만히 호흡으로 주의를 되돌린다.

7. 끝으로, 잠시 온몸에 주의를 기울여 알아차림의 선물을 받은 지금은 무엇이 다르게 느껴지는지 살펴본다.

8. 준비가 되었으면 눈을 떠도 좋다.

<u>3</u>

두려워할 것은
없다

상상 속의 초원을 떠올리며 지금 이 순간 그 초원에 스며 있는 '흐름, 광대함, 빛, 사랑, 고요'를 느껴보라. 당신은 이 다섯 가지 특성을 타고났으며, 당신의 내면에는 그것을 알고 그것으로 살아가고자 하는 깊은 바람이 있다.

가슴을 열고 자신이 늘 초원에 있다는 사실을 기억하려면 갈등의 구름을 흩뜨려야 한다. 구름을 흩뜨리는 방법은 자신의 스토리텔러가 갈등의 구름에서 나오는 목소리임을 아는 데 있다. 그 다음 단계는 머릿속에서 펼쳐지는 스토리에 빠지지 않으면서 거기에 호기심을 품는 것이다. 스토리텔러가 떠드는 소리에 휘말리지 않고 그것을 지켜볼 수 있을 때 자유로 가는 문이 열린다.

영화관의 커다란 스크린 앞에 앉아 머릿속의 스토리텔러가 읊어주는 대로 자신의 인생을 본다고 상상해 보라. 당신은 스토리텔러가 뭐라고 떠드는지 알아차리지도 못하면서 온종일 이 생각 저 생각에 시달리기만 한다. 그러나 이제 머릿속 스토리텔러의 해설을 들으며 스크린 위에 펼쳐지는 자신의 인생을 구경하는 동안, 이 스토리텔러가 모든 일과 얼마나 많이 씨름하고 있는지 알아차리지 않을 수 없다. 그것은 크고 작은 온갖 것들과 씨름한다. 머리의 색깔부터 심각한 질병까지 자기 몸의 이런저런 문제로 기분이 상하기도 하고, 다른 사람들의 운전 방식이나 업무 지시 방식 때문에 불만이 쌓이기도 한다.

사실 스토리텔러가 항상 갈등만 하는 것은 아니다. 원하는 것을 얻고 기분이 꽤 좋을 때도 있다. 새 아이패드가 생기거나, 자기가 응원하는 출연자가 리얼리티 쇼에 나와 멋진 기량을 보여주거나, 좋아하는 누군가가 "사랑해"라고 말해줄 때가 그렇다. 그러나 스토리텔러가 바라는 대로 일이 벌어지는 상황에서만 이런 행복이 존재할 수 있다. 아이패드를 도난당하거나 최신 사양을 살 돈이 없다든지, 응원하는 출연자가 더는 텔레비전에 나오지 않는다든지, 배우자의 행동이 거슬린다든지 하면 스토리텔러는 화를 내며 갈등을 일으키기 시작한다.

유심히 살펴보면 자신이 온종일 머릿속의 스토리텔러가 좋아하는 것과 싫어하는 것 사이를 오락가락한다는 사실을 알 것이다. 날씨가 좋거나 싫다. 연인이 좋거나 실망스럽다. 초콜릿 쿠키를 좋아하지만 너무 많이 먹기 전까지만 좋고, 그 다음엔 싫어진다. 바쁜 것을 좋아하지만 감당할 수 있을 정도까지만이고, 그 이상이 되면 겁낸다. 화장할 여유가 있을 만큼 정지 신호가 길면 좋지만, 직장에 늦었을 때는 정지 신호가 긴 게 싫다. 내면의 펜듈럼이 온종일 좋아하는 것과 싫어하는 것 사이를 오가는 모습을 지켜보면 이렇게 흔들리는 게 얼마나 지치는 일인지 깨닫게 될 것이다.

만일 영화관 팔걸이에 자신의 생각과 느낌뿐만 아니라 다른 사람의 행동까지 바꿀 수 있는 버튼이 달려 있다면 어떨까? 이것은 스토리텔러가 제일 좋아하는 전략 중 하나이다. 스토리텔러는 연인이나 상사, 친구, 자녀를 원하는 대로 바꿀 수 있다면 모든 게 괜찮아질 거라고 말한다.

당신은 자신에게도 똑같은 짓을 한다. 뭔가를 좀 바꿔보면 평화를 얻을 것 같다는 느낌은 너무나 유혹적이다. 다짐하고, 다시는 충동적으로 굴지 않겠다고 약속하고, 긍정적인 생각을 하려 애쓰는 자신이 스크린 위로 보인다. 그러나 이는 일시적일 뿐이며 금세 갈등하는 스토리텔러가 돌아오는 걸 알 수 있다. 그러곤 자신이 누른 버튼을 돌아보며 아직도 자기가 정신을 못 차렸다고 좌절하고 절망하는 것이다. 대다수 사람들이 순수한 기쁨 속에 살지 못하는 것이 놀라운 일도 아니다.

✦━━━━━━━

지금 이 순간, 마음의 영화관 밖으로 나가 알아차림의 촉수를 경험의 강물에 담그고 그 흐름 속에 계속 열어둔다. 주변의 소음을 알아차릴 수도 있고, 가벼운 두통, 평화로운 느낌, 등이 가려운 느낌이 들거나 이 실습에 저항감을 느낄 수도 있다. 단순하게, 삶으로 주의를 돌릴 때 어떤 일이 일어나는지 알아차린다. 이런 작은 순간들이 중요하다. 물방울이 바다를 만들고, 삶에 충만히 열려 있는 순간들이 구름을 흩뜨려준다. 그러니 지금 이 순간 바로 여기서, 내면에 늘 존재하는 초원을 다시 발견할 수 있다.

어린 시절과 두려움

머릿속 스토리텔러가 살아갈 수 있도록 먹을 것을 공급해 주는 것은 무엇일까? 한 마디로 그것은 '두려움'이다. 대다수의 사람들이 대부분의 시간 동안 염려와 불안, 심지어 가공할 공포로 번질 수도 있는 사소한 두려움에 사로잡혀 있다. 이제 이 두려움에 대해 알아보자. 두려움을 알면 그것에 지배당하지 않을 수 있다.

사실은 두려움도 삶의 일부이다. 길에 나섰는데 트럭이 자신을 향해 돌진하는 소리가 들린다고 해보자. 생각할 겨를도 없이 두려움에 빠질 것이다. 그런 두려움은 생존에 필요한 두려움이다. 하지만 이는 당신이 경험하는 두려움의 1퍼센트에 불과하다. 당신이 경험하는 것은 대부분 심리적인 두려움이다. 두려움의 스토리들이 늘 당신 마음을 따라 움직이는 것이다.

질병이나 죽음처럼 커다란 두려움도 있고, "이 바지가 이상해 보이진 않을까?" 같은 작은 두려움도 있다. 조금씩 불안감을 키워가는 식으로 찾아오든 아닌 밤중에 홍두깨처럼 불쑥 고개를 내밀든 간에 두려움이란 언제나 자신의 세계를 이야기하고 있다. 다음 상황이 제대로 굴러간다는 걸 확인하려는 두려움의 요구에 사로잡혀 당신은 인생을 온전히 즐길 수 없게 된다.

언제나 그랬던 것은 아니다. 아주 어린 시절 당신은 본능적인 두려움을 알고 있었다. 큰소리가 나면 깜짝 놀라고, 당신 혼자 집에 두고 부모가 밖에 나가거나 하면 겁을 먹었다. 이런 두려움의 구름이 당신을 스쳐갔겠지만 흉터를 남기지는 않았다. 그러나 머지않아 심리적인 두려움을 알게 되었다. 어린 시절 세상은 크고 무서웠다. 주변 사람들은 거인 같았고, 당신은 그들의 무릎에도 미치지 못했다. 이 거대하고 때로 무섭기까지 한 거인들은 이미 오래전부터 갈등의 구름 속에 들어가 있으면서 혼란을 안기거나 겁을 주는 방식으로 행동할 때가 많았다.

천둥번개로 가득한 구름 속에 있는 부모를 둔 아이들도 있었다. 대부분은 부모들이 그냥 안개 정도의 구름 속에 있었다. 이들 부모들은 자라는 동안 마음의 세계에 그냥 방치되어 있었고, 이처럼 그들 역시 갈등의 구름 속에서 살아온 까닭에 자녀들과 온전히 연결되는 법을 알지 못했다.

이러한 단절로 인해서 부모들은 아이에게 '침해invasion'와 '유기abandonment'라는 두 가지 핵심 상처를 입힌다. 부모가 아이의 느낌을 계속 부정하는 것에서부터 아이를 성적으로 학대하는 것까지가 모두 침해에 해당한다. 유기는 부모가 너무 바빠서 아이를 제대로 돌보지 못하는 것에서부터 아예 집을 나가 돌아오지 않는 경우까지 다양하다. 그래서 부모가 지닌 구름의 성격이 아주 폭력적이든 아니면 다소 무심한 정도이든 간에, 무슨 일이 벌어지고 있는지 이해하려 애쓰는 사이에 당신 내면에서는 두려움이 자라나게 되었다.

✦─────────

영화관 팔걸이에 버튼이 있어 자신의 영화를 여섯 살 이전의 하루로 되돌릴 수 있다고 해보자. 그 버튼을 누른다. 자신을 무섭게 하던 부모와의 경험을 바라본다. 이 과정에서 당신의 스토리텔러가 하는 말을 들을 수 있다는 사실을 기억하라. 스토리텔러의 두려움을 느낄 수 있는가? 자라는 동안 이런 순간들이 많았다는 사실을 알고 내면에서 일어나는 일에 귀 기울이면, 스토리텔러가 점점 더 분명히 나타나는 것을 볼 수 있다. 그때마다 얼마나 무서웠는지, 얼마나 외로웠는지 가슴을 열고 느껴본다.

마음이 지어낸 나

부모들이 초원을 떠나 마음의 세계에 머문 탓에, 어린 우리 곁에는 우리가 경험하고 있는 당황스러운 생각과 느낌에 진심으로 귀 기울여주고 도와줄 사람들이 없었다. 그래서 여느 아이들처럼 당신도 두려움을 감당하고자, 벌어지는 일들에 관한 스토리를 지어내기 시작했다. 그로 인해 머릿속의 스토리텔러 혹은 에크하르트 톨레가 말하는 '마음이 지어낸 나mind-made me'가 태어났다. 이전에는 평안의 초원을 흘러가던 성긴 구름들이 이제 당신 머리 주위로 띠를 두르기 시작했고, 당신은 가슴에서 단절되어 마음의 세계에 갇히게 되었다.

나는 '마음이 지어낸 나'라는 말을 좋아하는데, 이는 자신을 다르게 이해할 수 있다는 사실을 암시하기 때문이다. 또 다른 '나'가 있다는 말이 아니라 우리가 살 다른 곳, 즉 초원이 있다는 뜻으로 말이다.

머릿속 스토리텔러가 지어낸 것은 하룻밤 새 생긴 것이 아니다. 마치 만 조각짜리 그림 퍼즐을 맞추듯 천천히, 당신은 자신이 경험해 갈 자아상自我像을 짜나갔고, 그 자아상을 통해 이 거대한 '삶'을 조금이나마 통제할 수 있다는 환상을 느끼고자 했다. 여기서 핵심은 '상image'이라는 말이다. 이 말은 '무언가와 비슷하거나 그것을 대신하는 것'이라는 뜻이다. 스토리텔러는 삶이 아니다. 그것은 삶에 대한 생각들을 갖고 있는 것이며, 당신을 살아있는 삶의 경험으로부터 단절시키는 갈등의 구름을 만들어낸다.

다시 영화관의 스크린으로 돌아가 스토리텔러가 이 영화에 대해 뭐라고 하는지 귀 기울여보자. 관찰하다 보면 어느 한 순간에는 스토리텔러가 당신을 괜찮은 사람이고 '같은' 편이라고 생각하는 것을 볼 수 있다. 그러다 문득 누군가 당신을 판단하거나 거절하면 그 이미지는 무가치함, 불안정함, 분노, 자기 비판으로 뒤바뀌고 만다. 자아상이란 이 얼마나 덧없는 것인가.

◆━━━━━━

지금 이 순간 자신의 호흡이 어떤지 알아차린다. 방금 살펴본 내용 때문에 호흡을 멈추고 있는가? 그렇다면 계속 읽어나가기 전에 몇 차례 호흡을 해서 촛불을 끄는 상상을 해본다.

어린 시절에 만들어진 나

때로 나는 스토리텔러를 '어린 시절에 만들어진 나child-made me'라고 부른다. 심리학자들은 자기 자신과 인생을 바라보는 기본 관점이 여섯 살 무렵이면 거의 형성된다고 말한다. 그러니 온종일 당신의 머릿속을 맴도는, 그래서 온전한 삶의 경험을 차단하는 신념과 태도, 결핍감, 두려움은 바로 어린아이의 마음속에서 생겨난 것이다.

◆━━━━━━

갈등의 구름이 어린아이의 마음속에서 생겨났다는 사실을 잠시 느껴본다. 정직하게 돌아보면 어린 시절 이후로 거의 대부분 자신이 품어온 생각과 느낌 — 사랑받고 싶고 완벽해지고 싶고 최고가 되고 싶고 안전해지고 싶고 통제하고 싶고 옳다고 인정받고 싶은 갈망, 자신이 변변치 못하고 시원찮다는 신념, 자기 자신과 인생이 바뀔 수만 있다면 모든 것이 괜찮아지리라는 생각 등 — 에 강요받고, 시달리고, 채근당하고, 휩쓸렸다는 사실을 알게 될 것이다. 마음속을 맴도는 스토리들은 시간이 흐르는 사이 변해왔을지도 모르지만 본질은 어렸을 때와 똑같다. 하루 종일 마음속에서 일어나는 일들을 면밀히 들여다보면 어린 시절 형성한 자아상이 지금도 여전히 당신 안에서 살아 움직이고 있다는 사실

을 알게 될 것이다. 호흡하라!

과거로 돌아가 두세 살 때의 내면을 돌아본다면, 부모가 떠나버
릴지도 모른다는 두려움, 큰 아이에게 당하는 행패, 더 커다란 막대
사탕을 얻은 형제에 대한 질투, 좋아하는 장난감을 잃어버린 슬픔
등으로 마음속에 불안감이 자라나고 있다는 사실을 깨닫게 될 것
이다.

그 다음 처음 학교에 가던 때를 돌아보면 그게 얼마나 힘겨운 일
이었는지 알게 될 것이다. 성장하는 과정에서 우리는 모두 상처받
고 버려진 듯한 느낌을 받은 적이 있다. 사람들은 당신에게 심술궂
은 말을 하고, 당신을 이용하고, 판단하고, 놀리고, 거부했다. 바로
여기에서 당신이 똑바로 하지 못하고 있다거나, 착하지 않다거나,
거절당할 수도 있다는 두려움이 생겨났다. 이것들은 당신이 혼자
일 때는 아무것도 못하고 쩔쩔매게 만들어버리는 깊은 두려움과
함께 학창 시절 내내 당신을 따라다녔다.

그 다음엔 사춘기였다. 어울리고 싶다는 바람이 당신의 전부였
고, 무리에 속하려고 다른 아이들처럼 약간은 정신 나간 짓들을 하
기도 했다. 밥을 굶는다거나, 여드름을 짜느라 얼굴에 흉터를 냈을
지도 모른다. 더 센 척하고 싶어서 다른 사람을 깎아내렸을 수도 있
다. 서글픈 일은 대부분의 아이들이 비록 무리에 '속해' 있다 해도
스스로를 변변치 않다고 생각한다는 것이다.

✦━━━━

영화관으로 되돌아가 팔걸이에 있는 버튼을 눌러, 사춘기로 영화를 되감기해 본다. 그 시절의 힘든 경험이 스크린에 나타나도록 해본다. 이토록 어색하고, 쉬 혼란스러워하며, 금세 당황하는 사춘기를 당신 마음속으로 허용할 수 있겠는가?

어린 시절의 두려움이 지속되다

어린 시절의 두려움은 사라지지 않는다. 그것들은 내면에 묻혀 있다가 일상 속에서 우리가 알아차리지 못하는 가운데 영향을 미친다. 영화 스크린에 나타난 모습을 보면서 자신이 어떤 파티에 참석했다고 상상하고, 머릿속에서 들려올지도 모르는 목소리에 귀를 기울여보자. 어쩌면 이런 소리들이 들려올지 모른다. "나는 말이 너무 많아." "쟤가 나보다 예뻐." "나 지금 꽤 잘하고 있는 것 같아." "저 애는 절대 나한테 관심이 없을 거야." "내가 쟤보단 나아." "대화가 끊기면 어떡하지?" "쟤들은 나를 좋아하지 않아." "더 외향적이어야 해" "나 오늘 인기 좀 있었어." 파티를 제대로 즐겼다는 믿음조차도 뭔가 잘못했을지 모른다는 두려움에서 나온다.

파티가 끝나고 그날 밤에는 어떤 일이 일어날지 상상해 보라. 스토리텔러는 당신이 파티에서 한 말과 행동을 모조리 평가하고 그게 별로였다며 당신을 허탈감으로 잠 못 이루게 한다. 그러나 파티에 참석한 다른 사람들도 무의식적으로 이런 두려움에 시달리고 있으며, 그들도 자신의 행동에 대해 속속들이 평가하고 있다는 사실은 스크린에 드러나지 않는다. 두려움은 우리 안에 아주 깊이 각인돼 있고, 그것을 바라보는 두려움도 너무나 크다. 그래서 스토리텔러가 하는 가장 중요한 역할 중 하나는 우리를 두려움에서 되도록 멀리 떼어놓는 일이다.

두려움에 근거한 스토리텔러는 파티에 대해서만 큰소리로 떠드는 게 아니다. 삶의 모든 경험에 대해 스토리텔러는 우리 마음에 대고 끊임없이 잔소리를 해댄다. 내일 중요한 회의가 있을 수도 있고, 새로운 곳으로 여행을 떠날 수도 있고, 불편한 친척이 방문할 수도 있으며, 가슴에 덩어리가 만져져 의사를 찾아갈 수도 있다. 스토리텔러의 목소리는 그런 일상 속에도 나타난다. "지각할지도 몰라" "제대로 갖춰 입지 못했어" "길을 잘못 들어섰어" 등등. 일상적인 두려움이든 큰 두려움이든, 대부분의 시간 동안 사람들 마음속에는 어느 정도의 두려움이 맴돌고 있다.

✦————————

다시 영화관으로 돌아가 보자. 이제 팔걸이의 버튼을 누르면 어른이 된 후에 당신을 당혹스럽게 한 경험이 영화로 펼쳐질 것이다. 스크린 위에 보이는 것을 되도록 온전히 다시 경험한다. 두려움과 자기 판단의 목소리가 내면에서 올라오는 것을 알아차린다. 머릿속에서 떠드는 이 목소리에서 해방되어 두려움이나 판단 없이 오롯한 자신이 될 수 있음을 깨닫는다.

두려움의 대가

사람들은 대부분 자신이 얼마나 삶을 두려워하는지 인식하지 못한다. 그들 안에 있는 스토리텔러는 무엇이든 충분하지 않다고 믿으며, 삶을 신뢰하기보다는 애써야 한다고, 똑바로 해내야 한다고 여긴다. 스토리텔러도 사랑받기를 바라지만, 어떻게 자신을 사랑할 수 있는지 모른다. 다른 사람에게 이해받기를 절실히 원하면서도, 어떻게 하면 이해받을 수 있는지 모른다. 거절당하는 걸 두려워하고, 그래서 늘 남들이 어떻게 생각하는지에 신경을 쓴다. 종종 가치 없다고 느끼며, 세상에서 '용납되지 않는 부분'을 감추느라 바쁘다. 사소한 것들(설령 자신은 사소하다고 생각하지 않더라도)에 심한 죄책감을 느끼며, 이런 죄책감은 수치심, 즉 자기가 뭔가 잘못되거나 나쁘다는 느낌을 강화하도록 부채질한다.

이 같은 만성적인 갈등 때문에 스토리텔러는 삶이 바로잡히고 모든 게 제자리를 찾으면 행복해질 거라 믿으며 끊임없이 행복을 좇는다. 그러나 이 모든 것은 섬광처럼 왔다가 사라지게 마련이고, 스토리텔러는 행복을 좇아 오락가락하면서 원하는 것은 갖고 원치 않는 것은 없애려 기를 쓴다. 그것이 얼마나 좌절감을 안겨줄지 느껴지는가? 가슴이 얼마나 무뎌지는지 느낄 수 있는가?

당신은 두려움에 바탕한 스토리텔러와 살아가는 데 값비싼 대가를 치를 뿐더러, 또 거기서 달아나려고 애를 쓰며 평생을 보낸다. 내면의 스토리텔러가 지금껏 모든 것을 떠맡아 처리해 왔으며, 그게 다 두려움 때문이었다는 사실을 이제 알겠는가? 갈등하는 스토리텔러에게 끌려다니면 인생을 단순하고 명료하게 경험할 수 없다는 것을 알겠는가?

자라면서 두려움의 세계에 빠져들수록 갈등의 구름은 더 두터워졌다. 두려움의 세계에서는 당신을 더욱더 힘 빠지게 만드는 일들이 반복되었고, 당신은 그 두려움을 겁내게 되었다. 그리하여 삶은 두려움에서 벗어나 기분 좋아지려 애쓰는 게임이 되었다. 그러나 기분 좋은 상태는 결코 오래가지 않았다. 그것은 두려움에서 비롯되었기 때문이다. 두려움의 세계에 사로잡힐수록 당신은 내면에 있는 평안의 초원을 점점 더 볼 수 없게 되었다.

끊임없이 애쓴다고 원하는 결과가 나오는 것은 아니다. 그리고 원하는 결과를 얻지 못하면 수치심, 분노, 절망 같은 두려움에 바탕한 스토리에 더 깊이 빠지게 된다. 분노란 원치 않는 것은 얻고 원하는 것은 얻지 못할 것이라는 두려움이다. 절망은 원하는 것을 결코 가져보지 못했거나 가질 수 없으리라는 두려움이다.

스토리텔러의 수치심, 분노, 절망은 각기 서로를 먹여 살린다. 분노는 삶을 향한, 똑바로 하지 못하는 사람들을 향한, 또한 똑같은 짓을 되풀이하는 스스로를 향한 미묘한 짜증에서부터 맹렬한 분노에 이르기까지 모든 화를 다 포함한다. 그러면 스토리텔러는 자기 연민에 빠져 자신이 희생자라고 느끼며 절망감을 키우고, 이러한 절망감은 약간 울적한 느낌으로 시작해 우울증으로 번질 수도 있다. 이러한 피해 의식 속에서 스토리텔러는 자신의 고통에 대해 "그 사람이 그렇게만 했다면……" "대체 그는 왜?" 하며 타인을 비난하거나 아니면 스스로를 비난하며 수치심을 기른다.

우리는 모두 깊은 데서 솟아난 수치심, 분노, 절망의 악순환에 삶이 장악당하는 경험을 해본 적이 있다. 이러한 악순환의 중심에 있는 절망은 두려움에 근거한, 몹시 어두운 스토리를 가지고 있다. "이게 다야." "절대 더 나아지지 않을 거야." 사람들은 대부분 이 절망이 너무 두려워, 내면에 있는 그것을 마주하고 놓아주기보다는 그것에서 달아나려고 애쓰며 평생을 보낸다.

그러나 기억하라. 스크린 위의 영화를 보면서 머릿속에서 들려오는 소리에 귀 기울이는 동안 당신은 결코 평안의 초원을 떠난 적이 없다. 대부분 스토리텔러에게 귀 기울이고 갈등의 구름을 믿도록 길들여진 탓에 그 사실을 알아차리지 못할 뿐이다. 스토리텔러가 하는 말에서 놓여나기 위해서는 그 세계를 깊고 명료하게 들여다보는 것이 중요하다.

✦━━━━━━

책에서 눈을 떼고, 그림자의 춤이나 당신 주변의 빛, 들렸다가 사라지는 소리처럼 스토리텔러의 목소리 바깥에 있는 것들을 알아차린다. 삶은 언제나 스토리텔러의 세계 바깥에서 놀라운 모습으로 펼쳐지고 있다는 사실을 깨닫는다.

모두의 경험

이 모든 것이 내면에서, 우리가 알아차리지 못하는 가운데 일상적으로 일어나고 있다는 사실이 놀랍지 않은가? 당신만 그런 것이 아니다. 대부분의 사람들이 내면에서 이렇게 끊임없는 대화를 하고 있는데, 그들 또한 두려움에 바탕한 스토리텔러와 자신을 동일시하기 때문이다. 대개는 가면 아래 두려움을 숨기기 때문에 그것이 보이지 않을 수 있다. '개성personality'이라는 말의 어원이 '가면'을 뜻하는 '페르소나persona'라는 사실은 우연이 아니다. 그러니 겉모습에 속지 말라.

언젠가 한 친구가 자신이 진심으로 좋아하고 부러워하던 동료 이야기를 들려준 적이 있다. 좋은 차, 명품 옷, 근사한 직업 등 성공의 상징이라 할 만한 것들을 다 가진 사람이었다. 어느 날 그 사람이 내 친구에게 자기 사무실로 좀 와달라고 부탁을 했다. 친구가 사무실에 가자 그녀는 인생에 아무런 의미가 없어서 전날 밤 자살하려 했다고 고백을 했다. 이렇게 판단과 두려움이 낳은 스토리텔러는 나 혼자에게만 있는 것이 아니다.

◆━━━━━━━

영화관으로 돌아가, 버튼을 눌러 스크린에 인기 강사나 유명한 의사처럼 모든 걸 다 가진 것 같은 누군가를 비춰본다. 자신의 머릿속에 있는 목소리가 들리듯이 그들의 머릿속에 있는 목소리도 들려올 것이다. 그들 내면의 목소리를 들으면, 남들도 자신과 똑같은 두려움과 판단을 보듬고 살아간다는 사실을 깨닫게 될 것이다. 그들에게도 똑같이 스토리텔러가 있다.

우리는 자신의 두려움, 분노, 거기서 비롯된 절망이 너무도 겁이 나서 그것들이 보이지 않도록 정교한 시스템을 만든다. 불편한 경험을 피하려고 음식, 약물, 술, 바쁜 일상, 해야 할 일들, 인터넷, 텔레비전, 쇼핑, 그 밖에 우리를 계속 멍하게 만드는 이런저런 산만한 것들에 빠져든다. 명상까지도 원하는 상태를 얻고 원치 않는 상태를 없애는 데 이용한다. 미친 듯이 열심히 살면서 산만해진다. 그러한 산만함이 일시적인 안도감을 줄지는 몰라도 근본적인 두려움을 치유하지는 못한다.

두려움 알기

두려움이 마음뿐만 아니라 몸에도 영향을 미친다는 사실을 안다면, 두려움을 더욱 분명하게 보게 될 것이다. 깜짝 놀라거나 누군가에게 판단을 받을 때 자신을 잘 관찰해 보면, 몸이 긴장하고 있다는 사실을 알게 될 것이다. 두려움은 긴장성 두통, 턱관절 문제, 어깨 경직, 호흡 곤란, 뻣뻣한 목, 위장 장애, 요통을 비롯한 신체적 문제를 일으킨다. 당신은 충동으로 자신을 무디게 만드는 식으로 두려움에서 달아나는 데도 익숙한데, 그런 충동들 역시 대부분 몸을 피폐하게 만든다.

두려움에 근거한 스토리 속에서 살아가면 당신은 삶에 '반응'하게 된다. 그에 반해 평안의 초원에서 살아가면 삶에 '응답'하게 된다. 긴장이 풀리며 삶에 연결되고 삶을 활용할 수 있게 된다. 그러나 두려움이 만든 스토리와 자신을 동일시하면 긴장하게 되고, 따라서 저항하고 반발하고 조종하게 된다. 잠시 그동안 자신이 얼마나 반응하며 살아왔는지 정직하게 느껴보라. 당신은 친구나 연인의 사소한 말 한 마디에도 반응하면서 자신의 세계에 드라마를 창조해 낸다. 드라마는 전부 두려움을 바탕으로 한다. 청바지를 입은 아내가 남편에게 뚱뚱해 보이지 않느냐고 묻는 광고가 있다. 아내는 남편이 뚱뚱해 보인다고 할까봐 두려워하고, 남편은 제대로 된 대답을 못할까봐 두려워한다. 그게 바로 사람들이 관계 맺는 방식이다. 두려움은 자신은 물론 다른 사람들과도 믿음 위에서 친밀한 관계를 맺지 못하게 가로막는다.

두려움은 열려 있기보다 위축되게 하고 연결되기보다 방어하게 하며, 응답하기보다 반응하게 하고 번창하기보다 생존하게 한다. 두려움은 꾸준히 뭔가를 요구하고, 당신은 그 요구를 충족시키려 애쓰며 살아왔다. 그러나 두려움이라는 최면에서 벗어나, 생생하게 열린 상태로 초원의 기쁨을 누리며 살 수 있다. 그러한 진실이 주는 안도감이 느껴지는가?

◆━━━━━━━

잠시 알아차림의 촉수를 자신의 '몸'이라는 감각의 강물에 담가본다. 어깨가 긴

장되어 있는가? 치골 위쪽 근육이 긴장하고 있는가? 이마에 주름을 짓거나 턱을 악물고 있지는 않은가? 감지되는 긴장이 어떤 것이든 지금 이 순간 내려놓는다.

벗어나는 길

두려움을 없애려고 스토리텔러가 시도하는 일은 그것이 무엇이건 더 큰 두려움을 불러일으킬 뿐이다. 두려움에서 벗어나는 길은 가슴을 통해 두려움을 알아차리는 데 있다. 내면에서 일어나는 일을 정직하게 바라볼 수 있을 때 당신은 자유로워진다. 자신이 받아들인 두려움의 스토라를 인식하는 순간 내면에 있는 평안의 초원으로 돌아갈 수 있다. 유명한 작가이자 강연자인 크리슈나무르티 Krishnamurti는 1969년 파리의 한 강연에서 이렇게 말했다.

두려움에서 해방되어야 한다는 것이 아니다. 두려움에서 자유로워지려 애쓰는 순간 두려움에 대한 저항이 생겨난다. 저항은 어떤 형태의 것이건 두려움을 없애지 못한다.…… 두려움의 본질과 구조를 온전히 이해해야 한다. 그 말은 두려움에 대해 배우고, 그것을 관찰하고, 그 속으로 직접 들어가서 만나봐야 한다는 뜻이다. 우리는 두려움에서 달아나거나 두려움에 저항하는 법이 아니라 두려움 자체에 대해 배워야 한다.

두려움에 지배당하지 않고, 크리슈나무르티의 말대로, 두려움을 바라보려면 이렇게 묻는 것이 중요하다. "나는 두려움에서 해방되길 원하는가?" 처음에는 "당연하지, 그러길 원해"라고 대답할 것이다. 그러나 이내 "하지만 내 두려움을 바라보기가 두려워" 하는 말이 뒤따를지 모른다. 이는 있는 그대로 바라보기가 두려워 나오는 대답일 뿐이다. 그러나 그 두려움을 제대로 바라보면 그것이 어린 시절에 주입된 스토리들로 이루어져 있으며, 따라서 더 이상 두려워할 게 아니라는 사실을 알게 될 것이다. 두려움에 근거한 스토리들을 믿는 대신 두려움을 바라보는 법을 배운다면, 단언컨대 두려움을 바라보는 것이 가장 안전한 것이 될 것이다.

언젠가 한 교사로부터 반복해서 꾼 꿈 이야기를 들은 적이 있다. 꿈속에서 괴물이 그녀를 쫓고 있었고, 그녀는 괴물이 덮쳐오는 순간 공포에 질려 잠에서 깨곤 했다. 그 꿈 얘기를 친구에게 하자 그 친구는 그녀에게 뒤돌아서 괴물을 한번 바라보라고 했단다. 하지만 그것은 너무나 두려운 생각이라 얼마 뒤 꿈에서도 그녀는 계속 달아나기만 했다. 그러던 어느 날 밤, 이번에도 괴물을 피해 달아나는 중이었는데, 별안간 눈앞에 벽이 나타나 더 이상 도망칠 수 없게 되었다. 극심한 공포 속에 그녀는 뒤를 돌아 괴물을 바라보았다. 그러자 놀랍게도 괴물이 멈춰서더니 더는 다가오지 않았다. 그리고 괴물이 분홍색으로 손톱칠을 한 것도 보였다. 그 순간 그녀는 깨어났고, 두 번 다시 그 꿈을 꾸지 않았다.

이 꿈은 두려움을 직시할 때 거기에서 힘이 발휘된다는 사실을 보여준다. 처음 두려움을 대면하기란 겁나는 일이다. 그러나 점차로 자신의 스토리텔러가 얼마나 겁에 질려 있는지 깨달을 것이고, 그런 지 꽤 오래되었다는 사실도 알게 될 것이다. 그녀가 뒤돌아 바라보았을 때 괴물이 더 이상 다가오지 않았다는 것은 우리에게 중요한 사실을 알려준다. 우리는 돌아서서 마주하면 두려움에 잡아먹힐 거라 겁을 내지만 사실은 그와 다르다는 것이다. 또 괴물이 분홍색으로 손톱칠을 했다는 건 우리가 달아나면서 생각하던 것처럼 두려움이 무서운 존재가 아니라는 걸 뜻한다.

나는 공포를 조장하는 환경에서 자라나 두려움의 세계에 사로잡히게 되었는데, 이 두려움을 견딜 수 없어서 이십대 초반에 벌써 세 번이나 자살을 기도할 정도였다. 나의 두려움은 뭔가 잘못된 일이 벌어지고 있다는 느낌과, 내 잘못으로 그 일이 벌어진다는 믿음이 뒤섞인 형태로 나타났다. 나는 정신과 의사, 심리학자, 집단 치료, 상담, 약물, 긍정화 기법, 요양, 명상, 최면 등등 두려움에서 달아나기 위해 할 수 있는 것은 전부 시도해 보았다.

두려움을 향해 마주서는 법을 배우고 나서야 나는 비로소 두려움의 스토리를 없애려 하는 대신 그것에 연민어린 호기심을 품게 되었고, 그러자 그 상태에서 해방되기 시작했다. 두려움은 언제나 내 일부로 남아 있겠지만, 이제는 나의 100퍼센트가 아니라 단 5퍼센트만 차지할 뿐이다. 두려움이 일어나면 나는 두려움에 바탕한 스토리에 빠져들기보다는 거기에 귀를 기울인다. 그렇게 하면 내 가슴의 치유 에너지가 흐르며 두려움이 잦아든다.

◆━━━━━━━

두려움을 겁내기보다는 그것에 대해 알아보면 어떨까? 두려움과 관련해 뭔가를 해야 한다고 생각하기보다 바로 이 질문을 품고 살아보라.

두려움과 가슴

크리스틴 한나Kristin Hannah가 쓴 《마법의 시간Magic Hour》이라는 소설은 두려움이 얼마나 간절히 우리의 가슴에 안기고 싶어 하는지를 보여준다. 이 소설은 네 살짜리 소녀가 납치되어 몇 년 동안 숲속 동굴에 갇혀 지내는 이야기이다. 납치범이 오랫동안 돌아오지 않으면서 소녀는 점점 자유롭게 움직일 수 있었고, 급기야 숲에서 가까운 작은 마을까지 내려가게 되었다. 오랫동안 사람들과 부드럽게 접촉한 적이 없는 아이는 마치 야생 동물 같았다. 말을 못하고 울부짖었으며, 모든 것이 네 살에 멈춰 있었다.

뛰어난 소아정신과 의사 한 사람이 아이와 작업을 하기 시작했다. 소설은 이 둘 사이에 일어난 일을 통해, 두려움을 직면하는 데서 치유의 힘이 나온다는 사실을 여실히 보여주고 있다. 소설 속의 소녀가 삶으로 돌아오는 과정은 너무도 감동적이다.

그 어린 소녀는 우리들 안에 있는 겁에 질린 아이의 극적인 대변자였고, 소아정신과 의사는 사랑으로 깨어 있는 우리의 가슴이었다. 의사는 소녀에게 가장 필요한 것을 주었다. 바로 사랑으로 함께한 것이다. 고치려 하거나 판단하지 않고, 있는 그대로 아이를 만났고, 의사의 관심을 받아들이면서 어린 소녀는 천천히 마음을 열기 시작했다. 우리는 아이 내면의 두려움이 의사의 사랑을 믿고자 하는 바람과 갈등하는 모습을 볼 수 있다. 아이가 자신의 껍질을 벗고 나오는 모습에서 우리는 내면의 두려움이 어떻게 작용하고 어떻게 수치심을 불러일으키는지 보게 된다. 또한 가슴이 두려움을 치유한다는 사실도 보게 된다.

당신은 당신의 두려움이 평생을 기다려온 사랑의 존재이다. 두려움을 치유하는 것은 당신의 가슴이다.

✦━━━━━

얕게 호흡하고 있는가? 깊고 느리게 숨을 내쉬면서, 잠시 당신의 두려움이 겁을 먹고 있다는 사실과, 거기서 놓여나려면 가슴으로 그 두려움을 받아들여야 한다는 사실을 알아차린다.

두려워할 필요가 없다

깊은 두려움일수록, 그것을 알아차리고 내려놓기 위해 두려움에 한 걸음 더 다가서야 한다는 사실이 겁날 때가 있다. 그러나 두려움을 겁낼 필요가 없다. 그것은 단지 머릿속 이야기일 뿐이요, 그중 99퍼센트는 실제로 일어난 적이 없다.

두려움을 바라볼 용기를 내려면, 두려움에 빠져 있을 때에도 그 일이 당신 내면의 더 큰 곳, 두려움 없는 자리에서 일어나고 있다는 걸 아는 것이 중요하다. 이 평안의 초원은 언제나 당신과 함께 있어왔으며, 이 책을 읽고 있는 지금도 당신 내면에 존재한다. 그러니 어떤 일이 일어난다 해도, 완전히 괜찮다.

우리의 두려움은 우리가 겁내기를 원치 않는다. 그 대신 그것은 드러나고, 환영받고, 가슴에 안겨서 더 이상 겁낼 필요가 없어지기를 바란다. 시인이자 소설가인 라이너 마리아 릴케Rainer Maria Rilke가 《젊은 시인에게 보내는 편지Letters to a Young Poet》에서 말했듯이, "아마도 우리를 두렵게 하는 모든 것의 가장 깊은 본질 속에는 우리의 사랑을 바라는 힘없는 존재가 있을 것이다."

당신은 두려움에 '수용적인 알아차림accepting attention'의 빛을 비추는 법을 발견할 수 있다. 사실 당신의 두려움은 평생 당신이 곁에 있어주기만을 기다려왔다. 두려움에게 머무를 공간을 주면, 그것은 당신 내면에 있는 평안의 초원을 열어주면서 당신을 통과해 지나갈 것이다.

✦━━━━━━

자신의 몸을 다시 한 번 돌아보고, 몇 쪽 앞에서 살펴본 부위가 여전히 긴장되어 있는지 본다. 두려움이 몸을 위축시킨다는 사실을 알아차린다. 한 번 깊이 호흡하면서 그 긴장을 내려놓는다. 설령 다시 긴장하게 된다 해도 내려놓는 이 순간이 중요하다.

- 사람들은 대부분 사소한 두려움들에 사로잡혀 있으며, 때로 그것은 불안, 불확실성, 또는 공포로 점화되기도 한다.

- 조금씩 불안감을 키워가는 식으로 찾아오든 아닌 밤중에 홍두깨처럼 불쑥 고개를 내밀든 간에, 두려움은 대개 자신의 경험에 스토리텔러가 해설을 달도록 부추긴다.

- 어린 시절의 두려움은 사라지지 않는다. 그것은 내면에 묻혀 있다가 일상 속에서 우리가 알아차리지 못하는 가운데 영향을 미친다.

- 우리는 자신의 두려움과 수치심, 분노, 절망을 너무 겁내서 충동, 부산함, 끊임없는 해결의 시도 등으로 그것을 대면하지 못하게 하는 시스템을 만들어낸다.

- 당신은 두려움의 구름 속에 살아가며 혹독한 대가를 치렀고, 거기서 벗어나려 애쓰며 살아가고 있다. 그러나 두려움에 갇혀 살 필요가 없다.

- 두려움을 없애려는 노력은 더 큰 두려움을 만들어낼 뿐이다. 거기서 벗어나는 길은 바로 두려움을 아는 것이다.

- 평생 두려움으로부터 달아나면서 살기를 원하는가?

- 더 많이 바라보고 더 자주 귀 기울일수록, 겁에 질려 있는 스토리텔러에게 당신 가슴이 더 열릴 것이다.

- 당신은 당신의 두려움이 평생을 기다려온 사랑의 존재이다. 두려움을 치유하고 스토리텔러가 지어내는 스토리들을 치유할 수 있는 것은 바로 당신의 가슴이다.

- 두려움에게 머무를 공간을 주면, 그것은 평안의 초원을 열어주면서 당신을 통과해 지나갈 것이다.

- 두려움을 바라보는 걸 겁내지 마라. 두려움이 일어나는 곳은 언제나 당신 내면의 더 큰 곳, 바로 두려움이 없는 곳이다.

이 주의 기억할 구절

"두려움은 전혀 겁낼 필요가 없다."

나만의 구절

기억하기 실습
·3주 ·

지금까지 두려움이 스토리텔러로부터 나온다는 사실과, 자신이 삶을 두려워하는 데 너무 익숙하다는 사실을 살펴보았다. 그러나 두려움은 언제나 평안의 초원이라는 더 큰 곳에서 일어난다. 이제 진정鎭靜 효과를 발휘하는 신경계를 켜서 두려움의 구름이 엷어지도록 해보자. 이렇게 말해보자. "들이쉬고…… 내쉬고, 깊이…… 천천히." 그동안 호흡의 파도를 탈 때마다 자신에게 계속 해온 말이다.

이 말은 '고요'하고 '편안'하다. 이는 존경받는 불교 수행자인 틱낫한 Thich Nhat Hanh 스님이 공동체 아이들에게 가르치는 명상법 중 하나이다. 마음을 진정시키고 집중시키는 데 효과가 아주 커서 어른들도 이 방법을 따라하게 되었다.

들숨에 '고요하게', 날숨에 '편안하게'라는 말을 속으로든 소리 내서든 읊어본다. 이 말을 생각하기보다는 느낀다. 고요해지려고 애쓰는 게 아니다. 그저 이 말의 핵심을 느껴보는 것으로써 고요와 평안을 초대하는 것이다. 카드에 처음 두 구절("들이쉬고…… 내쉬고, 깊이…… 천천히")을 썼다면, 이제 이 "고요하게…… 편안하게"라는 말도 덧붙여본다. 이 말에서 울림이 느껴진다면, 마음을 가라앉히고 집중하고자 할 때는 언제라도 활용할 수 있을 것이다.

시간에 제약이 있다면 이전 실습에 1분을 더해 총 7분간 진행한다. 시간에 제약을 받지 않는다면 원하는 만큼 각 단계에 머물러도 좋다.

1. 눈을 감고 알아차림의 촉수를 경험의 강물에 담근 뒤, 지금 이 순간의 느낌을 알아차린다.

2. 적어도 세 번, 숨을 들이쉬며 근육을 당겼다가 내쉬는 숨에 '아!' 하고 내려놓는 소리를 크게 내면서 모든 것을 천천히 이완한다.

3. 호흡에 주의를 모으고 점점 더 깊고 편안하게 호흡하면서, 들숨에 열리고 날숨에 내려놓는 자신을 느껴본다. 호흡을 통해 마음이 쉴 수 있도록 잠시 소리 없이 이 말을 떠올려본다. "들이쉬고······ 내쉬고, 깊이······ 천천히, 고요하게······ 편안하게."

4. 머릿속의 생각들로 주의가 산만해지거든 아무런 판단 없이, "들이쉬고······ 내쉬고, 깊이······ 천천히, 고요하게······ 편안하게"라고 말하며 호흡하는 데로 돌아온다.

5. 끝으로, 잠시 온몸에 주의를 기울여, 알아차림의 치유를 받은 지금 무엇이 달라졌는지 살펴본다.

6. 준비가 되었다면 눈을 떠도 좋다.

짧은 실습

1. 눈을 감고 알아차림의 촉수를 경험의 강물에 담근 뒤, 지금 이 순

간의 느낌을 알아차린다.

2. 적어도 세 번, 숨을 들이쉬며 근육을 당겼다가 내쉬는 숨에 '아!' 하고 내려놓는 소리를 크게 내면서 모든 것을 천천히 이완한다.

3. 들어오고 나가는 호흡에 주의를 기울이면서, "들이쉬고…… 내쉬고, 깊이…… 천천히, 고요하게…… 편안하게"라고 말한다. 호흡에 주의를 집중하지 못하고 있음을 알아차리면 아무런 판단 없이 그저 주의를 되돌린다.

4. 끝으로, 알아차림의 범위를 넓혀서 의식적인 호흡 이후로 무엇이 달라졌는지 알아차린다.

5. 준비가 되었으면 눈을 떠도 좋다.

4

당신은 혼자가
아니에요

우리는 스토리텔러의 토대가 두려움이라는 사실을 보았고, 두려움의 세계를 조금 더 알게 되었다. 이제 그 안에 빠져 있기보다 그것을 경험하는 법을 배울 때가 왔다.

첫걸음은 우선 당신이 혼자가 아니라는 사실을 깨닫는 것이다. 이 길의 모든 걸음마다 당신과 함께하는 지성Intelligence이 있다. '지성'이라는 표현보다 '현존하는 존재Presence' '안내자' '신' '사랑' '지혜로운 자아' '천사' 같은 말이 더 적합하다고 느낄 수도 있겠다. 이 모든 표현이 같은 진실을 가리킨다. 당신은 인생이라는 길을 혼자

걸고 있지 않다는 것, 단지 스스로 혼자라고 생각할 뿐이라는 것 말이다. 그러니 설령 당신이 자각하지 못한다 해도 늘 함께해 왔고 앞으로도 함께할 도움의 손길이 존재하고 있다.

오프라 윈프리Oprah Winfrey는 2011년 송별 쇼에서 이 진실을 다음과 같이 정확히 말했다.

저는 평생 신이 함께하심을 느껴왔습니다. 그걸 뭐라고 불러야 할지 몰랐을 때에도 저보다 더 큰 소리로 제게 말하는 목소리를 느꼈어요. 우리 모두에겐 그 목소리가 있습니다. 고요한 상태에서 그 목소리를 알아차려 보세요. 그 목소리는 언제나 여러분에게 말을 걸고 여러분이 들어주기를 기다리고 있어요. 어떤 행동을 하고 결정을 할 때마다 저는 가만히 귀를 기울입니다. 보잘것없는 제 마음보다 더 위대한 안내자의 목소리를 고요한 상태로 기다리며 거기에 귀를 기울이죠. 그래서 지금 제가 알게 된 것은 신이 사랑이고 삶이라는 것, 그리고 여러분의 삶은 언제나 여러분을 향해 말을 걸고 있다는 것입니다.

나는 예전에 참가한 워크숍에서 스티븐 레빈Stephen Levine이 했던 말도 좋아한다. "내가 신이라는 말을 쓸 수 있는 것은 그 말이 무슨 뜻인지 전혀 모르지만, 어디든 그것이 보이지 않는 곳이 없기 때문이다."

살아가는 동안 우리는 대개 혼자라고 느끼고, 지지받지 못한다고 느낀다. 그러나 이는 사실이 아니다. 우리보다 더 큰 무언가가 언제나 우리에게 말을 걸고 있다.

물고기 두 마리가 동시에 물 밖으로 튀어 오르더니 한 물고기가 다른 물고기에게 이렇게 말한다고 상상해 보라. "이제야 물이 뭔지 알았어!" 그 물고기는 평생 물속에서만 살아왔고, 그래서 물이란 걸 인식하지 못했던 것이다. 진실을 발견하는 것도 이와 같다. 구름 속에 잠겨 있느라 늘 우리 곁에 있어온 애정 어린 도움이 보이지 않았던 것이다.

우리를 갈라놓는 주문들

머릿속을 가득 채운 갈등의 구름은 우리가 혼자가 아니라는 진실로부터 우리를 멀리 떼어놓는다. 이 구름 속에는 삶에 관한 생각이나 갈등의 스토리도 있지만, 그와 함께 아주 어린 시절 받아들인 두려움에 기초한 신념도 있다. 이러한 신념은 너무 깊이 각인되어 있어 우리는 대개 그것을 인식조차 못한다. 나는 이 핵심적인 신념을 '주문呪文'이라 부르겠다. 그것은 당신에게 덧씌워진 인식일 뿐 진실이 아니며, 풀려날 수 있는 것이기 때문이다.

우리는 주문에 빠져들지 않고서도 그것이 어떻게 갈등의 구름 속에서 습관적인 생각의 패턴을 만들어내는지 알 수 있다. 우리는 모두 여덟 가지 핵심 주문에 사로잡혀 있다. 주의 깊게 살펴보면 그 모든 것이 두려움에서 나왔음을 알 것이다. 이는 세 종류로 나뉜다. 나는 처음 두 가지를 '근본 주문foundational spell'이라 부른다. 그 다음 세 가지 '실제 주문operational spell'은 근본 주문에 걸린 뒤 우리가 어떻게 행동하게 되는지를 설명해 주는 것들이다. 끝으로 세 가지 '숨은 주문hidden spell'은 이러한 주문과의 동일시로 인해 받는 핵심 상처들을 설명해 준다. 다음은 여덟 가지 주문의 목록이다.

근본 주문
- "나는 삶에서 분리되었어."
- "삶은 안전하지 않아."

실제 주문
- "삶을 통제해야 해."
- "똑바로 해야 해."
- "나는 제대로 못하고 있어."

숨은 주문
- "똑바로 하지 못하니까 나는 틀렸어."
- "나는 사랑받을 가치가 없어."
- "나는 완전히 혼자야."

근본 주문 두 가지

인생 초기, 생각이 머릿속을 맴돌기 시작할 때 당신은 처음으로 "나는 삶에서 분리되었어"라는 근본 주문에 빠져들었다. 삶에서 분리된 내면의 '나'가 '저기 어딘가'에 있다고 생각하기 시작한 것이다. 그것은 심장 세포 하나가 이렇게 말하는 것과 같다. "나는 심장과 분리되었고, 그래서 내 삶은 몸의 다른 부위나 심장을 이루고 있는 다른 세포들과는 아무런 상관이 없어."

분리되었다는 주문은 이처럼 말도 안 되는, 진실에 반하는 것이다. 이 주문에 걸려 있는 사람들이 내 워크숍에 오면 나는 그들에게 딸기를 하나 따서 들어보라고 시킨다. 나는 그들이 딸기를 손에 쥐고 있는 게 아니라는 말로 워크숍을 시작한다. 그들은 사실 우주 전체를 쥐고 있는 것이다. 이 딸기가 존재하기까지는 시공간의 모든 것이 다 필요했기 때문이다. 우리는 이제 딸기를 구성하는 모든 원자가 한때 별의 일부였다는 사실을 알고 있다. 별은 생명 요소의 거의 대부분을 배양하는 곳이기 때문이다. 그러니 이 딸기가 존재하려면 먼저 별이 필요하다. 또한 지구가 있어야 하고, 지난 45억 년간 이 행성에서 일어난 모든 창조 활동이 있어야 한다. 이 딸기의 조상 뻘 되는 식물이 생겨나고, 거기서 씨앗이 나오며, 그것은 또 다른 씨앗을 낳고, 그런 식으로 계속 시간의 통로를 거친다. 이 연속성의 끝은 어디일까? 그것이 바로 태초의 우주로 되돌아가는 생명의 끈thread of Life이다.

✦━━━━━━━━

책에서 눈을 떼고 지금 눈에 보이는 모든 것이 한때 별의 일부였던 원자들로 이루어져 있다는 사실을 떠올려본다.

날마다 빛을 쬐어주는 태양이 없었다면 딸기는 존재할 수 없었을 것이다. 그리고 은하계에서 매우 희귀한 '물'이라는 물질도 필요하다. 이 딸기가 자라려면 또한 흙으로 분해되는 산과 나무들이 필요하고, 땅 속의 박테리아와 벌레도 필요하다. 수십억 년 전 이 행성에 산소를 공급해 세포가 살아갈 수 있도록 해준 남조류도 있어야 한다.

그러니 이 작은 딸기 한 알이 생존하기 위해서는 온 지구의 창조 활동이 필요했다. 당신도 마찬가지이다. 자신이 분리된 존재라는 것은 순전히 환상일 뿐이다. 한 심장 세포가 다른 심장 세포들과 단절되지 않은 것처럼, 심장이 온몸과 단절되지 않은 것처럼, 당신은 온 생명과 단절되지 않았다.

당신은 시공간을 통해서 모든 것과 밀접하고 복잡하게 얽혀 있다. 태양, 별, 물, 땅, 하늘 없이 존재할 수 있는가? 아니다! 식량에 꽃가루를 날려주는 벌, 그것을 추수하는 농부, 시장까지 트럭으로 옮겨주는 운전수, 트럭을 굴리는 기름을 얻기 위해 땅에 구멍을 뚫는 사람 없이 삶이 지속될 것 같은가? 이런 예는 끝도 없이 들 수 있다. 당신은 존재하기 위해 모든 것에 의존한다. 그러므로 당신은 모든 것과 연결되어 있다.

자주 인용되는 앨버트 아인슈타인Albert Einstein의 말이 있다. "하루에도 여러 번 나는 살아있거나 죽은 내 동료들의 작업에 내 삶이 얼마나 많이 의지하고 있는지, 또 내가 받은 만큼 돌려주려면 얼마나 열심히 노력해야 하는지 깨닫고 있다." 그는 사람들 덕분에 자신의 삶이 가능하다고 말하고, 우리는 삶의 모든 창조 활동 덕분에 우리가 존재할 수 있다고 말하고 있다.

분리가 환상이라는 말은 물질적 차원에만 국한된 말이 아니다. 모든 것의 상호 연관성은 존재의 모든 차원들에서 일어난다. 지금 앉아 있는 공간을 한번 둘러보라. 그리고 자신을 비롯해 삶이 정말 그저 분리된 대상들을 모아놓은 것에 불과한지 살펴보라. 이제 과학은 보이는 것 모두가 에너지 장의 외적인 표현물이라는 사실, 그리고 이 에너지 장은 아주 깊은 차원에서 모든 것을 연결하고 있다는 사실을 밝혀내고 있다.

삶이 나무와 비슷하다고 상상하면 도움이 될 것이다. 나무는 뿌리는 비록 보이지 않지만, 줄기와 가지와 잎사귀와 꽃과 열매가 자라는 것은 이 뿌리 덕분이다. 같은 방식으로 당신에게 보이는 것은 전부 삶의 뿌리인 에너지 장에서 나오고, 언제나 이 에너지 장에서 모든 것이 모든 곳으로 연결된다. 원자, 분자, 바위, 곤충, 행성, 박테리아, 별, 풀잎, 사람을 비롯한 모든 것이 보이지 않는 곳에서 흐르는 이 에너지 장의 독특한 표현물이라는 것이다. 당신은 하나뿐인 독특한 존재이기도 하지만 같은 통합의 장 안에서 없어서는 안 되는 꼭 필요한 존재이기도 하다. 심장 세포가 심장이라는 더 큰 전체에 필요한 부분이듯이, 당신은 삶이라는 더 큰 전체에 없어서는 안 될 독특한 존재이다.

지금 살펴보는 것은 우리가 그동안 배워온, 모든 것이 분리되어 있다고 주장하는 뉴턴 물리학의 개념들과는 상반된다. 우리는 마침내 그러한 미몽에서 깨어나고 있다. 물리학은 이제야 위대한 신비가들이 이미 알고 있던 것들, 삶은 거미줄과 같고 거미줄 위의 작은 움직임 하나도 거미줄 전체로 전달된다는 사실을 우리에게 보여주고 있다. 허공에 손을 흔들어보라. 깊은 차원에서는 주위의 식물, 사람, 동물까지 당신의 움직임을 느낀다. 당신은 이 거미줄의 일부이며, 당신이 움직이면 거미줄 전체가 움직인다.

그러니 이 존재의 거미줄에서 나온 모든 것이 서로 밀접하게 연결되어 있고, 거기에서 생명력을 얻으며, 마치 바다에서 일어난 파도가 다시 바다로 스러지는 것처럼, 마침내는 거미줄 또는 에너지장 속으로 도로 스미게 될 것이다. 파도는 바다와 분리된 것이 아니다. 바다가 잠깐 스스로를 파도로 표현했을 뿐이다. 우리의 삶에 나타난 사람이나 사건도 마찬가지이다. 그래서 정말로 우리 하나밖에 없다! 우리는 모두 존재하기 위해 다른 모든 것에 의존하는, 상호 연결된 '존재의 거미줄' 바깥으로 드러난 표현물이다.

✦────────

책에서 눈을 떼고, 주위를 둘러싼 모든 것이 그저 보이지 않게 흐르는 에너지의 세계를 표현하고 있을 뿐이란 사실을 떠올려본다.

아무것도 분리되지 않았으며 모든 것이 서로 연결되어 있다는 사실을 상상하기란 어려운 일이다. 그러니 잠시 옛 사람들이 신봉하던 꽤나 커다란 환상, 세상이 평평하다는 믿음을 떠올려보자. 한때 사람들은 지구가 둥글다고 말하는 과학자들을 비웃었다. 어리석은 생각이라며 금세 거짓으로 판명날 거라고 했다. 정말로 세상이 둥글다면 다들 지구 표면에서 굴러 떨어질 테니까!

우리가 삶에서 분리되었다는 주문呪文은 진실처럼 보이지만 실은 커다란 환상이다. 그동안 살펴보았듯이 물리적 · 에너지적 차원을 통틀어 분리된 것은 아무것도 없다. 우리가 한 식구라는 사실을 알지 못하면 서로가 다르다고 믿을 수 있다. 그래서 사람들은 대개 자신의 피부색, 정치 성향, 신념, 견해, 젠더gender, 종교 등이 다른 사람 것보다 낫다는 사춘기적 믿음에 사로잡혀 있다.

이러한 주문으로 인해 친밀한 관계에서든 정치에서든 종교에서든 서로를 갈라놓는 경계가 생겨난다. 분리되었다는 믿음 때문에 국경이라는 인위적인 선이 생기고, 그 때문에 서로 싸운다. 또한 지구와 분리되어 있다는 느낌 때문에 지구 곳곳을 파헤치고 오염시키는 일이 가능해졌다. 결국 이 주문으로 인해 열려 있는 삶에서 단절되고, 인생과 자기 자신에 대한 믿음을 상실하게 된다. 그리고 살아있다는 순수한 기쁨과도 단절되고 만다. 이것이 진실과 얼마나 동떨어진 것인지 보는 것만으로도 몹시 우스워질 것이다.

"삶은 안전하지 않다"는 두 번째 근본 주문은 첫 번째 주문에서 나온 것으로, 인류가 품어온 가장 깊은 환상 중 하나이다. 이것은 앞 장에서 깊이 있게 살펴본 두려움의 주문이다. 삶은 지극히 지적이며, 자비롭고, 폭력과 죽음도 불사하며 앞으로 펼쳐 나아가는 힘이다. 삶은 자신이 하는 일을 알고 있다. 물론 삶에도 고통은 있지만 그 흐름에 열려 있지 않으면 더 큰 괴로움이 닥친다. 항상 마음에 드는 것은 아니라 해도, 삶은 언제나 당신을 위한 것이다.

◆————

잠시 알아차림의 촉수를 경험의 강물에 담가본다. 지금 이 순간 자신의 느낌에 관심을 기울인다. 지금 이 순간이 특별하다는 사실을 깨닫는다. 이 순간에 온전히 존재할 때, 당신은 주문에서 빠져나온 것이다.

실제 주문 세 가지

삶은 두려운 것이라는 믿음에서 "삶을 통제해야 한다"는 첫 번째 실제 주문이 나온다. 이 주문은 심장 세포 하나가 맥박이 뛰어야 한다고 결정하며 심장을 통제하려고 드는 것과 같다. 이 주문은 너무나도 강력해서, 진화의 이 단계에 있는 사람들은 수십억 년 동안 삶이라는 춤을 총지휘해 온 지성, 호르몬과 맥박 수를 조절해 온 지성이 삶을 도맡고 있다는 사실을 전혀 알지 못한다.

이 통제의 주문, 즉 삶이 '존재하게' 하기보다는 살기 위해 '애써야' 한다는 신념이 "똑바로 해야 한다"는 두 번째 실제 주문과 "나는 제대로 못하고 있다"는 세 번째 실제 주문을 낳는다. 이것은 대부분의 사람들에게 평생 반복되는 악순환이다. 사람들은 똑바로 하려고 애쓰지만 다른 한편으로는 자기가 제대로 하지 못한다는 믿음을 가지고 있다. 이 같은 악순환 때문에 사람들은 자신과 인생을 더 철저히 통제해야 한다는 신념으로 되돌아간다.

이 세 가지 주문에 내재한 갈등을 통해서는 결코 진정한 치유가 일어나지 않는다. 그것들을 바라보고 그 스토리들에서 놓여날 때 치유가 일어난다. 당신이 바라던 평화와 기쁨은 뭔가를 바꾼다고 오는 게 아니다. 그것들은 자신의 주문을 바라보고 거기서 풀려날 수 있는 힘에서 나온다.

우선, 삶의 문제들을 처리하려고 애쓸 필요가 없다고 하면 사람들은 무슨 말인지 잘 알아듣지 못한다. 사람들은 대개 인생을 원하는 대로 만들어야 한다고 믿고 있기 때문이다. 달리 말해 '있는 그대로의 현실'을 드러내 보이는 것보다는 특정한 현실을 만들어내도록 지금껏 교육받아 왔기 때문이다.

삶을 통제하려 들면 온전한 삶의 경험에서 단절될 뿐이라는 사실, 그리고 삶은 자신이 무엇을 하고 있는지 잘 알고 있다는 사실에 눈을 뜰 때, 우리는 삶의 창조적이고 지적인 흐름에 열려 있어도 안전하다는 진실을 깨닫기 시작한다. 물론 그 흐름에는 고통, 상실, 죽음도 포함된다. 우리는 달갑지 않은 이 경험들을 피하고자 삶을 통제하려 애써왔다. 그러나 그 모든 것에 열려 있을 때 겪는 고통보다 삶의 흐름에 저항하느라 겪는 괴로움이 훨씬 크다.

처음 삶의 흐름에 자신을 열기란 몹시 겁나는 일이다. 통제를 해야 자신을 보호할 수 있을 것 같은 그릇된 느낌 때문이다. 이는 갑

옷으로 무장하고 인생길을 걷는 것과 같다. 삶을 통제하는 데 에너지를 쓰지 않아도 삶이 망가지거나 부서지지 않는다는 사실을 직시하려면 용기가 필요하다. 그러나 당신이 깨어날수록 삶을 통제하는 데 점점 흥미가 사라질 것이다. 그 대신 삶에 연결되는 데 더 흥미를 느끼게 되고, 밝은 면 어두운 면을 다 포괄하는 창조적인 흐름에 열려 있는 것에 더 관심이 간다. 그렇게 열린 상태에서 당신은 자신이 할 수 있는 가장 안전하고 창조적인 일이 통제라는 고삐를 내려놓는 일임을 발견하게 된다.

✦━━━━━━━

책을 내려놓은 뒤, 들어오고 나가는 호흡에 주의를 모은다. 호흡이 안정되면 조용히 덧붙인다. "들이쉬고…… 내쉬고, 깊이…… 천천히, 고요하게…… 편안하게." 이 몇 분을 자신에게 선물한다. 준비가 되면, 책으로 돌아온다.

숨은 주문 세 가지

실제 주문에 빠져 있는 시간이 길수록 숨은 주문의 장악력이 더 커진다. 즉 "똑바로 하지 못하니까 나는 틀렸다"고 생각하고, 그러니 "나는 사랑받을 가치가 없다"고 느낀다. 이는 "나는 완전히 혼자"라는 뜻이다. 이 주문들은 모두에게 내재한 은밀한 두려움이며, 너무도 깊이 각인되어 있어 대부분은 자각하지도 못한다. 자각하더라도 자신이 이렇게 느끼고 있다는 걸 아무에게도 알리고 싶어 하지 않는다.

"나는 틀렸어"라는 주문은 수치심의 세계이다. 사람들은 모두 죄책감이라는 형태의 자기 판단을 하고 있다. 자신이 무언가를 잘못했으며, 따라서 죄책감은 삶에 유용한 도구라고 단정 짓는다. 자기 판단은 사람들의 내면에서 "내가 뭔가 잘못했나봐"에서 "나는 틀려먹었어"로 엄청나게 비약한다. 이 주문은 미묘하게, 때로는 아주 큰 소리로, '완벽한 사람'이라는 신화적 이상에 자신을 비교하며, 완벽하지 못한 자신을 호되게 꾸짖는다.

사랑하는 사람들이 더 이상 당신을 좋아하지 않을까봐 자신의 진실을 말하기가 두려운 적이 있는가? "나는 사랑받을 만큼 착하지도, 바르지도, 완벽하지도 못해"라고 말하는 것이 바로 "나는 틀렸어"라는 주문이다. 이 주문은 당신의 아름다움, 독특함, 완벽함을 완전히 가려버릴 정도로 아주 강력해질 수 있다. 아니 당신을 아예 꽁꽁 얼려버릴 수도 있다.

"나는 틀렸어"라는 주문을 믿으면 믿을수록 "나는 사랑받을 가치가 없어"라는, 두 번째 숨은 주문에 걸려들기 쉽다. 생존하기 위해서는 연결이 필요하다는 점에서 이 주문은 대단히 파괴적이다. 아주 어렸을 때 당신은 너무도 상처받기 쉬웠다. 모든 것이 다 컸고, 힘도 더 셌다. 그리고 태고로부터 이어온 생존의 욕구는 당신의 유전자에 저장되어 있었다. 당신의 일부는 '부모'라는 이 거인들이 음식과 물, 보금자리처럼 생존에 필수적인 것들을 주거나 빼앗을 수도 있다는 것을 알고 있었다. 내면 깊은 곳에서 당신은 부모를 기쁘게 하면 그들과 연결되지만 기쁘게 하지 못하면 고통을 받게 된다는 것을 이해하고 있었다. 그래서 일찌감치 '바른' 어린 이가 되는 법을 배웠다.

당신은 필요한 것을 얻고 가족의 관심을 얻기 위해 남들이 바라는 사람이 되는 데 모든 에너지를 썼다. 관심 또한 생존에 필요한 것이기 때문이다. 1950년대 위스콘신 대학의 해리 할로우Harry Harlow 박사는 새끼 원숭이 무리를 태어나자마자 어미에게서 떼어놓았다. 우리에 갇힌 새끼들에겐 어미의 대용물 두 가지를 주었다. 첫 번째는 한가운데에 달린 젖병에서 우유가 나오는 철사 원숭이였다. 두 번째는 젖을 주지는 않지만 편안하게 안길 수 있는 헝겊 원숭이였다. 여러 번 실험을 거듭했지만 새끼 원숭이들은 먹이를 주는 철사 원숭이보다는 편안한 헝겊 원숭이를 택했다. 편안함이 주는 양분이 음식이 주는 양분보다 훨씬 중요했던 것이다.

더 많이 사랑받는다고 느끼면 자신은 물론 삶과도 더 많이 연결된다. "나는 틀렸어"라는 주문에 더 깊이 빠져들수록 자신이 사랑받을 가치가 없다고 확신하게 되며, 더 단절되고, "나는 완전히 혼자야"라는 세 번째 숨은 주문에 걸리기가 더 쉬워진다. 이 세 번째 숨은 주문은 대부분의 사람들에게 가장 깊은 두려움이다. 사실 인류가 작은 부족으로 모여 살 때에는 추방된다는 두려움이 육체적인 처벌을 받는다는 두려움보다 훨씬 컸다.

놀라운 것은 이 혼자라는 느낌이 사실과는 정반대라는 점이다. 당신은 한 번도 혼자였던 적이 없고, 앞으로도 그럴 일이 없을 것이다. 당신과 늘 함께하며 삶의 모든 걸음마다 당신을 안내하고 사랑해 주는 도움의 손길이 있다. '혼자alone'라는 단어는 영문 'I'자 뒤에 하이픈을 넣으면 '모두가 하나al(l)-one'라는 말이 되는데 이는 우연이 아니다.

✦────────

지금 이 순간이 인생에서 중요한 유일한 순간이라는 사실을 온전히 알아차리고, 나머지는 잠시 내려놓는다. 알아차림과 동시에 직접적으로 경험하는 일이 더 많이 일어날수록, 자신이 혼자가 아니라는 사실을 더 자주 발견할 것이다.

*

여덟 가지 핵심 주문은 두려움에서 발생하고 판단으로 강화되며, 급기야 자신이 완전히 혼자라고 믿게 만든다. 연민어린 호기심의 눈으로 자신이 하고 있는 경험을 바라보면 이러한 주문들이 진실이 아님을 발견할 수 있다. 또한 자세히 들여다보면 볼수록 어린 시절 깊이 박힌 신념으로부터도 더 자유로워질 수 있다.

주문에 대해 더 자세히 살펴보고 싶은 사람들을 위하여 부록에 스토리텔러가 할 수 있는 다양한 말들의 목록을 붙여두었다.

당신이 어떤 주문을 외고 있는지 알아차린다면 정반대의 경험으로 향하는 문을 열게 된다. 내 경우 극도의 자기 판단을 하고 있음을 알아차리면서, 단단히 억눌린 에너지가 연민을 향해 열리게 되었다. 내가 깊은 두려움 곁에 머물면서 거기에 수용적인 알아차림의 빛을 비추자, 그 두려움은 기쁨과 삶에 대한 신뢰로 나아가는 문이 되었다. 언젠가 내 친구가 했던 말처럼 "두려움이란 그저 한 호흡 모자란 충만함이다!" 또한 절망과 함께할 수 있었을 때, 나는 혼자가 아니라는 사실을 알게 되었다.

✦─────

잠시 멈추고 호흡해 본다. 이제 길고 느리게 숨을 내쉬면서, 자신의 주문을 꿰뚫어보는 법과 내면에 있는 평안의 초원에서 살아가는 법을 발견할 수 있겠는지 묵상해 본다.

신이란 무엇인가?

자신이 혼자가 아니라는 사실을 알려면 '신神'이라는 개념을 제대로 살펴볼 필요가 있다. 역사를 통틀어 인류는 더 큰 무언가가 우리를 돌보고 있다는 모종의 느낌을 지녀왔다. 유대-기독교 문화에서는 그것을 '신God'(Dieu, Dios, Dio, Gott, Elohim, Yahweh, Adonai)이라고 부른다. 처음에 인간은 이 '더 큰 무언가'를 제물과 의례를 통해 달래야 하는 초자연적인 존재로 보았다. 그 다음에 신은 하늘에 앉아서 우리가 천국에 갈 만큼 착하게 살았는지 아닌지 심판하는 수염 기른 남자로 발전했다. 그러다가 차츰 사람들은 신을 의인화된 인격적 존재가 아니라 전능한 존재로 보기 시작했다. 어떤 이들은 신을 엄한 주인이라고 믿었고, 어떤 이들은 아주 인정 많은 존재라고 상상했다. 어느 쪽이든 이 전능한 존재는 여전히 우리 개별적 자아의 '바깥에' 존재하는 것으로 간주되었다.

이제 우리는 신을 알아가는 여정에서 새로운 걸음을 내딛는 단계에 와 있다. 이 단계에서 신은 동사動詞이다. 신은 정의할 수 있는 존재나 어떤 것이 아니다. 신은 당신을 포함해 모든 것 안에서, 모든 것을 통해서, 모든 것으로 표현되고 '있는Being' 것이다. 신은 살아있는 모든 것에 스며서 그것들에 생기를 주는 통합된 장場이다. 신은 삶의 중심에 있는 '지성'이다. 이러한 시각은 신을 종교의 이데올로기와 규범에서 끌어내 우리의 일상에서 직접 만날 수 있도록 해준다.

그렇다면 이 지성이 자신과 함께하고 있으며 언제나 그래왔다는 사실을 어떻게 알 수 있는가? 이는 조금만 생각해 봐도 금방 알 수 있다. 한때 당신은 너무 작아서 맨눈으로는 보이지도 않던 세포 한 개였다가 점차 수조 개의 세포로 분화되었다. 이러한 분화가 일어날 때 각각의 세포들은 자신이 순환계나 신경계 등 어느 기관의 일부가 될지 알고 있었고, 그 기관에서 자신이 할 일이 무엇인지도 정확히 알고 있었다. 이제 그 수조 개의 세포들은 당신이 아무런 생각을 하지 않아도 음식을 소화하고, 상처를 치유하고, 심장을 뛰게 하고, 신체의 PH 농도를 조절한다. 그러니까 당신은 걸어다니고 말을 하는 '지성'의 바다이다.

✦────────

잠시 눈을 감는다. 그리고 지금 이 순간 몸속에서 작동하는 이 복잡한 지성에

마음을 연다. 손가락을 목에 갖다 대고 혈액이 온몸으로 고동쳐 흐르는 것을 느껴본다. 자신의 백혈구들이 놀라운 창조성을 발휘해 몸을 방어하고 치유하고 있음을 알아차린다. 이제 손을 가슴에 얹고 작은 폐포肺胞들이 혈류 속에 산소를 흘려보내며 이산화탄소를 흡수해서 날숨에 내보내는 과정을 모두 자각해 본다. 이 모든 것은 삶의 중심에 있는 광대한 지성의 작용이다.

신체에 작용하는 지성은 우리 삶을 책임지고 있는 광대한 지성의 한 측면일 뿐이다. 그것은 마음과 가슴 등 존재의 모든 수준에 스며 있다. 이를 설명하는 제일 근사한 단어는 지금 여기에 '현존함Presence'이다. 그것은 언제나 당신과 함께한다. 당신은 이미 그것과 관계를 맺고 있지만 미처 알아차리지 못할 수도 있다. 그것은 언제나 당신에게 말을 걸고 있지만, 스토리텔러의 목소리가 너무 커서 그 소리를 듣지 못할 수도 있다.

도움 청하기

마사 베크Martha Beck는 자신의 책 《아담을 기다리며Expecting Adam》(한국어판 제목—옮긴이)에서, 우리는 혼자가 아니며, 여기엔 언제나 도움의 손길이 존재한다는 진실을 잘 묘사하고 있다. 이 책은 베크가 다운증후군 아이 아담을 임신한 이야기를 담고 있다. 임신하기 전 그녀는 여러 해째 하버드 대학에서 학부와 대학원 과정을 밟고 있었다. 하버드는 인생의 다양한 질문들에 해답을 제시하는 '이

성'을 숭상하는 곳이었고, 이는 베크 또한 마찬가지였다. 그러나 아담은 모든 것을 바꿔놓았다. 그녀는 아이가 태어나기 전에 "무엇이 중요하고 무엇이 중요하지 않은지와 관련해서 하버드가 내게 가르쳐준 것을 거의 다 버려야 했다"고 말한다.

아담을 임신하자마자 그녀는 정상이라는 틀 안에서는 설명이 안 되는 경험들을 하기 시작했다. 임신 5개월째, 남편이 시내로 외출한 사이 베크는 두 살 된 딸아이와 함께 자고 있었다. 한밤중에 젖은 침대에서 깼을 때 그녀는 딸의 기저귀가 말라 있는지만 살폈다. 화장실 불을 켜고 나서야 그녀는 자신이 피범벅이라는 사실을 발견했다.(나중에 그것이 태반 조기박리라는 사실을 알게 되었고, 의료적 개입 없이는 산모나 태아에게 치명적일 수도 있는 상황이었다.)

출혈로 베크는 살짝 어지러움을 느꼈고, 대학 보건소에 전화하자 ― 당시에는 911이 없었다 ― 간호사는 당장 응급실로 오라고 했다. 그녀는 너무 기운이 없어, 남편이 시내에 차를 가지고 나가 응급실까지 타고 갈 차가 없다는 말도 할 수 없었다. 전화를 끊고 난 뒤 의식이 가물거리며 정상적인 인식이 흐릿해지던 순간, 그녀는 방 안에 어떤 존재가 함께하고 있다는 것을 느꼈다. 물리적으로 보거나 들을 수는 없었지만 느낄 수 있었다. 그녀는 이렇게 썼다. "그 존재감은 너무나 현실적이었다. 마치 산소가 존재하는 것처럼 당연하게 느껴졌다." 그녀는 이 존재가 무엇인지 알지 못했다. 천사, 유령, 영spirit처럼 평범한 말은 적절치 않았다. 결국 그녀는 그 존재를 친구라고 부르는 게 제일 좋겠다고 생각했다.

점점 기운이 빠져나가자 그녀는 그 존재에게 아기를 지킬 수 있게 도와달라고 부탁했다. 출혈로 몹시 춥고 떨렸지만, 도움을 청하고 나자 금세 몸이 따뜻해지기 시작했다. 출혈도 멈췄다. 베크는 그 순간 큰 위로를 받았다고 했다. 그러나 그 존재가 사라지자 다시 추위와 어지러움이 찾아왔다. 그때 그녀는 살면서 제일 어려운 일 하나를 했다. 바로 '자신을 위해' 도움을 청한 것이다. 그러자 즉각 누군가 두 손으로 자신을 안아주는 느낌이 들었고, 손에서는 온기가 나오는 것 같았다. 내면의 깊은 두려움이 잦아들면서 그녀는 자신과 아기 모두 위험에서 벗어났다는 것을 알았다.

베크는 이렇게 썼다. "그날 밤 나는 곯아 '떨어질' 수가 없었다. 천쌍의 날개가 차가운 물속 같은 심연에서 나를 건져 올려준 것처럼 잠에 들었다." 그날 밤에 있었던 일이 무엇인지 확실히 알지는 못했지만, 생명력이 흐릿해진 순간 그녀는 평소라면 믿지 못했을 일들을 받아들였다.

그녀가 이해할 수 있었던 것은 자신이 도움을 청하자 '우주의 문'이라는 것이 한 뼘쯤 열렸다는 사실이었다. 베크는 이러한 도움이 자신을 위해 늘 존재하고 있었지만 단지 그 사실을 모르고 있었다는 걸 알게 되었다. 그리고 언제든 그 도움을 받으려면 문이 열리기를 청해야 한다는 것도 이해하게 되었다.

질문의 힘

당신은 어떻게 도움을 청하는가? 늘 당신과 함께해 줄 '친구들'을 어떻게 찾는가? 베크는 자신을 위해 도움을 청한 것이 지금껏 해본 일 중 가장 어려운 일이었다고 했다. 삶에서 분리되었다는 환상을 믿고 그것이 두려워 삶을 통제해야 한다고 생각하는 한, 당신은 당신과 늘 함께 있는 광대한 지성으로부터 단절되고 만다. 조급해하지 말라. 당신뿐만 아니라 대부분의 사람들이 거의 평생 이런 주문에 사로잡혀 왔다. 그러나 당신은 이제 삶 속으로 인식의 전환을 불러왔고, 이러한 인식의 전환을 통해 주문에서 풀려나면 자신이 혼자가 아니라는 사실을 발견하게 될 것이다.

자신이 혼자가 아님을 발견하는 제일 좋은 방법은 답을 찾으려 하지 않으면서 질문하는 것이다. 처음에는 좀 이상해 보일 수도 있다. 보통은 질문을 하고 나면 그 답을 찾으려 애쓰기 때문이다. 그러나 그런 식의 접근은 마음에서 답을 구하는 것이다. 그리고 마음은 익숙한 구름 속에 갇혀 삶의 중심에 있는 지혜로부터 단절되어 있는 경우가 대부분이다.

마음속에서 답을 찾다 보면 긴장하거나 좌절하게 되는 때가 종종 있다. 마음은 확실한 답이 있는 객관적 질문에는 그럴싸한 답을 준다. 그런데 "이 결혼을 해야 하나 말아야 하나?" "이 차를 사야 하나 말아야 하나?" 같은 주관적인 질문에 답을 찾을 때 자신을 면밀히 관찰해 본 적이 있는가? 어느 한 순간에는 결혼을 하거나 차를 사는 것이 좋은 생각 같다가도, 다음 순간에는 그렇지 않다. 마음을 활용해 인생사의 답을 찾는 방식이 그와 같다.

그 대신 당신은 삶의 중심에 있는 지성에 곧장 가 닿을 수 있다. 질문을 한 다음 바로 그 질문을 내려놓는 것이다. 질문의 힘은 답 속에 있는 것이 아니라 질문 그 자체에 있다. 사실 아주 깊은 차원에서는 답이 중요하지 않다. 중요한 것은 그냥 질문하는 것이며, 그런 다음 지금 이 순간에 주의를 기울여 그 질문이 일상 속에서 우리도 모르게 마법을 펼치도록 하는 것이다. 어째서 이것이 그렇게 효과적인가? 답을 찾겠다는 생각 없이 질문을 던지면, 마음을 거치지 않고 바로 삶의 지성이 말하는 소리를 들을 수 있는 내면의 공간을 창조하게 된다. 삶의 에너지는 늘 빈 곳을 메우려 하기 때문에, 삶은 정확한 때에 틀림없이 그 공간을 답으로 채워준다.

당신은 살면서 이러한 진실을 이미 숱하게 경험해 보았을 것이다. 단순한 예로, 당신이 어떤 사람의 이름을 마음속에 기억해 내려고 한다. 그런데 그 이름이 혀끝에서 맴돌 뿐 도저히 떠오르지 않아 좌절한다. 그런 뒤 하던 일을 계속 하고 있는데, 잠시 후 그 이름이 머릿속에 떠오른다. 여기서 말하는 구조가 바로 이런 것이다. 이름을 기억해 내려는 노력을 그만두자마자, 당신이 던진 "그 사람 이름이 뭐지?"라는 질문은 저만의 마법을 작동하기 시작하고 마침내 그 이름을 떠올려낸다. 핵심은 답을 찾지 않는 것이다. 처음에는 답을 찾는 데 중독되어 있는 당신에게 어려운 일일 수도 있다. 답은 당신에게 통제라는 환상을 주지만, 질문의 공간 속에 있는 것은 삶과 파트너가 돼 그 답을 살게 해준다.

✦━━━━━━

알아차림의 촉수를 자신의 '몸'이라는 감각의 강물에 담가본다. 긴장된 부위 중에 마음이 가는 곳이 있는가? 있다면 숨을 들이마시며 그곳을 당긴 다음 아주 천천히 숨을 내쉬며 긴장을 내려놓는다.

재클린 윈스피어Jacqueline Winspear의 《메이지 돕스*Maisie Dobbs*》라는 소설을 보면 이 주제가 다음과 같이 시적으로 묘사되어 있다. "진실은 질문이라는 길을 따라 우리에게 다가온다. 답을 찾았다고 생각하는 그 순간 당신은 그 길을 닫아버리고 정말 중요한 새 정보를 놓칠 수도 있다. 미지unknowing가 아무리 불편하더라도 잠시 고요 속에 머물라. 결론을 향해 내달리지 말라."

답을 찾으려는 생각 없이 질문을 던질 때 우리는 진실이 우리에게 말을 건넬 수 있는 공간을 창조한다. 질문을 던지는 일에 불편해하지 않아도 된다. 적절한 때에 적절한 방식으로 답이 나타나리라는 것을 알고, 그냥 질문을 하나 던졌다가 내려놓으면 된다.

답을 찾으려는 생각 없이 질문하는 것은 무슨 일에서든 자신을 지켜주는 신령한 부적과 비슷한 힘을 발휘한다. 처음에는 이것이 얼마나 효과적인지 알아차리지 못할 수도 있다. 질문하기가 지닌 경이로운 힘에 대해 마음이 감을 잡지 못할 수도 있다. 마음은 계속 답을 찾으려 할 것이다. 어떤 일이 일어나면 의심도 하고, 질문하기를 잊어버리기도 할 것이다. 그런 게 바로 마음이 하는 일이다. 그러나 계속 질문하라. 답을 가리고 있던 마음의 안개가 천천히 걷혀 나갈 것이며, 당신은 그 답대로 살게 될 것이다.

다음은 질문의 몇 가지 예시이다.

- 나는 여기서 무엇을 보게 될까?
- 이것을 헤쳐 나갈 방법은 무엇일까?
- 내가 어떻게 말하고 행동하고 존재하는 것이 최선일까?
- 내가 어떻게 봉사할 수 있을까?
- 나는 무엇인가?
- 내 관심이 어디에 끌리는가?

이런 질문이 와 닿지 않는다면, 삶에게 "나는 무엇을 질문해야 할까?" 하고 물어보라.

우리는 대부분 '아하!' 하는 단순한 앎을 통해 질문에 대한 답을 경험하게 될 것이다. 자기 안에서 무언가 '딸깍' 하면서 그것이 진실이라는 게 아주 명확해지는 순간이 있을 것이다. 샤워하는 중에 그럴 수도 있고, 소설의 한 문장이나 영화의 한 장면에서 어떤 영감을 받을 수도 있다. 어떻게든 답은 오겠지만, 질문을 많이 할수록 답을 '느끼기'도 더 쉬워질 것이다.

이 답이 반드시 자신이 바라는 시간 내에 오는 것은 아니라는 사실도 알아두길 바란다. 삶에다 질문이라는 신호를 던지고 답대로 살 준비가 되면, 삶은 적절한 시기에 당신을 통해 그 답을 실현할 것이다. 나는 오랫동안 질문을 해왔기 때문에 대부분의 답은 이제 쉽고 빠르게 내 안에서 나타난다. 그러나 여러 해 동안 품고 살아온 질문도 있으며, 여전히 그 답을 향해 성장해 가는 중이기도 하다. 나는 적절한 때에 그 답이 오리라는 것을 알고 있다.

✦————

잠시 삶에게 자신이 걸려 있는 주문이 뭔지 보여달라고 요청한다. 그런 뒤 그 질문을 내려놓으면, 그것이 일상 속에서 자신도 모르는 사이 저만의 마법을 펼치게 된다.

답을 찾으려는 생각 없이 질문하기를 통해 당신은 '존재' 자체와 대화하게 되고, 자신이 혼자가 아니라는 사실을 발견하게 된다. 삶이 자신보다 똑똑하며 삶이 다 알아서 하고 있다는 앎을 향해서 용기 있게 나아가라. 인생의 시련을 자신보다 큰 그 삶에게, 수십억 년 동안 삶의 춤을 지휘해 온 그 힘에게 내맡겨보라. 그런 다음 삶이 자신에게 건네는 말에 기꺼이 귀 기울여보라.

끝으로, 자신에게 무엇이든 질문할 수 있는 자유를 선사하라. 삶이 정한 때에, 삶이 정한 방식으로 그 질문에 대한 답을 살아가게 될 것이다. 당신의 질문은 평안의 초원이 언제나 곁에 있으며 인생에 어떤 일이 일어나든 아무 문제가 없다는 사실을 드러내 주면서, 당신이 걸려 있는 주문이라는 환상을 걷어낼 것이다.

- 당신은 삶의 길을 홀로 걸어가는 것이 아니다. 단지 그렇다고 생각할
  뿐이다.

- 아주 어린 시절 받아들인 핵심 신념들도 갈등의 구름이 되어 당신
  의 머릿속과 그 주변을 가득 채우고 있다. 이것들은 당신에게 덧씌
  워진 개념들이기 때문에 '주문呪文'이라고 부를 수 있다. 이는 진실이
  아니며, 따라서 사라질 것이다.

- 이런 주문은 늘 당신 곁에 있는 도움의 손길을 계속 가로막는다.

- 자신이 삶과 분리되었다고 믿으면 삶의 지성과 단절돼 그와 대화를
  할 수 없게 된다.

- 눈에 보이는 모든 것은 통합된 에너지 장이 겉으로 표현된 것으로,
  그 안에서는 모든 것들이 존재하기 위해 서로에게 의존한다.

- 삶이 다 알아서 하고 있으니 그 흐름에 열려 있어도 안전하다.

- 삶을 통제하려고 애쓰면 온전한 삶의 경험을 가로막게 된다.

- 신은 동사動詞이다. 신은 정의할 수 있는 존재나 사물이 아니다. 당신
  을 비롯한 모든 것 안에서, 모든 것을 통해서, 모든 것으로 표현되고

'있는' 것이다.

- 현존하는 존재는 언제나 당신과 함께한다. 단지 알아차리지 못하고 있을 뿐이다. 그는 언제나 당신에게 말을 걸고 있지만, 당신은 스토리텔러의 소음 때문에 그 목소리를 듣지 못한다.

- 질문을 던진 다음 그 질문을 내려놓으라. 질문의 힘은 대답에 있는 것이 아니라 질문 그 자체에 있기 때문이다.

- 질문할 때 핵심은 답을 구하지 않는 것이다. 처음에는 마음으로 답을 찾으려 하고, 일어나는 일을 의심하고, 질문하기를 잊어버릴 수도 있다. 그러나 계속 질문하라.

- 인생의 시련을 자신보다 큰 삶에게, 수십억 년 동안 삶이라는 춤을 지휘해 온 그 힘에게 내맡긴다. 그런 다음 삶이 자신에게 건네는 말에 기꺼이 귀 기울인다.

이 주의 기억할 구절

"나는 혼자가 아니다."

나만의 구절

기억하기 실습
• 4주 •

당신과 늘 함께하는 도움의 손길을 깨닫지 못하게 하는 주문들에 대해 더 명확히 알고 싶다면, 당신의 머릿속 스토리텔러가 어떤 일을 하는지 아는 것이 도움이 된다. 당신은 거의 평생 동안 스토리텔러와 자신을 동일시해 왔다. 일방적으로 스토리텔러의 영향을 받지 않고 그것과 건강하게 관계 맺는 방법을 알려면 스토리텔러가 과거나 미래에 대해 이야기하고 있는지를 살펴본다.

다음 지시문을 읽은 뒤 책을 내려놓고 스토리텔러를 살펴본다. 시간에 제약이 있다면 이전 실습에 1분을 더해 총 8분 동안 진행한다. 시간에 제약을 받지 않는다면 원하는 만큼 각 단계에 머물러도 좋다.

1. 눈을 감고 알아차림의 촉수를 경험의 강물에 담근 뒤, 지금 자신의 느낌이 어떠한지 알아차린다.
2. 적어도 세 번, 숨을 들이쉬며 근육을 당겼다가 내쉬는 숨에 '아!' 하고 내려놓는 소리를 크게 내면서 아주 천천히 모든 것을 이완한다.

3. 들어오고 나가는 호흡에 주의를 기울이면서, "들이쉬고…… 내쉬고, 깊이…… 천천히, 고요하게…… 편안하게"라고 말한다.

4. 들어오고 나가는 호흡을 느끼면서, 자신이 스토리텔러에게 주의를 기울이고 있음을 발견할 때마다 스토리텔러가 과거나 미래에 관해 말하고 있지 않은지 알아차린다. 만일 과거에 대한 이야기를 하면 "과거"라고 말한 뒤 다시 호흡으로 돌아온다. 미래에 관한 이야기이면 "미래"라고 말한 뒤 다시 호흡으로 돌아온다. 과거에 관한 것인지 미래에 관한 것인지 알 수 없거나 그저 멍하게 느껴진다면 "스토리"라고 말한다. 그런 다음 다시 호흡으로 돌아온다.

5. 끝으로, 잠시 온몸의 촉수를 열고, 알아차림의 치유를 받은 지금 이 순간 무엇이 달라졌는지를 인식해 본다.

6. 준비가 되었으면 눈을 떠도 좋다.

짧은 실습

1. 눈을 감고 알아차림의 촉수를 경험의 강물에 담근 뒤, 지금 자신의 느낌이 어떠한지 알아차린다.

2. 적어도 세 번, 숨을 들이쉬며 근육을 당겼다가 내쉬는 숨에 '아!' 하고 내려놓는 소리를 크게 내면서 아주 천천히 모든 것을 이완한다.

3. 들어오고 나가는 호흡에 주의를 기울이면서, "들이쉬고…… 내쉬고, 깊이…… 천천히, 고요하게…… 편안하게"라고 말한다.

4. 생각에 주의를 기울이고 있다는 사실을 발견하면 스토리텔러가

과거나 미래에 대해 말하고 있는지 알아차리고, 알아차린 것에 "과거" 또는 "미래"라고 이름을 붙인다. 확실하지 않은 것에는 "스토리"라고 말한다.

5. 들어오고 나가는 호흡에 주의를 기울이면서, "들이쉬고…… 내쉬고, 깊이…… 천천히, 고요하게…… 편안하게"라고 말한다.

6. 알아차림의 범위를 넓혀, 몇 분간이라도 자신과 함께 있어본 이 경험으로 무엇이 달라졌는지 알아본다.

7. 준비가 되었으면 눈을 떠도 좋다.

5

호기심이
치유한다

갈등의 구름을 꿰뚫어보는 법을 배우기 전에 지금까지 해온 작업을 한번 살펴보자. 첫째, 당신은 두려움에 기초한 판단자인 머릿속 스토리텔러에게 얼마나 많이 주의를 빼앗겨왔는지 알게 되었다. 또 이러한 스토리들의 토대가 어린 시절 당신 마음속에서 만들어졌으며, 대부분의 스토리는 삶이 지금과는 좀 달라졌으면 하는 데서 나왔다는 사실도 알게 되었다. 또한 당신이 인생이라는 길을 홀로 가고 있는 것이 아니며, 청하기만 하면 언제라도 달려와 줄 도움의 존재가 있다는 사실도 생각해 보게 되었다.

이제 당신은 갈등의 구름을 흩뜨릴 준비가 되었고, 따라서 지금이 순간 초원을 인식하고 그 흐름 속에 자신을 편안히 내맡기는 방법도 다시 찾을 수 있다. 기억하라, 당신은 결코 초원을 떠난 적이 없다. 당신이 단지 그렇다고 생각하고 있을 뿐이다.

삶에 다시 연결되어 온전히 살아있는 기쁨이 어떤 건지 알고 싶다면, 내면에서 삶과의 온전한 연결을 가로막는 것이 무엇인지 잘 살펴보아야 한다. 갈등의 구름에 대해서는 물론, 이 구름을 이루고 있는 주문(신념)들, 그 주문에 걸려 있을 때 나타나는 스토리들도 알아야 한다. 당신이 실제로 경험하는 것들을 호기심을 품고 대하면, 갈등의 구름을 만들어내는 주문들을 ― 그 스토리들과 동일시하지 않으면서 ― 알아보는 힘이 생긴다.

이를 설명하기에 제일 좋은 것이 '천 개의 문' 비유이다. 사방이 문으로 가득한 방 안에 갇혀 있다고 상상해 보라. 모든 문이 다 자기가 출구라고 주장한다. 이 방은 갈등하는 자아를 상징한다. 어떤 문들은 '문제'를 해결하면 모든 것이 좋아질 거라 약속한다. 어떤 문들은 문제를 무시하거나, 파악하거나, 부정하거나, 거기에 무뎌지거나, 거기서 달아나면 그 감옥에서 빠져나갈 수 있다고 장담한다.

당신은 999개의 문을 열어보았고, 문마다 셋 중 한 가지 경우가 벌어졌다. 잠겨 있거나, 문을 열었는데 또 벽이거나, 혹은 열린 문이지만 그리로 나가면 같은 방으로 돌아오게 되거나.

여기 아직 열어보지 않은 문이 하나 있다. 어두운 구석에 있는 아주 작은 문이다. 문 앞에 무슨 말이 씌어 있는 것 같은데 뭐라고 씌어 있는지 잘 보이지 않는다. 첫 부분이 'ㅈ'이어서 당신은 그 문이 '지옥'으로 가는 문인 줄 알고 되도록 멀찍이 떨어졌다.

그러나 999개의 문을 모두 열어보았고 아무런 성과도 얻지 못했다. 당신은 차라리 지옥이 이 방보다는 나을 거라 생각한다. 그래서 구석의 작은 문 앞에 쪼그리고 앉았는데, 문 앞에 씌어 있는 글씨가 '지금 여기'인 것을 보고 깜짝 놀란다. 문득 이 문이 현재 모습을 바꾸려 들기보다 지금 하고 있는 그 경험에 호기심을 품어보라고 권하고 있다는 사실을 깨닫는다. 그러나 이 문은 지나가기에 너무 작아 보이고, 단순히 호기심만으로 이 감옥을 빠져나갈 수 있을지도 의심스럽다.

그렇지만 모든 것이 실패했기 때문에, 당신은 한번 시도해 보기로 결심한다. 그런데 호기심을 품자 놀라운 일이 벌어지기 시작한다. 호기심을 품을수록 그 문이 점점 더 확장된 것이다. 당신은 그문을 지나 마음의 감옥을 애써 벗어날 필요도 없었다. 벽들이 서서히 녹아내리더니 천 개의 문을 가진 방이 사라지고, 당신은 마침내온전한 삶에 다시 연결된 것이다.

바라보는 기술

✦——————

잠시 책읽기를 멈추고 주변의 소리에 주의를 기울여본다. 당신이 귀 기울이기

전과는 소리가 어떻게 달라졌는지 알아차려 본다. 또 소리가 어떻게 나타났다 사라지는지 관찰해 본다. 당신 생각엔 이전에 들어본 것 같겠지만, 실은 다 처음 들어보는 것이다. 당신은 당신 삶의 사운드트랙에 귀 기울이는 중이고, 가만 히 귀 기울이고 있으면 소리가 일어났다 사라지는 것이 들릴 것이다. 호기심을 품어보라. 커다란 소리, 부드러운 소리, 가까운 소리, 먼 소리가 있으며, 내면의 소리도 있다. 내키는 만큼 계속 들어본다. 준비가 되면, 다시 책으로 돌아온다.

잠깐이었지만 당신은 삶에 대해 생각하기보다는 삶에 호기심을 품어보았다. 호기심은 지금 하고 있는 경험에 주의를 모으는 방법이다. 지금 이 순간 일어나는 일에 주의를 기울이면, 전에는 전혀 눈치 채지 못하던 수많은 일들이 주위에서 벌어지고 있다는 사실을 발견하게 된다. 그것이 삶이며, 호기심을 품으면 이 삶에 직접 연결된다.

우리는 삶에 온전히 머무르는 순간도 있지만, 보통은 삶에 관한 스토리로 빠져들기 십상이다. 스토리텔러는 삶에 연결되는 것을 두려워한다. 그것은 마음속 스토리의 구름으로 당신의 주의를 되돌리고 싶어 한다. 그렇지만 호기심의 힘으로 그 구름을 꿰뚫어볼 수 있고, 다시 삶에 연결될 수 있다.

호기심을 품는 법을 배우려면 우선 삶의 순수한 에너지가 끊임없이 자신에게 쏟아지고 있다는 사실을 알아야 한다. 그 에너지는 몸과 마음으로 흐르면서 생각, 감각, 느낌의 물결들로 응축된다. 그러나 이것은 진짜 당신이 아니다. 당신은 그것들을 알아차리는 존재이다. 당신은 진정한 자신이라는 광대함을 스쳐가는 생각, 느낌,

감각을 바라볼 수 있는 존재이다.

이를 이해하려면 눈을 감고 고요히 '평화peace'라는 단어를 몇 번 되뇌어보라. 주의 깊게 느껴보면 그것을 말하는 자신의 일부가 있고, 그 말을 듣고 알아차리는 자신의 일부가 있음을 알 것이다. 이 알아차림이 진정한 자신이다. 그것은 언제 어떤 일이 일어나고 있는지 바라볼 뿐, 생각이나 느낌, 감각, 경험에 얽혀들지 않는다. 아무 생각도 하지 않는다 해도 당신은 존재한다. 이러한 진실을 발견하면 당신은 원래 당신이 있던 평안의 초원에 다시 연결된다.

구름을 만들어내는 스토리들을 잘 관찰해 보면 그 중심에서 무거운 어떤 것이 작용함을 볼 것이다. 당신은 온종일 거기에 귀 기울이고 있다. 당신은 자신이 별로 좋은 사람이 아니라거나 실패할 거라면서 막연히 두려워할 수도 있다. 불안, 수치심, 불편을 겪고 있을 수도 있다. 사람들이 자신을 이용해 먹을 뿐 사랑해 주지 않을까 봐 두려워할 수도 있다. 그리고 남들처럼 당신도 자신을 통제할 수 있기를 바라며, 인정받고 싶은 마음에 가득 차 있다.

물론 행복한 순간, 다정한 순간, 즐거운 순간도 있다. 그러나 그런 순간은 스토리텔러가 좋아하지 않는 일이 일어나면 순식간에 사라져버린다. 삶에서 벌어지는 사건이나 상황에 행복이 달려 있다고 믿기 때문이다. 스토리텔러는 거의 늘 모든 것과 갈등하지만, 큰 문제가 생기면 어떻게 문제에 담긴 선물에 응답하거나 선물을 챙겨야 할지는 알지 못한다. 스토리텔러는 반응하는 데 익숙하기 때문이다.

가만히 들여다보면, 가장 큰 괴로움은 마음속의 갈등을 믿는 데서 생겨난다는 걸 알 수 있다. 문제란 마음속에만 있다. 물론 힘든 일들도 있겠지만, 스토리텔러는 그 힘든 일들을 문제로 바꿔놓고 소가 되새김질하듯 그것들을 계속 되씹는다. 또한 괴로움은 지금 하고 있는 경험에 저항하는 데서 비롯된다. 저항은 단지 구름만 두텁게 만들 뿐이다. 경험에 저항할수록 내면은 더 경직된다. 마음속 구름에 사로잡힐수록 당신은 삶에서 더욱 단절되고 만다.

✦━━━━━━━

눈을 감고, 자신이 지금 앉아 있다는 사실을 알아차린다. 당신은 달리고 있는 것도, 샤워를 하고 있는 것도, 우체국에서 줄을 서 있는 것도 아니다. 인생의 수많은 순간들이 당신을 지금 이 순간으로 데려왔고, 그래서 이 책도 읽고 있다. 자신에게 물어보라. "어떻게 내가 앉아 있다는 사실을 알 수 있을까?" 당신은 엉덩이와 의자가 만나는 지점을 느낄 수 있는가? 거기에 압력이 느껴지는가? 욱신거림이나 통증 같은 것이 있는가? 아주 잠시라 해도 자신의 경험을 정확히 인식할 수 있는 힘을 과소평가하지 말라.

잠시 자신에게 주의를 집중해 보았다. 이것은 혼자서 해볼 수 있는, 삶에 연결되는 가장 효과적인 수단 중 하나이다. 긴 시간 집중할 수 없다면 지금 여기에 있기보다 다른 데로 달아나고 싶어 하는 마음이 얼마나 강렬한지 알아차리기만 해도 된다.

해결에 중독되다

마음은 온종일 문제를 생산해 내는 문제 공장이라 할 수 있다. 문제를 하나 풀자마자 금세 또 다른 문제가 나타나는 게 그저 놀라울 뿐이다. 우리는 문제 해결에 중독되어 있다.

이런 중독이 삶에 어떤 영향을 미칠까? 초원으로 돌아가 있다고 상상해 보라. 그리고 구름에 휩싸인 자신이 완전히 뒤엉킨 실타래를 붙들고 그것을 푸는 데만 골똘해 있다고 생각해 보라. 그러느라 초원을 누릴 겨를이 없다. 초원을 볼 수도 없다. 그 대신 마음의 구름 속에서 길을 잃고, 실타래로 표현되는 당면 문제를 해결하는 데만 정신이 쏠려 있다.

문제 공장 때문에 당신은 끝도 없이 세상을 조종하려 애써보지만, 두려움에 기초한 스토리텔러의 신념으로는 세상을 조종할 수 없을 것이다. 당신은 연인이 당신을 불편하게 하면 어떻게든 그 사람을 바꿔보려고 기를 쓴다. 혼자라는 느낌이 두려워 폭력을 휘둘러서라도 상대를 붙잡아두려고 한다. 잠시 화장실만 가도 사람들이 자신을 험담할까 두려워 모임에서 일찍 일어나지도 못한다. 당신의 문제 공장은 당신이 받아들여지기를, 그래서 거절당했다는 느낌을 받지 않기를 바라면서 머리 모양, 운동 프로그램, 다이어트 제품, 자기 계발 강좌나 자기 계발서, 명상 수업 등에 큰돈을 쏟아붓게 만들 것이다. 그렇게 한 가지 문제를 해결하고 나면 문제 공장은 틀림없이 또 다른 문제를 찾아낸다.

마음이 삶을 책임지는 줄 알고 살아왔겠지만, 마음은 이러한 업무를 위해 만들어진 것이 아니다. 마음은 인생을 살아나가는 데 아주 근사한 도구이긴 하지만 삶을 책임지지는 못한다. 당신의 삶을 책임지는 것은 삶 자체이다. 그것이 마음보다 그 일을 훨씬 잘 수행해 낸다.

마음에게 삶을 책임지도록 하는 것은 어린아이에게 자동차 열쇠를 맡기는 것과 같다. 설령 차를 움직인다 해도 어린아이는 키가 너무 작아 자신이 어디로 가는지 볼 수가 없다. 삶의 열쇠를 마음에게 건네주면 눈먼 상태로 인생이라는 길을 운전하는 꼴이 될 것이다. 마음에게 삶을 떠맡긴 뒤로 삶은 수많은 노이로제의 매듭들로 뒤엉키게 되었다. 이 사실을 알면 우리가 어째서 이토록 우울하고 단절되고 중독된 사회에 살고 있는지도 알 수 있다.

사실 삶은 통제할 수 있는 게 아니다. 마음은 너무나 변덕스러워 한 순간은 "그래, 이렇게 하자"라고 했다가, 다음 순간은 "아니, 하지 말자"라고 할 것이다. 그럼에도 당신은 여전히 변덕을 부리는 마음의 세계로 인생을 통제해야 한다고 생각하고 있다!

당신은 삶을 통제하는 것보다는 삶에 호기심을 품는 데 마음을 활용하는 법과, 삶과 다투지 않는 법을 배울 수 있다. 깨어남이 주는 가장 큰 기쁨 중 하나는 삶을 통제할 필요가 없다는 사실을 깨닫는 것이다. 당신이 바라는 기쁨과 자유는 삶과 연결되는 데서 오며, 호기심이 그 연결의 핵심이다.

읽던 책을 내려놓고 호흡에 주의를 돌리면서, 지금 자신의 호흡이 어떠한지 호기심을 품어본다. 호흡이 코에서 느껴지는가, 아니면 가슴에서 느껴지는가? 숨쉴 때 배가 움직이는가? 팔이 움직이는가? 호흡하는 동안 삶이 당신을 통해 무엇을 표현하고 있는지 호기심을 품어본다. 이렇게 호흡을 알아차리고 있을 때 스토리텔러는 무엇을 하고 있는가?

호기심: 해결의 반대말

　문제를 해결하는 데 갇혀 있는 한 진실하고 지속적인 평안은 오지 않는다. 아인슈타인이 말했듯이, "문제를 만들어낸 의식과 같은 의식으로는 문제를 풀 수 없다. 당신은 세상을 새롭게 보는 법을 배워야 한다."

　호기심은 마음의 문제 공장에 빠져 있는 당신을 툭 건드려 당신이 하고 있는 경험을 새롭게 보도록 해준다. 지금 일어나는 일을 달리 바꾸려 하기보다 그저 호기심을 갖고 바라볼수록, 자신의 스토리텔러에 대해 더 알고 그 스토리에서 놓여나게 된다. 마음이 8기통 자동차라면, 해결하고 바꾸는 데 집착하는 것은 1기통만 사용하는 것이고, 호기심을 활용하는 것은 8기통 전부를 사용하는 것과 같다.

　호기심을 통해서 당신은 그 순간 벌어지는 어떤 스토리에도 자신을 동일시하지 않고 머릿속의 스토리텔러를 바라보는 법을 배울 수 있다. 예를 들어 스토리텔러가 '두려움'이라는 스토리에 사로잡혀 있다면, "나는 두려워"라는 말에서 "이것은 두려움이라는 스토리야"라는 말로 옮겨갈 수 있다. 감정적인 고통에도 호기심을 활용할 수 있다. 고통에 빠져들거나 고통을 억압하는 대신 그 감정이 "가슴속의 눈물 한 바가지"처럼 느껴진다고 설명할 수 있다. 육체적인 통증도 피하려 하기보다 호기심을 갖고 탐색해 볼 수 있다.

이는 경험에 매이기보다는 그 경험과 관계를 맺을 수 있는 능력을 말한다. 그래서 나는 호기심이라는 말이 참 좋다. 호기심을 갖고 주의를 집중하면 자신의 타고난 탐구 정신을 다시 발견할 수 있다. 이는 지식을 구하는 호기심과는 다르다. 지금 일어나고 있는 일을 똑바로 응시함으로써 앎에 접속하는 것이다. 나는 '앎knowing'과 '눈치 채기noticing'라는 단어를 합해서 이것을 '알아채기knowticing'라고 부르고 싶다.

삶에 호기심을 품고 주의를 집중하면 당신은 상황을 변화시킬 수 있다는 것을 알게 될 것이다. 당신의 주의는 태양과도 같다. 태양이 하늘의 구름을 흩뜨릴 수 있는 것처럼, 그것은 내면에 묶여 있는 깊은 감정 상태들을 흩뜨릴 수 있는 것이다.

두려움, 절망, 분노와 수치심 등 당신이 겁내는 상태는 당신이 평생에 걸쳐 달아나려 애써온, 한갓 갇힌 에너지일 뿐이다. 그것들은 숲 속의 곰과 같다. 곰을 피해 달아나면 곰은 당신을 뒤쫓아 올 것이다. 가만히 멈춰 서서 곰을 바라보면 (당신이 어미와 새끼 사이에 있는 게 아닌 한) 어느 순간 곰이 떠나갈 것이다. 그와 마찬가지로 불편하고 받아들이기 힘든 내면 상태에서 달아나려 애쓸 때에는 그것이 뒤쫓아 와 당신의 삶을 덮치고, 종종 절망과 불안으로 끌고 갈 것이다. 마주하고 온전히 알아차리면 그것이 당신을 떠나는 데 필요한 공간이 생긴다. 순간순간 주의를 집중할 때마다 삶의 흐름에 조금 더 자신을 여는 것이다.

처음에 마음은 이렇게 하기를 두려워한다. 마음은 경험을 통제하지 않고 호기심으로 바라보면 뭔가 나쁜 일이 생기거나 혹은 아무 일도 생기지 않을까봐 두려워한다. 따라서 마음이 궁극적으로 원하는 것은 당신이 경험하고 있는 것을 경험하지 않는 것이다. 그러니 마음은 경험에서 달아나라고 부추길 것이다. 마음은 부정의 달인이며 집중 방해 기계이기 때문이다. 마음은 늘 백일몽을 꾼다. 아이팟, 아이패드, 텔레비전 등으로 자신을 산만하게 만든다. 스스로를 판단하는 데 중독돼 있고, 더 나아지려고 애쓰는 끝없는 게임에 빠져 있다. 또한 자신의 느낌에 대한 책임을 다른 사람에게 떠넘기기 좋아한다. 그리고 죽을지도 모르는 충동에 탐닉한다. 이 모든 것이 전부 경험에서 달아나기 위해서이다.

당신은 호기심이 지닌 힘을 통해 마음이 하는 일을 볼 수 있다. 또한 경험에서 달아나기보다는 그 경험을 마주하는 것이 가장 안전한 일이라는 사실도 알게 될 것이다.

✦━━━━━━━

책을 내려놓고 잠시 들어오고 나가는 호흡을 느껴본다. 자신이 스토리텔러에게 주의를 기울이고 있음을 발견할 때마다 스토리텔러가 과거나 미래에 관해

말하고 있지 않은지 호기심을 갖고 관찰한다.

삶을 해결하려 애쓰기를 관두고 경험에 온전히 머물게 되면 삶과 일치를 이루게 된다. 여기서 갈등의 구름도 엷어진다. 온전히 현존하는 법을 배우면 자신을 조종해 온 두려움의 주문에서 풀려나는 일도 점점 더 쉬워지기 때문이다. 주문에서 풀려날수록 초원의 지혜와 도움에 접속하기가 더 수월해진다. 그러면 당신은 삶에 드러나는 기쁨과 편안함을 다시 알게 되고, 삶을 통제하기보다는 삶이 자신을 통해 펼쳐지도록 허용하게 된다.

부끄러워할 것은 없다

호기심을 이용해 갈등의 구름을 흩뜨리는 법을 배우기 전에, 우리 내면에 부끄러워할 것이 없다는 사실을 이해하는 것이 중요하다. 머릿속에 생각이라는 게 없던 시절이 있었다. 신비의 문을 열고 갓난아기로 막 태어난 당신에겐 삶에 대한 아무런 생각도 없었다. 당신은 느낌으로 삶을 경험했으며, 무의식 속에서 그저 거인처럼만 느껴지던 당신의 부모는 분노, 슬픔, 두려움, 사랑, 혼돈, 판단, 다정함, 질투, 수치심 등 사람이 품을 수 있는 온갖 느낌으로 가득한 존재들이었다. 듣기를 통해 언어를 배운 것과 똑같이 당신은 느낌을 통해 그 무의식의 언어를 배웠다.

아주 어렸을 때 당신은 삶에 활짝 열려 있었고, 주위 사람들의 내면에 어떤 일이 벌어지고 있는지 느낄 수 있었다. 예를 들어 부모님이 지하실에서 말다툼중이고 자신은 다락에 있어서 비록 그 소리를 듣지 못했을망정 무슨 일이 일어나고 있는지는 느낄 수 있었다. 이해할 수는 없었지만 그것을 경험했다. 주위의 어른들로부터 흡수한 것은 자신과 삶을 바라보는 토대가 되었고, 여섯 살 무렵에는 이것이 당신의 시각으로 굳어졌다.

어린 시절 어떤 언어를 배울지 당신이 스스로 선택했는가? 아니다. 일본에 살았다면 일본어를 배웠을 것이다. 프랑스에서 살았다면 프랑스 어를 배웠을 것이다. 이와 마찬가지로 우리는 대부분 깨어 있지 않은 가족들 사이에서 두려움과 판단이 뒤섞인 무의식의 언어를 흡수했다. 이 무의식의 언어의 밑바닥에는 우리가 분리되었으며 혼자라는 절망감이 깔려 있었다.

삶에 대한 당신의 시각은 주위 어른들의 내면 세계만이 아니라 그들의 말과 행동에서도 영향을 받았다. 그들의 말과 행동은 당신을 몹시 헷갈리게 할 때가 많았다. 당신은 어린 시절 모든 것을 알아차렸다. 어른들이 자신의 느낌대로 말하지 않을 때도 다 알 수 있었다. 그들은 당신에게 고함을 치면서도 말로는 화나지 않았다고 했을 것이다. 당신에겐 다정해야 한다고 하면서 자신은 사람들 험담을 했을 것이다. 당신을 사랑한다고 하면서도 놀아달라고 하면 당신을 무시하거나 창피를 준 적도 종종 있었을 것이다.

성장하는 동안 당신의 내면과 주변에서는 정말 많은 일들이 일어났다. 그리고 대부분 당신은 그 모든 것을 혼자서 이해하려고 애썼다. 다른 아이들처럼 당신도 주위에 자신의 경험에 대해 도움을 줄 수 있는 어른이 없었을 것이다. 그렇게 세월이 흐르면서 갈수록 더 많은 느낌들이 당신 안에 쌓였다. 그것들은 당신 안에서 얼어붙었고 삶의 흐름에서 당신을 떼어놓았다. 이러한 단절과 혼란을 피해 당신은 마음 안으로 숨었고, 일어나는 모든 일을 통제하려는 스토리텔러의 마수에 걸려들게 되었다.

당신의 스토리는 세상을 이해하고 자신을 지키려 애쓰는 어린아이의 시각에서 비롯되었다. '어린 시절에 만들어진 나'의 가장 일반적이고 핵심적인 스토리 중 하나는 가족에게 나쁜 일이 일어나면 그것이 자기 탓이라고 생각하는 것이다. 아이들은 자신만의 세계 속에 살고 있기 때문에 불편하거나 무서운 일이 벌어지면 그게 다 자기 탓이라 생각한다. 부모의 이혼을 경험한 열두 살 미만의 아이들이 부모의 이혼이 자기 탓이 아니라는 말을 들었음에도 여전히 자기 때문이라고 느낀다는 연구 결과도 있다.

'어린 시절에 만들어진 나'의 또 다른 핵심 스토리는 "삶은 안전하지 않다"는 주문에서 나온 것이다. 삶은 거대하고 무서운 것이며, 계속해서 자신을 해치고 내동댕이칠 것처럼 보인다. 아무것도 할 수 없거나 버림받을지도 모른다는 깊은 두려움을 느끼지 않기 위해, 당신은 이렇게 끊임없이 변화하는 삶의 강물을 통제하려고 애쓰기 시작했다. 시간이 흐르면서 이 통제의 열망은 제대로 살려면 늘 '애를 써야' 한다고 쉼 없이 말하는 머릿속의 목소리, 이른바 스토리텔러가 되었다.

당신이 모양과 크기, 색깔별로 분류된 레고 더미 가득한 커다란 창고에서 태어났다고 상상해 보라. 각각의 레고 더미는 자기 판단, 슬픔, 행복, 외로움, 분노, 친절, 불안, 윤택함, 의심, 희망, 회의적인 태도 같은 인간 마음의 측면을 나타낸다. 당신이 할 일은 레고로 우주선(머릿속의 스토리텔러)을 조립하는 것이다. 그러려면 각 더미에서 적어도 한 조각씩은 가져와야 했다. 그 결과 당신 안에는(다른 사람들도 모두 마찬가지로) 화와 두려움, 슬픔, 부끄러움 등이 각각 다르게 조립된 스토리텔러가 만들어진다. 사람들이 각기 다르게 우주선을 조립하기 때문에, 당신에겐 분노보다는 슬픔이, 두려움보다는 고뇌가, 인색함보다는 다정함이 더 많을 수 있다. 그러나 인간이라면 지닐 수 있는 모든 것이 당신 안에 들어 있다.

대부분의 사람들은 자기가 만든 레고 우주선 안으로 들어가 평생 그 우주선을 타고 다닌다. 이제 당신은 우주선 밖으로 나와 우주 유영을 해보라는 초대를 받았다. 당신은 스토리텔러의 레고 우주선에서 빠져나와 그것을 바라보는 법을 배우고, 그 스토리에서 풀려나는 법을 배우는 중이다. 내가 그룹 모임이나 피정을 권하는 이유는 자신에게 진실해지는 자리에서 다른 사람들도 삶에서 같은 것을 계속 느껴왔고 어쩌면 지금도 느끼고 있다는 사실을 알 수 있기 때문이다.

그러므로 부끄러워할 일은 전혀 없다. 물론 살면서 실수도 했겠지만 실수는 단지 '손을 놓친mis-takes(失手)' 것, 마음속 구름에서 일어난 일에 불과하며 충분히 용서받을 만한 일이다. 자신의 구름을 지어낸 근본 주문은 여섯 살이 되기 전에 형성되었다는 사실을 기억하라.

판단 없이 기꺼이 그 구름을 이루는 주문과 스토리를 바라본다면 깨어남은 더 가속될 것이다. 마침내 당신은 구름이 아무리 미쳐 날뛰어도 자신이 결코 혼자가 아니라는 사실을 깨닫게 된다. 겉으로 보이는 것과는 달리 누구나 다 스토리텔러로 인한 비슷한 노이로제에 시달리고 있는 것이다.

◆━━━━━━━

잠깐 시간을 내어 자신에게 이렇게 물어본다. "지금 무엇이 떠오르는가?" 폴라로이드 사진이 현상되듯이 그것이 절로 모습을 드러내도록 놔둔다. 무엇을 알아차리든 자신에게 이렇게 말한다. "나는 있는 그대로 괜찮아." 스토리텔러가 그 말에 어떻게 반응하는지 지켜본다.

두려워할 것은 없다

스토리텔러의 신념이 당신을 지배할 수 있는 이유는 단 하나, 당신이 그것을 바라보려 하지 않기 때문이다. 처음에는 누구도 그것을 바라보고 싶어 하지 않는다. 우리는 옷장 속에서 괴물을 봤다며 이불 속으로 숨는 어린아이와 같기 때문이다.

당신이 저항이라는 이불을 들치고 처음 바깥으로 나올 때는 어쩌면 손으로 눈을 가리고 있을 수도 있다. 내면에서 벌어지는 일을 손가락 사이로 엿볼 용기가 생기면, 그때야 비로소 자신이 두려워한 것들이 괴물이 아니라는 사실을 알게 된다. 손을 내리고 제대로 보면 이것들이 더 이상 진짜도 아니고 무서운 것도 아니며 그저 옷장 속 옷더미에 지나지 않는다는 걸 깨닫게 된다.

평생 피해온 저 깊은 곳의 느낌들 또한 마찬가지다. 그것들은 습관적으로 겁내고 있는 무언가의 신기루에 불과하다. 나 또한 공포 속에서 자랐고, 수십 년간 공포에 눌려 지내다가, 마침내 공포를 향해 돌아서서 그 얼굴을 마주한 경험이 있기에 분명히 말할 수 있다. 정말로 두려워할 것은 아무것도 없다고.

호기심은 신령한 부적이다. 호기심을 품으면 경험에 매이는 것이 아니라 그 경험과 관계를 맺게 되기 때문이다. 그리고 그렇게 하면 할수록 주문으로부터 영향을 덜 받게 되고 느낌과 함께 머물 수 있다. 바로 이것이 삶의 자유로운 흐름 속으로 되돌아가는 데 필요한 것이다.

그렇다. 삶이 나에게 주고 있는 것을 직면하고 껴안으려면 용기가 필요하다. 힘든 상황이라면 더 그럴 것이다. 그러나 이것이 삶으로 되돌아가는 방법이다. 삶을 직접 경험할 때 얻는 기쁨을 알려면 자신의 느낌을 알아차릴 수 있어야 하고, 그 느낌이 자신을 통과해 지나가도록 그것에 연민어린 관심의 빛을 쐬어주어야 한다. 이는 당신 안에 갇혀 있던 것을 열어젖히는 커다란 모험이다. 이때 에너지는 다시 자유롭게 흐르고, 당신은 살아있음의 기쁨을 맛보게 될 것이다. 이 책으로 작업하는 동안 당신의 의도는 삶을 기분에 맞춰

조정하는 것에서, 기분 좋은 일이건 아니건 삶 자체를 온전히 경험하는 것으로 변해갈 것이다.

중요한 것은 이것이 단지 느낌의 차원에서 그치지 않는다는 점이다. 자신의 느낌을 느껴보고자 할 때 사람들은 흔히 자신을 감정과 동일시하는 오류에 빠진다. 그러나 그렇게 해서는 지속적인 평안을 얻을 수 없다. 1970년대에 '유아기 외상 치료Primal Scream Therapy'(유아기의 외상 체험을 재체험시켜 신경증을 치료하는 정신 요법—옮긴이)라는 것이 있었다. 비명을 질러 분노를 해소하는 방법이다. 그러나 효과가 없어서 지금은 더 이상 사용하지 않는다. 우리가 여기에서 이야기하는 것은 자신의 느낌을 '마주한다'는 것이다. 느낌의 스토리에 빠져드는 게 아니라, 느낌이 일어나면 일어난다고 알아차리고 가만히 그것을 바라보는 것이다.

삶이 이래야 한다거나 저래야 한다는 생각을 내려놓고 스토리에 빠지는 일 없이 삶이 주는 경험에 자신을 열어놓는다면, 당신은 기쁨을 알아가기 시작할 것이다. 원하는 것을 얻으면 잠시는 행복할지 모른다. 그러나 기쁨은 원하는 것이든 아니든 무엇과도 함께할 수 있는 능력이다.

✦———

자신의 스토리텔러는 지금 읽고 있는 이 이야기를 좋아하는가 싫어하는가?

내 몸을 친구처럼

호기심을 가지고 몸을 들여다보는 연습을 하면 '당신이 하고 있는 경험을 온전히 경험하는' 능력을 더욱 강화할 수 있다. 우리는 대개 몸에도 잘 머무르지 않는다. 마음에 사로잡혀서 몸은 그저 마음을 싣고 다니는 그릇 정도로만 취급한다. 그러나 몸은 삶으로 돌아가는 여정에서 가장 좋은 친구 중 하나이다. 몸은 지혜로 가득하고, 당신이 지금 경험하고 있는 것이 무엇인지 마음보다 훨씬 빠르고 정확하게 알려줄 것이다. 실제로 몸은 언제나 지혜를 전하고 있지만 당신은 거기에 어떻게 귀 기울여야 할지 모른다.

잠시 몸에 귀를 기울여보자.

✦────────

잠시 몸에 주의를 기울여 세 가지 다른 감각을 찾아본다. 서두르지 말라. 호기심을 가지고 바라보면 감각들이 스스로 드러날 것이다. 온기, 추위, 욱신거림, 두근거림, 따끔거림, 통증, 가벼움, 압력, 배부름, 배고픔을 느낄 수도 있다. 이렇게 알아챈 것들에 이름을 붙여준다. 때로는 스토리텔러에게 주의를 빼앗기기도 할 것이다. 그렇다고 질책할 필요는 없다. 그저 마음속으로 헤매고 있다는 사실을 알아차리고, 다시 몸에 주의를 모으면 된다. 준비가 되면, 책을 계속 읽는다.

잠시 몸과 연결되어 보았는가? 그러지 못했다 해도 질책하지 말라. 당신은 거의 평생 동안 당신 몸의 지혜와 기쁨에서 동떨어진 채 살아왔다. 몸으로 주의를 모으면 마음이 금세 지루해할 수도 있다. 마음은 과거나 미래 혹은 몇 초 후를 생각하며 헤맬 수도 있지만, 그럼에도 당신은 이 책을 계속 읽어나가기 원했다. 몸의 감각으로 주의를 돌릴 때마다 당신은 마음속 구름을 몇 조각이라도 치우며 평안의 초원을 더 많이 드러내고 있다.

몸으로 돌아가고 있다고 느낄 때 당신은 오매불망 그리워하던 기쁨과 살아있음의 장에 연결된다. 그것은 인간이 할 수 있는 가장 훌륭한 치유 가운데 하나이다. 몸으로 주의를 돌릴 때 당신은 자신과 더욱 가까워질 뿐더러, 몸이 늘 자신에게 말을 걸고 있으며 그 지혜가 아주 놀랍다는 사실 또한 발견하게 된다. 그러면 스토리에 사로잡히는 대신 어떤 스토리가 머릿속에서 써지고 있는지 더 명확히 볼 수 있다. 당신의 주문은 당신 몸 속에서 긴장의 패턴들로 나타나기 때문이다.

*

우리가 지금 살펴보고 있는 이것을 나는 '연금술'이라 부른다. 우리는 연금술이 납을 금으로 바꾸는 것이라고 생각한다. 그러나 진정한 연금술은 무의식을 의식으로 변형시키는 것이다. 그것은 지금 이 순간의 경험에 호기심을 품음으로써, 그 경험에 매이지 않고 그 경험과 관계 맺는 법을 찾는 것이다. 호기심은 마법이 일어나는 곳이다. 나의 첫 스승은 "바라보면 움직인다"(In the seeing is the movement)고 말했다. 그는 스토리를 고치거나 바꾸거나 없애거나 판단할 필요가 없다는 것을 그렇게 가르쳐주었다. 스토리를 보고, 그것이 어린 시절 받아들인 주문에 불과하다는 사실, 머릿속 스토리텔러로 나타나 감각과 느낌을 자아낸다는 사실을 알기만 하면 된다.

호기심을 가지고 자신의 경험을 바라볼수록, "나는 삶에서 분리되었다"거나 "삶은 안전하지 않다"는 근본 주문에서 풀려나는 법을 더 많이 알아낼 수 있다. 이것을 알면 "삶을 통제해야 해" "똑바로 해야 해" "나는 제대로 못하고 있어"라는 세 가지 실제 주문도 알게 된다. 이는 나아가 "똑바로 하지 못하니까 나는 틀렸어" "나는 사랑받을 가치가 없어" "나는 완전히 혼자야"라는 세 가지 숨은 주문도 볼 수 있게 한다.

자신의 스토리텔러에 대해 더 많이 알수록 이러한 주문은 더 쉽게 당신을 통과해 지나갈 것이다. 그리고 진정한 자신의 아주 작은 부분만이 삶과 갈등하고 있다는 사실도 더 쉽게 알아차릴 것이다. 자신의 나머지 부분은 언제나 지금 여기, 바로 이 순간 당신과 함께하는 평안의 초원에 평화롭게 머문다.

- 충만하게 살아있다는 기쁨을 다시 발견하려면 갈등의 구름을 ─ 이 구름을 이루고 있는 주문(신념)과, 주문에 빠져 있을 때 스토리텔러 가 하는 이야기를 ─ 알아야 한다.

- 부정하고 조종하고 저항하고 삶이 달라지길 바라는 것은 갈등만 더 깊게 만든다.

- 마음은 문제를 만들어낸 다음 그 문제를 해결하려 애쓰는 식으로 삶에 저항한다. 한 가지 문제를 풀면 또 다른 문제를 찾아낸다.

- 당신은 당신 마음이 삶을 통제하는 것이 아니라 삶에 호기심을 품도 록 하는 법을 배울 수 있다.

- 상황을 바꾸려 애쓰기보다 지금 이 순간 벌어지는 일에 호기심을 품을수록, 당신은 구름에 대해 더 많이 알게 되고 구름은 더 얇아질 것이다.

- 당신 안에 부끄러워하거나 두려워할 것은 아무것도 없다.

- 스토리텔러의 주문이 당신을 쥐고 흔들 수 있는 건 오로지 당신이 그것을 바라보려 하지 않기 때문이다. 그리고 처음에는 누구도 바라

보고 싶어 하지 않는다.

- 당신은 불편하고 받아들이기 힘든 자신의 일부를 덮어두고 보지 않으면 그것들이 사라져버릴 거라고 들으며 자랐다. 그러나 그것들은 사라지지 않는다.

- 스토리텔러를 통하지 않고 삶을 온전히 경험하는 것, 이것이 우리 모두가 깊이 바라는 것이다.

- 마음은 바라보기를 두려워하며, 따라서 호기심을 품지 못하도록 온갖 수단으로 방해할 것이다.

- 자신에게 주의를 기울인다는 것은 뭔가 일어나도록 한다는 게 아니다. 그저 지금 이 순간의 경험에 호기심을 품는 것뿐이다.

- 자신이 걸려 있는 주문을 알면 알수록, 당신은 그것들을 꿰뚫어보고 지금 이 순간 온전히 살아있음이 주는 기쁨으로 주의를 되돌릴 것이다.

이 주의 기억할 구절

"지금 무엇이 떠오르는가?"

나만의 구절

....

....

기억하기 실습
• 5주 •

당신은 들어오고 나가는 호흡에 호기심을 품는 것으로 알아차림의 근육을 단련하기 시작했다. 다음에는 촛불 끄기로 호흡을 깊게 하고, "들이쉬고…… 내쉬고, 깊이…… 천천히, 고요하게…… 편안하게"라는 표현을 통해서 평화에 연결되었다. 그리고 다음 단계에서는 스토리텔러가 과거나 미래에 관해 말하고 있지 않은지 알아차리는 방법으로 스토리텔러를 관찰하는 법을 배웠다.

자, 이제 몸의 여러 부위를 살피며 몸을 느끼는 방식으로 자신에게 머무르는 능력을 강화할 순서이다. 그렇게 하면 지금 하고 있는 경험을 깨어서 알아차릴 수 있다. 유심히 살펴보면 자신이 몸을 얼마나 등한시하고 살아왔는지 알게 될 것이다. 또 언제 어떻게 온전히 경험에만 주의가 기울여지고 몸이 긴장에서 풀려나는지도 알게 될 것이다.

무언가 일어나게 하려는 게 아니라는 사실을 기억하라. 명상을 하려는 것도 아니다. 지금 하고 있는 경험에 호기심을 품는 것, 그러기 위해 몸에 주의를 기울이는 것이 전부이다. 이것이 내가 말하는 '알아채기knowticing', 일부러 일어나게 하려고 애쓰는 것 없이 지금 일어나고 있는 일이 무엇인지 알아차리는 방법이다. 이런 알아차림을 통해 앎이 솟아난다.

다음 지시문을 읽은 뒤 책을 덮고 탐색을 시작해 본다. 시간에 제약이 있다면 이전 실습에 1분을 더해 총 9분 동안 진행한다. 9분이 길면 조금 줄여도 상관없다. 시간에 제약을 받지 않는다면 호기심이 이는 만큼 각 단계에 머물러도 좋다.

1. 눈을 감고 알아차림의 촉수를 경험의 강물에 담근 뒤, 지금 이 순간 자신의 느낌이 어떠한지 알아차린다.

2. 적어도 세 번, 숨을 들이쉬며 근육을 당겼다가 내쉬는 숨에 '아!' 하고 내려놓는 소리를 크게 내면서 천천히 모든 것을 이완한다.

3. 들어오고 나가는 호흡에 주의를 기울이면서, "들이쉬고…… 내쉬고, 깊이…… 천천히, 고요하게…… 편안하게"라고 말한다.

4. 이제 관심이 가는 신체의 한 부위에 주의를 기울인다. 에너지가 열려 기분 좋은 감각이 느껴지는 곳일 수도 있고, 뭔가 긴장이 느껴지는 곳일 수도 있다. 끌리는 데가 없다면 만성적으로 긴장하고 있는 곳에 주의를 둔다. 거기서 달아나지 말고 마주하면서, 무슨 일이 일어나고 있는지 호기심을 품어본다. 많은 감각이 일어날 것이다. 가만히 앉아 기다리고 있으면 그것들이 모습을 드러낼 것이다. 다음은 호기심을 키워줄 질문들이다.

• 지금 나는 무엇을 경험하고 있는가?

- 이 감각(예를 들어 뜨끔거림, 두근거림, 욱신거림)의 본성은 무엇인가?

- 감각에 확실한 경계가 있는가?

- 감각이 돌아다니는가 아니면 한 군데 머물러 있는가?

- 감각이 계속 같은가 아니면 변화하는가?

- 몸의 피부나 그 아래에서 느껴지는 것이 있는가?

5. 한 곳에 주의를 두고 있으면 여러 가지 다른 감각들이 떠오를 것이다. 주의가 스토리텔러로 옮겨갔음을 알아차릴 때마다 다시 처음 주의를 기울이던 곳으로 돌아와 또 어떤 감각을 느끼게 될지 호기심을 품어본다.

6. 이제 주의를 기울이고 있는 그곳으로 부드럽게 숨을 내쉬고 들이쉰다. 호흡을 통해 어머니의 손길처럼 부드럽게 그곳을 내면으로부터 어루만져 준다.

7. 하고 싶은 만큼 계속 이렇게 살펴본다. 30초가 될 수도 있고, 몇 분이 될 수도 있다. 억지로는 하지 말라. 그러나 몸에서 일어나는 일을 알아차리는 힘에 커다란 선물이 있다는 사실을 기억하라.

8. 다 살펴보았다 싶으면 "들이쉬고…… 내쉬고, 깊이…… 천천히, 고요하게…… 편안하게"라고 말하며 호흡으로 돌아온다.

9. 끝으로, 몇 분 더 온몸에 주의를 기울이면서, 알아차림의 치유를 받고 난 지금 무엇이 달라졌는지 살펴본다.

10. 준비가 되었으면 눈을 떠도 좋다.

매일 몸의 다른 부분들을 이렇게 깊이 살펴볼 수 있다. 알아차림의 빛 아래서 자신의 경험이 마치 폴라로이드 사진처럼 모습을 드러낸다는 것을 기억하라. 한 곳에 집중하고 있으면 그다지 변화가 없는 것처럼 보일 수도 있다. 그러나 그렇게 하는 동안 온갖 감각들이 다채롭게 드러날 것이다. 연민어린 관심으로 응시하다 보면 갇혀 있던 에너지가 적절한 때에 움직이면서 놓여나게 될 것이다.

짧은 실습

1. 눈을 감고 알아차림의 촉수를 경험의 강물에 담근 뒤, 지금 이 순간 자신의 느낌이 어떠한지 알아차린다.

2. 적어도 세 번, 숨을 들이쉬며 근육을 당겼다가 내쉬는 숨에 '아!' 하고 내려놓는 소리를 크게 내면서 천천히 모든 것을 이완한다.

3. 들어오고 나가는 호흡에 주의를 기울이면서, "들이쉬고…… 내쉬고, 깊이…… 천천히, 고요하게…… 편안하게"라고 말한다.

4. 이제 커다란 호기심을 품고 몸의 한 부분에 주의를 기울이며 감각이 스스로 드러나게 한다. 그곳으로 부드럽게 호흡을 한다.

5. 다 살펴보았다는 느낌이 들면 들어오고 나가는 호흡에 주의를 기울이면서, "들이쉬고…… 내쉬고, 깊이…… 천천히, 고요하게…… 편안하게"라고 말한다.

6. 끝으로, 의식을 확장시켜 알아차림의 치유를 받고 난 지금 무엇이 달라졌는지 살펴본다.

7. 준비가 되었으면 눈을 떠도 좋다.

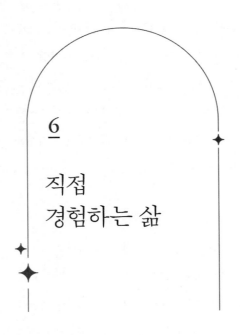

6

직접
경험하는 삶

이제 깨어 있는 호기심을 일상으로 불러올 때이다. 당신은 지금까지 주문이 어떻게 작동하는지 볼 수 있었다. 그것을 '알아채는' 단순하지만 강력한 순간에 주문은 당신을 쥐고 흔들던 힘을 잃어버린다. 나는 그것을 이렇게 표현하고 싶다.

삶이란 본래
내면에 묶여 있던 것을
밖으로 불러내는 과정,

그러니 활짝 열어젖혀
모든 것이 풀려날 때,
당신의 삶도
온전히 드러나게 된다네.

말하자면 삶은 당신을 위한 것이다. 당신을 옥죄는 모든 경험은
당신 안에 묶여 있는 것들을 낱낱이 불러내 호기심의 빛을 받을 수
있도록, 삶이 애초에 설정해 놓은 것들이다. 그렇게 되면 내면에 갇
혀서 온갖 어려운 일들을 일으키던 것들이 당신을 통과해 지나가
게 된다. 묶여 있던 것들을 놓아줄수록 구름은 더 엷어지고 삶은 더
살 만해진다.

스토리텔러가 유혹적이고 매우 강해 보이지만, 그것을 바라보
고 그 스토리에서 놓여날 수 있는 당신의 능력보다 강하지는 않
다. 당신이 알아차려야 할 핵심 스토리 중 하나는 당신이 바라는
평화나 평안을 얻으려면 내적인 혹은 외적인 환경을 바꿔야 한다
는 믿음이다. 그러나 이는 진실과 거리가 멀다. 아무것도 달라질
필요가 없다.

◆————————

숨을 길게, 깊이 들이마시고, 내쉴 때 '아' 하는 소리를 내어본다.

자신으로 돌아가다

삶이 주는 것을 밖으로 드러내는 법을 배우는 데는 내가 '긴장 찾아내기tightness detective'라고 부르는 작업이 도움이 될 것이다. 갈등의 구름을 이루는 주문과 자신을 동일시할 때마다 몸과 마음과 가슴은 긴장하게 된다. 그러면 원래 자유롭게 흐르던 생기가 흐려진다. 긴장은 지금 하고 있는 경험에 호기심을 품으라는 신호이다. 긴장은 무언가에 저항하고 있다는 뜻이니 긴장할 때면 퍼뜩 정신을 차릴 필요가 있다. 머릿속을 돌아다니는 온갖 스토리들에 빠져들기보다는, 그 경험을 마주하고 스토리들이 다시 당신 앞에 드러날 필요가 있음을 인정해 주어야 한다.

직장 상사가 당신이 하지도 않은 일에 화를 내고 있다고 해보자. 과거에 당신은 "나는 별로 똑똑하지 않아"라든가 "그는 정말 끔찍한 상사야" 같은 스토리에 빠져 있었을지도 모른다. 어쩌면 헤드라이트에 노출된 사슴처럼 꼼짝 못하고 서 있었을 수도 있고, 상사와 말다툼을 벌였을 수도 있다. 이런 반응은 모두 그로 인해 생긴 감정들을 당신 안에 가두어놓는다. 그러다 상사가 자리를 뜨면 목과 위에 긴장이 느껴진다. 이때 당신은 그 경험의 희생자가 되어 자신을 괴롭히기보다는, 호기심을 품고 그 경험을 바라보기로 한다. 이렇게 기꺼이 호기심을 품는 것을 '자신으로 돌아가기you-turn'라고 부르겠다. 운전을 하다가 오던 방향으로 유턴U-turn을 하는 것처럼, '저기 바깥'에 있는 사람과 경험에 집중하는 것이 아니라 내면에서 벌어지는 일에 호기심을 품는 쪽으로 방향을 돌리는 것이다.

불편한 것을 마주하게 되면 사람들은 보통 반발하거나 비난하거나 바로잡거나 혹은 달아나는 데 에너지를 쓴다. 그러나 이러한 반응은 결과적으로는 아무것도 치유하지 못한다. 괴로움은 삶에서 벌어진 일로 말미암은 게 아니라 그 일에 대한 스토리를 믿는 데서 생긴다. 엄청난 고통을 겪고도 힘을 잃지 않은 사람들은 '자신으로 돌아가기'를 할 수 있었기에, 곧 자기가 긴장하고 있다는 것을 알아차리고 희생자 스토리에 빠져들지 않았기에 그게 가능했다. 그 대신 그들은 삶이 그들에게 주는 것들을 저항하지 않고 온전히 드러내보였다.

일상에서 이런저런 불쾌한 일이 생길 때마다 '자신으로 돌아가기'를 해온 한 친구가 언젠가 남편과 격렬하게 말다툼하던 때의 이야기를 들려주었다. 한창 말다툼을 하던 중 그녀는 남편을 공격하고 싶은 충동과 함께 자기가 희생자라는 느낌이 들었다. 그러나 이러한 반응은 그녀의 호기심을 일깨웠고, 그녀는 자신을 용서했다. 그녀는 다른 방으로 가서 조용히 앉았다. 그리고 미친 듯이 스토리를 지어내고 있는 스토리텔러의 모습을 가만히 바라보았다. 스토리텔러는 한 순간에는 남편과 헤어져야 할 온갖 이유를 늘어놓았고, 다음 순간에는 남편이 떠날까봐 두려워했다. 그녀는 이 가운데 어떤 스토리도 받아들이지 않고 그저 바라보기만 했다. 그러자 스토리들이 천천히 잦아들었다. 잠시 후 그녀는 남편과 차분하게 이야기를 나눌 수 있게 되었다.

이것이 바로 '자신으로 돌아가기'의 힘이다. 긴장하고 있다면, 지금 작동중인 주문이 있으니 알아차릴 필요가 있다는 뜻이다. 경험하고 있는 것에 주의를 돌릴 때마다 갈등의 구름은 엷어지고 초원에 연결되기는 더 쉬워진다.

✦━━━━━

알아차림의 촉수를 경험의 강물에 담그고, 자신이 알아차리고 있음을 그냥 알아차려 본다. 지금 이 순간이 중요하다.

몸의 지혜

앞 장에서 인생의 GPS인 몸을 살펴보았다. 가만히 귀 기울이면 몸은 당신 내면에서 일어나는 일을 정확히 말해줄 것이다. 스토리와 그 스토리에서 나오는 느낌은 모두 몸으로 특정하게 표현되며, 몸은 마음보다 훨씬 빨리 자신이 무언가에 반응하고 있다는 사실을 알려준다. 심장이 쿵쾅거리거나, 목이 뻣뻣하거나, 위가 죄어오는 느낌, 혹은 뱃속이 허한 느낌을 당신은 알아차릴 수 있다.

이 모든 신체적 반응들은 전부 스토리텔러의 주문 중 하나가 표현된 것이다. 목에 경련이 이는 것은 "나는 제대로 하지 못했어"라는 표현일 수 있다. 위가 죄어오는 느낌은 어떻게 하는 것이 옳은지 모르겠다는 깊은 두려움일 수 있다. 뱃속이 허한 느낌은 거절당해서 외톨이가 될지 모른다는 두려움의 표현일 수 있다. 이 모든 스토리와 느낌은 어린 시절부터 당신과 함께해 왔으며, 수용적인 알아차리기를 통해 치유가 이루어질 때까지 계속해서 나타난다. 스토리를 부추기는 감각, 생각, 느낌도 마찬가지다. 그것들 또한 귀기울여주기를 원한다.

✦————————

얼굴에 주의를 모으고 스스로에게 물어본다. "나에게 얼굴이 있다는 것을 어떻게 알 수 있지?" 말하자면 지금 이 순간 자신의 얼굴에서 어떤 감각들이 일어나고 있는가? 욱신거리는가? 가려운가? 가벼운 두통이 느껴지는가? 혹은 압력이 느껴지는가? 적어도 세 가지 다른 감각을 찾아내 본다. 다 마쳤으면, 책으로 돌아온다.

잠깐 동안 당신은 몸에 관한 생각이 아니라 실제 몸이 하고 있는 생생한 경험을 느껴보았다. 물론 처음에는 자신의 얼굴을 경험하는 것에 저항감이 들 수도 있다. 호기심을 품는다는 것이 스토리텔러에게는 익숙하지 않기 때문이다.

스토리텔러에게 사로잡혀, 호기심을 품고 내 몸의 반응을 살피는 데 저항감이 들면 나는 이렇게 말한다. "너는 이게 싫겠지만 지금 이 순간 주어진 것에 가만히 머물 때 좋은 점도 있어!" 결국 나의 마음도 내가 실제로 하고 있는 경험, 특히 저항하고 있는 경험을 온전히 알아차릴 때 길이 열리면서 묶여 있던 에너지가 풀려난다는 것을 알게 된다. 바로 이게 좋은 점이라는 사실을 일깨워주면 스토리텔러도 대개는 내려놓고, 나는 다시 지금 일어나고 있는 일들과 온전히 함께할 수 있게 된다.

몸에서 가장 강력한 반응 시스템 중 하나는 배에 있다. 배에 긴장이 느껴지면 그것은 스토리텔러에게 사로잡혀 있다는 뜻이다. 초원으로 돌아오면 배는 저절로 부드러워진다. 만약 긴장해서 단단해진 배가 느껴지면 이는 당신이 다시 머릿속 스토리를 믿고 있다는 신호이다. 이때 배를 부드럽게 풀어줌으로써 스토리텔러에게 내려놓아도 된다는 사실을 부드럽게 일깨워줄 수 있다.

✦────────

배에 주의를 모은다. 배가 부드럽게 열려 있는가? 배에서 긴장이 느껴진다면 숨을 들이쉬며 배를 단단히 죄었다가 천천히 내쉬면서 긴장을 내려놓는다.

몸에 귀를 기울여 당신이 어떤 스토리에 사로잡혀 있는지 보고 싶다면, 아침마다 자리에서 일어나기 전에 당신 몸을 알아차리는 시간을 가져보라. 날마다 다른 감각들을 발견하게 될 것이다. 어떤 날은 어깨가 차거나 발이 뜨거울 수 있다. 잘 잤다거나 피곤한 느낌, 배고프거나 그렇지 않은 느낌, 평화롭거나 동요하는 느낌, 만족스럽거나 불안한 느낌을 받을 수도 있다. 실제로 자신의 몸을 경험하는 순간마다 호기심이 더 커진다.

호기심 기르기

지금 하고 있는 경험을 호기심을 품고 바라보게 되기까지는 시간이 필요하다. 또한 기억하기 실습처럼 감정의 소모가 크지 않은 상황에서 일어나는 반응에만 호기심이 들 수도 있다. 그런가 하면 텔레비전 쇼를 보거나 극장에서 영화를 볼 때도 당신은 '자신으로 돌아가기'를 할 수 있다. 쇼나 영화를 보는 동안 스토리텔러가 무슨 말을 하는지, 그리고 그때 어떤 감각이나 느낌이 이는지 호기심을 품고 바라보라. 버스를 타고 가는 동안이나 우체국에서 차례를 기다리는 동안, 또는 통화 대기중에도 이렇게 할 수 있다.

어쩌면 뭔가 상처를 받은 후에야 힘든 그 상황에 호기심을 품게 될 수도 있다. 당신은 며칠 뒤나 몇 주 뒤, 아니면 몇 달 뒤라도 상상 속으로 돌아가 알아차림을 통해 내면에서 일어난 일과 대면할 수 있다. 이런 일이 많아지면 많아질수록 당신은 힘든 상황을 보낸 직후 혹은 그런 상황이 한창 벌어지고 있는 중에도 호기심을 갖고 그 상황을 바라볼 수 있게 된다. 그것이 자유이다.

일상의 매 순간을 호기심을 갖고 바라보려면 스스로에게 이렇게 물어보라. "지금 나의 스토리텔러가 뭐라고 말하고 있지?" 처음에는 스토리텔러가 뭐라고 말하는지 묻는 것이 마치 누군가에게 한 번도 본 적 없는 뭔가를 설명해 달라는 말처럼 느껴질 수도 있다. 호기심을 통해 당신은 스토리텔러의 영역 바깥으로 나오게 되고, 그것이 하는 말에 매이기보다 그 말과 관계 맺는 법을 배우게 될 것이다.

"지금 나의 스토리텔러가 뭐라고 말하고 있지?"라는 질문이 잘 와 닿지 않는다면, '자신으로 돌아가기' 치유로 당신을 초대해 줄 몇 가지 질문이 더 있다.

- 지금 내 몸을 긴장하게 만드는 것은 무엇인가?
- 지금 이 경험에서 나는 무엇을 알아차릴 수 있나?
- 지금 여기에 무엇이 앉아 있는가?
- 지금 무엇이 떠오르는가?

기억하라. 이런 질문은 마음을 이용해 답을 찾아내려는 것도, 뭔가를 없애거나 바꾸려는 것도 아니다. 단지 이런 질문을 던져 호기심을 일깨우고 그렇게 해서 당면한 경험을 알아차릴 수 있도록 하려는 것뿐이다. 바로 여기에서 연금술이 일어난다. 감각, 스토리, 느낌 등을 알아차리면 거기에 이름을 붙여주라. 4주째 '기억하기 실습'에서 당신이 과거나 미래로 빠져들 때 이름을 붙였던 것과 같다.

가장 기본적인 이름은 '스토리'이다. 그러나 일어나고 있는 일을 바라보는 힘이 커질수록 두려움, 슬픔, 계획, 지루함 등 더 구체적인 이름을 붙일 수 있다. 처음에는 정확히 무엇을 경험하고 있는지 혼란스러울 수도 있다. 그럴 때는 "혼란!"이라고 말하면 된다.

이름을 붙이면 경험하고 있는 그것에 사로잡히거나 저항하는 대신 그것과 관계를 맺게 된다. 이때가 자유의 순간이며, 자유의 순간은 하나하나가 다 소중하다. 보통 사람들에게 스토리텔러와 자신을 동일시하는 것은 그들이 갖고 있는 온갖 주문들, 즉 문제 조각들이 사방으로 날아다니는 풍동風洞(비행기 등에 공기의 흐름이 미치는 영향을 시험하기 위해 만든 터널형 장치—옮긴이) 속에 들어가 있는 것과 같다. 날아다니는 그 순간에는 재미있을지 모르지만 금세 퍼즐 조각에 눈이 찔려 아프다! 혹은 거센 바람에 떠밀려 풍동 벽에 내동댕이쳐질지도 모른다. 그리 재미있지는 않을 것이다. 당신은 마음의 풍동 속에 머물 필요가 없다. 당신은 호기심을 통해 거기에서 벗어날 수 있으며, 어떻게 하면 풍동 속에서 퍼즐 조각을 붙잡을 수 있는지 그 방법도 찾을 수 있다.

자신의 경험에 이름을 붙이는 것은 풍동 속에서 퍼즐 조각을 꺼내 살펴본 뒤 탁자 위에 놓고 조립하는 것과 같다. 이름을 붙일 때마다 퍼즐 조각이 하나씩 더 맞춰진다. 어느 조각이 퍼즐 어디에 맞는지 아직 잘 보이지 않을 수도 있지만, 호기심을 품는 힘이 커지면 점점 더 분명해질 것이다. 천천히, 한 조각씩 맞춰가다가 전체 그림이 드러나면 갈등의 세계를 이루는 스토리텔러의 주문들을 명확히 알아볼 수 있다. 이처럼 명료한 상태에서는 어떠한 갈등도 스토리텔러의 풍동 속으로 당신을 끌고 가지 못한다.

자신이 경험하고 있는 것을 직접 대면하는 과정에서 당신은 저항을 경험할 것이다. 사실 갈등의 구름 중심에는 저항이 자리하고 있다고 할 수 있다. 당신은 거의 평생을 자신의 경험에 저항하며 살아왔다. 그러나 저항은 자신의 경험으로부터 멀어지게 만들 뿐이다. 스토리텔러는 경험을 바라보는 것이 아니라 통제하고 싶어 하기 때문이다. 사람들은 모두 인생의 초창기에 이미 고통스러운 경험에 압도되지 않는 유일한 길이 몸을 긴장하거나 숨을 참거나 바라보지 않는 식으로 그 경험에 저항하는 것이라고 배웠다. 그로 인해 자신의 마음속으로 숨어들게 되었고, 평생을 혼란스럽고 불편하고 겁나는 무언가에 무의식적으로 저항하게 되었으며, 스토리텔러의 주문 속에 빠져 허우적거리게 되었다.

그러나 더는 저항할 필요가 없다. 그리고 자신이 저항하고 있다는 사실에 저항할 필요도 없다. 그 대신 저항을 직접 경험할 수 있다. 다른 감정들과 마찬가지로 저항도 스토리와 독특한 감정적 요소를 갖고 있으며, 특정한 방식으로 몸에 나타난다. 어떻게든 저항하고 있음을 알아차리면서 저항의 감정이 여기 있음을 인정하라. 그러고 나서 저항에게 물어볼 수 있다. "네가 지키고 있는 게 도대체 뭐지?" 무언가가 저절로 모습을 드러낸다면 아주 좋은 일이다. 그러나 만약 그렇지 않다면, 이런 식의 질문이 뭔가 움직임을 끌어낸다는 사실을 기억하고 일상 속에서 계속 질문을 해나가자. 그러면 당신이 준비되었을 때 삶이 답을 보여줄 것이다.

◆━━━━━

잠시 멈추고 이렇게 물어본다. "지금 내 스토리텔러가 뭐라고 말하고 있지?" 알아차린 것이 무엇이든 거기에 이름을 붙여본다. 명확하지 않다면 그냥 "스토리"라고 말한 다음, 다시 책으로 돌아온다.

불편함

삶에 온전히 깨어 있다는 것은 쉽고 어려운 것, 즐겁고 슬픈 것을 모두 받아들인다는 것이다. 사실 삶에 열려 있다는 건 고통을 경험한다는 뜻이다. 다리가 부러지거나, 독감에 걸리거나, 발가락을 부딪쳐 아픈 것이다. 사랑하는 사람들이 당신보다 먼저 죽기도 할 것이고, 자신이 그들보다 먼저 죽기도 할 것이다.

남들처럼 당신도 편안한 상황에서는 행복해하지만, 조금이라도 어려운 상황에서는 호기심을 품고 그 상황을 바라보는 게 아주 불편하다. 저항하면 육체적인 고통이 정신적인 괴로움으로 변한다. 불편함 속에 있을 때 당신은 그 어느 때보다 자주 자신을 버리고 갈등의 세계로 떠난다. 자신이 가장 필요한 순간에 자신을 버려두는 것이다. 육체적·정신적·감정적인 불편함을 유연하게 받아들일 때 그 불편함은 당신을 훨씬 빠르게 통과해 지나간다.

우리는 수없이 많은 고통을 지니고 다닌다. 우선, 몸을 체크해 보면 하루 종일 얼마나 많은 만성적 긴장을 안고 지내는지 놀랄 것이다.

내 조카이자 자연요법 의사인 조디 스타니슬로우Jody Stanislaw는 《단식: 내면의 평화를 찾아가는 모험Hunger: An Adventurous Journey of Finding Peace Within》이란 책에서 열흘간의 침묵 피정에서 경험한 만성적 긴장에 대해 이렇게 묘사했다. 여드렛날 아침 명상에서 조디는 몸을 관찰하기로 되어 있었다. 그런데 몸이 저절로 움직이기 시작했다. 한편으로는 이 움직임을 멈추고 명상 수련으로 돌아가야 한다고 생각했지만, 그녀는 자신의 몸이 어디로 어떻게 움직이는지 보고 싶어 몸이 움직이는 대로 내버려두기로 했다. 마치 감겨 있던 근육이 풀리는 것 같았다. 명상이 끝나고 그녀는 양팔을 등 뒤로 모아서 들어 올리고 있었는데, 이것은 전에는 한 번도 할 수 없던 동작이었다. 단 몇 센티미터도 들어 올리지 못했는데 이제는 90도 각도로 들어 올릴 수 있게 된 것이다.

조디는 이렇게 썼다. "내 근육이 완전히 이완되는 데 일주일이 넘는 고요와 명상이 필요했다는 사실을 깨닫고 나는 놀랐다. 이는 내가 매일 얼마나 많은 긴장을 하고 사는지 여실히 일깨워주었다. 등은 정말 놀라울 정도로 편안했다. 과거 어느 때보다 유연하고 이완도 잘되었다. 나는 우리 인간들이 육체적으로뿐만 아니라 정신적으로도 얼마나 많이 위축되어 있는지, 그리고 그렇게 위축된 상태로 살아갈 때 얼마나 많은 괴로움이 생겨나는지 생각하게 되었다. 내 삶에서 벌어진 일에 저항하거나 측은해할 때마다, 마치 보이지 않는 배낭에 돌멩이를 집어넣는 것처럼 몸에다 긴장을 쌓아왔다는 것을 알 수 있었다."

스토리텔러 역시 우리의 마음과 감정에 긴장을 만들어낸다. "내가 제대로 하고 있나?" "사람들이 나를 좋아할까?" "내가 괜찮아 보일까?" "내가 혹시라도 틀린 말을 하면 어떡하지?" 같은 불안감으로 인한 잡음도 있고, 충분히 사랑받지 못해서 가슴을 닫아버린 데서 오는 감정적 고통도 있다. 이는 결국 개념적 세상에 갇혀 모든 것을 늘 생각해서 처리하는 단절 상태로 이어진다.

스토리텔러가 하는 일이란 불편함을 관리해서 당신이 불편함을 느끼지 않도록 하는 것이다. 그러나 찬찬히 살펴보면 불편함을 피하려는 시도들이 자신을 계속 거기에 묶어둔다는 사실을 알게 될 것이다. 그래서 갈등의 미열微熱 속에서 헤맬 뿐, 자신의 경험을 온전히 경험할 때 수반되는 치유의 열병에는 저항하는 것이다. 그러한 열병이 쓸고 지나가 몸이 정화되고 나면 한층 건강해진다는 사실을 기억할 때, 당신은 불편함과의 관계도 바꿀 수 있다. 불편함은 저항해야 하는 어떤 것이 아니라, 함께하면서 탐구해 볼 만한 어떤 것이 된다. 자세히 살펴볼수록 불편함이란 한갓 갇혀 있는 에너지에 불과하며 주의를 기울이면 해소된다는 사실을 깨닫게 될 것이다.

나는 평생 동안 배에 뭔가 역겨운 것이 뭉쳐 있는 듯한 불편한 느낌 때문에 힘들었다. 먹고 마시는 것을 멀리하기도 하고 약을 써보기도 했지만 그 느낌은 사라지지 않았고, 오히려 내 행동에 많은 영향을 끼쳤다. 그러다 처음으로 호기심을 품고 그것을 대면하게 되었는데, 마치 아주 짙은 안개 속을 들여다보는 것 같았다. 그러나 천천히 주의를 기울이며 호기심을 품고 접근하자 그것이 전혀 두려워할 게 아니라는 사실을 알게 되었다. 그뿐만 아니라 주의를 기울이면 이 단단하게 뭉친 에너지가 풀린다는 사실과, 이 느낌을 지우려 애쓰면서 그동안 그토록 찾아 헤매던 평화가 여기에 있다는 사실도 깨닫게 되었다.

다시 배로 주의를 모은다. 배가 뭉쳐 있다면 무언가에 저항하고 있는 것이다. 어떠한 경험이든 대면하기를 청하면서 배를 부드럽게 풀어준다.

불편함이라는 보물

한 걸음 물러나 삶이 펼쳐지는 모습을 바라보면, 삶이 빛과 어둠이라는 대립물로 이루어져 있으며, 어둠이 부당한 대우를 받아왔다는 사실을 알게 될 것이다. 우리는 모두 편안함과 유쾌함을 찾고 불편함에는 강하게 저항하는 '열 감지 미사일'들이다. 하지만 그렇게 해서 당신이 바라던 평화를 얻은 적이 있는가?

거꾸로 생각해 보면 어떨까? 그토록 바라던 인생의 보물이 실은 그 불편한 곳에 숨겨져 있다면? 이 주제는 오랜 세월 전승되는 거의 모든 신화에서도 드러난다. 공주나 성배聖杯, 황금 단지 같은 보물을 얻기 위해 영웅은 언제나 원치 않는 곳으로 가야 한다.

불편함이 당신이 상상하던 블랙홀이 아니라는 사실은 우리에게 친숙한 상징 중 하나인 음양陰陽의 기호에서도 드러난다. 빛과 어둠은 서로를 품고 있으며, 어둠 속에 빛의 한 점이 들어 있고 빛 속에 어둠의 한 점이 들어 있다. 우리는 모두 어둠과 빛의 혼합체이며, 갈등 게임에서 풀려난 사람들은 어려움에 저항하는 대신 그것을 호기심의 눈으로 바라보고 받아들인 사람들이었다.

삶을 불편하게 하는 일들 속에는 늘 빛으로 향한 문이 달려 있다는 사실을 안다면 어떨까? 달리 말하면 당신을 힘들게 하는 일들은 곧 당신을 위해 있는 것들이다. 당신이 잘못해서 생긴 일도 아니고, 다른 사람이 잘못해서 생긴 일도 아니다. 불편함을 주는 일들은 당신의 깨어남을 촉진한다. 불편함을 받아들이는 순간 당신 내면에서 문이 열린다.

지금 우리가 이야기하고 있는 주제가 13세기 페르시아 시인 루미Rumi의 〈여인숙The Guest House〉이라는 시에도 나온다. 이 시는 저항 없이 경험 앞에 자신을 온전히 열어놓는 힘, 즉 연금술에 관해 이야기한다. 이 시에서 루미는 우리가 날마다 각양각색의 손님을 맞는 '여인숙'과 같다고 말한다. 모든 손님은 존중받아야 하는데, 그것은 그들이 "새로운 기쁨을 위하여 당신을 정화해 주기" 때문이다. 나는 이 시에서 "고요하라. 모든 손님을 귀하게 대접하라. 그는 새로운 기쁨을 위해 당신을 정화하는 중일지도 모르니"라는 구절이 제일 마음에 든다. 그러니 지금 뭔가 잘못되어서 당신이 불편함을 겪는 것이 아니다. 그것들은 당신이 갈등의 구름을 지나 평안의 초원으로 돌아가도록 안내하기 위해 여기에 있다.

인생의 힘든 일들에서 우리가 얻는 궁극의 보물은 우리의 내면 아무리 깊은 곳에 있는 어둠이라도 의식의 빛을 받으면 풀려난다는 사실이다. 의식이란 무언가를 바꿀 필요를 느끼지 않으면서 그것을 바라보고 또 그것과 함께할 수 있는 힘이다. 그러니 당신의 어둠은 실수가 아니라 삶이다. 그것은 무언가를 무의식적으로 고치고 바꾸고 판단하고 제거하고 극복하기 위해서가 아니라, 있는 그대로를 호기심을 품고 바라보는 힘을 알려주려고 와 있다. 힘든 일들은 갈등의 게임을 멈추는 것이 아니라 그것을 탐구하는 데서 치유가 일어난다는 사실을 알려주기 위해 여기에 있다.

불편함과 잘 지내기

불편함이란 겉으로 보이는 것과는 다르다. 불편함에 열려 있을수록 당신은 자신이 평안한 상태에 있다는 놀라운 사실을 더 자주 발견하게 된다. 당신을 괴롭히는 것은 오로지 상상의 구름 속에만 있다. 그러나 상상의 구름은 늘 변한다. 그것은 당신이라는 존재의 광활한 초원을 스쳐가는 구름일 뿐이며, 당신은 어떤 일이 일어나는지 보고 알아차릴 수 있다.

천천히 가는 것이 중요하다. 별다른 스토리가 없는 일상적 불편함을 가지고 호기심의 근육을 기를 필요가 있다. 가벼운 목의 통증이나 손이 시린 것 같은 정도의 불편함에서 시작하자. 당신은 불편함에 너무 오랫동안 저항해 왔기 때문에 다소 두려운 기분이 들 수도 있다. 호기심이 커질수록, 깊은 절망이나 심한 통증, 전반적인 불안 같은 큰 불편함도 거기에 매이거나 도망가는 일 없이 함께하기가 더 쉬워질 것이다.

긴장하고 있다는 사실을 알아차릴 땐 미소를 지어보이는 것이 큰 도움이 될 수 있다. 미소를 지을 때, 특히 미소가 몸에 가득 차게 할 때, 뇌의 신경 연결 통로가 얼마나 변화하는지 보여주는 과학적 증거가 늘고 있다. 당신이 해오던 수많은 반응들이 미소와 함께 풀려나갈 것이다.

긴장하고 있는 신체 부위로 숨을 들이쉬는 것도 도움이 된다. 어린 시절 당신은 배에 힘을 주고 숨을 참는 식으로 감정을 억제하는 법을 배웠다. 경험하고 있는 것에 숨을 들이쉬면 그 경험에 위축되지 않고 오히려 열려 있게 된다. 위축은 내면에 갇혀 있는 에너지를 계속 가둬둘 뿐이다. 그러니 호흡하라! 내 책《충동의 선물*The Gift of Our Compulsions*》에는 우리가 가둬버린 것들을 호흡을 이용해서 여는 방법이 씌어 있다.

*

이제 인생의 힘들고 불편한 것들에 맞서 싸우기를 그만둘 때가 되었다. 맞서 싸우면 갈등의 게임 속에 스스로를 계속 가둬놓게 된다. 당신은 인생의 힘든 면들을 존중하는 법을 배울 수 있다. 누군가로부터 공격을 받았을 때에도 그 사람이 아닌 자신을 돌아보고, 마음속에 떠오르는 것에 귀 기울이며, 자신의 반응을 알아차리는 마법 같은 일이 일어날 수 있다.

길에서 마주치는 모든 것이 길이다. 모든 경험이 더 광활한 곳으로 나아가는 문이다. 그러니 불편함에 저항하기보다는, 지금 경험하고 있는 것에 자신을 열고, 그것을 바꾸려 하기보다 있는 그대로 경험해 가는 법을 배우라.

불편함에 저항하지 않을 때의 그 완벽한 기쁨을 떠올려보라. 아무리 힘든 상황에서도 반발은 잠깐에 그치고 금세 호기심이 들며, 무엇을 경험하든 광대함을 느낀다. 삶에 다시 연결되는 기쁨과 함께 내가 느끼는 가장 큰 기쁨은, 예전 같으면 위축되고 심각해지던 상황이 찾아와도 더는 두려워하지 않을 뿐 아니라 그것을 마주보고 함께 머물게 되었다는 것이다. 바로 그 순간 나는 경험에 매이기보다는 경험과 관계를 맺게 되고, 우리가 어린 시절 받아들인 주문에서 놓여나게 된다.

✦━━━━━━

긴장하고 있는 신체 부위에 알아차림의 빛을 쬐어준다. 거기에 호기심이 머물 때 어떤 일이 벌어지는지 바라본다. 억지로는 하지 말라. 당신은 지금 애써 무언가가 일어나도록 만드는 것이 아니라, 적절한 때에 적절한 방식으로 그 일이 열릴 수 있도록 수용적인 알아차림의 빛을 비추는 중이다.

다섯 가지 위대한 스승

삶으로 나아가는 과정에서 '알아차림'을 가장 많이 요청하는 다섯 스승이 있다. 충동, 병, 통증, 돈, 사람이 그것이다. 이 다섯 가지는 특히 우리로 하여금 '자신으로 돌아가기' 연습을 하도록, 자신의 경험을 고치거나 바꾸거나 없애는 대신 내면에서 일어나는 것에 호기심을 품는 연습을 하도록 독려한다.

충동

첫 번째 스승은 충동이다. 우리는 모두 강한 충동을 가지고 있다. 충동적으로 자신으로부터 달아나고 싶은 마음이 들 때는 언제나 그 이면에 알아차림의 빛을 요구하는 주문呪文이 함께 있다. 충동은 해결해야 할 문제가 아니라, 드러나고 놓여나야 할 어떤 것이 있다는 표지이다. 과식을 하거나 약에 취하거나 과음을 하거나 일 중독에 빠질 때 관대하고 판단 없는 마음으로, 그리고 호기심의 눈길로 그 충동을 바라보고 또 내려놓을 수 있다.

나 또한 오랫동안 아주 여러 번 체중이 늘었다 줄었다 했는데, 식욕을 억제하는 방식으로는 음식 충동을 부채질할 뿐이라는 사실이 점점 분명해지면서, 나는 먹고 싶은 충동을 억제하는 대신 내가 음식을 원할 때 경험하는 것이 무엇인지에 호기심을 품기 시작했다. 단기간에 고쳐지지는 않았지만, 이것이야말로 늘 충동에 굴복하는 것으로 끝나던 끝없는 통제 게임에서 벗어나는 방법이었다.

충동을 통해서 당신이 도피하려고 한 것이 무엇인지 바라보고, 거기에 알아차림의 빛을 쬐어줄 수 있을 때, 충동적으로 행동할 필요가 사라진다. 그러면 전에는 무감각해지려고 애쓰던 그것을 돌보게 된다.

병

몸이 균형을 잃는 것은 몸이 자기에게 주의를 기울여달라고 보내는 신호이지만, 우리는 대부분 병에 귀 기울이는 법을 배워본 적이 없다. 우리는 자신의 경험에 책임지는(이것이 응답 능력이다) 대신 약이나 수술로 육체적 불편을 제거하라고 배웠다. 그리고 그것이 효과가 없으면 음식이나 술, 담배 등으로 그 불편함을 떨치려 애쓰며 자신을 마비시키는 경향이 있다.

약과 수술이 필요할 때도 있다. 그러나 신체의 불균형은 대부분 자신이 하고 있는 경험에 저항하려는 데서 비롯된다. 예를 들어 우리는 자신의 경험에 무뎌지기 위해 폭음을 한다. 그리고 다음날 아침, 엄청난 자기 비판과 두통, 속쓰림을 안고 깨어난다. 그런 뒤에는 이 새로운 불편함에서 달아나려 기를 쓴다. 이 끝없는 갈등 게임은 우리의 마음과 몸에 더 큰 불편함을 야기할 뿐이다.

몸이 아플 때 경험하는 모든 것에 호기심을 품으면, 병은 깊은 치유로 향하는 문을 열어준다. 그리고 삶이 우리를 지금까지와는 다르게 살도록 이끄는 것이라고 믿을 때 불균형은 쉽게 회복된다.

통증

세 번째 스승은 아픔과 통증이다. 당신은 고통스러운 느낌이나 육체적 통증은 되도록 피하라고 배웠다. 시간이 흐르면서 만성적인 경직과 긴장은 목의 통증, 등의 경련, 위산과다 등의 형태로 변화한다. 만약 호기심을 갖고 통증이 느껴지는 신체 부위를 살펴본다면, 알아차림의 빛을 통해 통증이 극적으로 완화될 수 있다.

스물세 살 때 나는 앞차와 정면 충돌하는 자동차 사고를 겪었다. 이후로 여러 해 동안 허리에 심각한 통증이 주기적으로 찾아왔다.

나는 통증을 없애려 의학적 처치를 받았고, 그 처치에 매달렸다. 통증에 저항하고 있을 때 통증이 오히려 증폭된다는 사실을 알기까지는 꽤 오래 걸렸다. 그러나 부드럽고 따뜻하게 통증 부위를 탐색하면서 알아차림의 빛을 보내자 통증은 가라앉았다.

나는 통증을 '삶의 형광펜'이라 부른다. 그것은 어린 시절 받아들인 특정 주문이 들리면 언제고 다시 긴장하고 위축되는 신체 부위가 어디인지 표시해 주기 때문이다. 이를테면 목 근육의 경련이 계속되는 것은 "나는 별것 아니야"라는 주문을 아주 잘 드러내는 것일 수 있다. 또 가끔 한 번씩 체하곤 하는 것은 똑바로 살지 못할까 봐 겁난다는 두려움의 표현일 수 있다. 몸에 통증을 일으키는 여러 긴장의 양상들이 바로 이런 주문에서 기인한다는 사실을 이해할 때, 통증은 당신이 특정 주문에 걸려 있음을─머리보다 훨씬 빨리!─알려주는 경고등 역할을 할 것이다.

돈

돈 문제에 대처하는 방식을 보면, 삶으로부터 지원받지 못하면 어쩌나 하는 두려움이나, 생존에 필요한 돈이 충분치 않을 거라는 깊은 불신감 등 많은 것을 알 수 있다. 돈과 관련한 두려움은 우리를 "충분하지 않다"는 스토리로 몰아간다. 이 두려움은 이 정도면 충분하다는 확신이 들 때까지 계속 일을 하도록 몰아붙인다.

어떤 이들은 이 뿌리 깊은 생각을 진정시키려고 사재기를 하고, 조작하고, 도박을 하고, 거짓말하고, 심지어 훔치기까지 한다. 이 모든 통제와 조작이 효과가 없으면 스토리텔러는 그 다음으로 '끔찍하게 만들기awfulizing'로 돌입한다. 자신에게 뭔가 끔찍한 일이 벌어질 거라고 믿게 만드는 것이다. "충분하지 않다"는 아주 강력한 신념이지만, 이는 또한 루미가 노래했듯이 자신보다 더 위대하고 지혜로운 무언가가 있다는 깨달음을 주려고 찾아온 손님인 것처럼 두려움을 맞이해 보라는 권유이기도 하다.

사람

알아차림의 길에서 가장 강력한 스승 중 하나는 친구, 가족, 연인, 지인, 동료처럼 당신의 삶 속에 들어와 있는 사람들이다. 다른 차원에서 보면 이 사람들은 전부 당신의 '깨어남awakening이라는 연극'에 출연하고 있는 배우들이다. 그들은 정확한 때에 나타나 당신 안에서 어떤 것이 드러나고 놓여나야 하는지 보여준다. 당신을 가장 방해하는 사람들은 당신이 '자신으로 돌아가서' 자신이 어떻게 반응하는지 살펴보도록 청하는 존재들이다.

알아차리는 능력이 커질수록, 사람들의 말이나 행동이 당신의 주문을 건드릴 때, 특히 자신도 싫어하는 모습을 누군가 말이나 행동으로 보여줄 때, 자신이 거세게 반발한다는 사실을 더 잘 깨달을 수 있다. 그러고 있는 자신의 모습이 싫을수록 이러한 반응은 더 커지고, 당신은 비난과 통제, 방어의 늪으로 더 쉽게 빠져들 것이다. 그에 반해 그것이 당신 안의 무엇을 건드리는지 호기심을 품고 바라볼수록, 당신은 습관적인 반응에서 더 빨리 놓여날 수 있다.

보니라는 여성은 대하기가 몹시 힘든 상사를 두고 있었다. 그녀는 계속 상사와 자신을 판단하면서 직장을 관둬야 하나 어쩌나 고민을 하고 있었다. 갈등이 꽤 깊었다. 그 이야기를 듣고 나는 그녀에게 상사가 그녀의 깨달음이라는 연극에 출연한 배우라고 생각해보고, 상사와의 경험을 그녀 안에 아주 깊이 들어 있는 주문을 바라보고 놓아주는 기회로 삼아보자고 청했다.

처음에 보니는 상사에 대한 반발이 너무 심해서 자신이 긴장하고 있다는 사실밖에는 알아차릴 수가 없었다. 그러나 자신이 하고 있는 경험에 호기심을 품게 되면서 그녀는 상사와의 관계로 내면에서 자극받은 것이 무엇인지 자신의 몸을 통해서 바라보고 마주할 수 있게 되었다.

보니는 그 상사와 함께 있거나 그를 떠올릴 때마다 체한 느낌이 들곤 한다는 것을 알아차렸다. 위胃에 주의를 모으고 귀를 기울였을 때, 그녀는 자신이 지금도 그렇지만 앞으로도 결코 좋은 사람이 못 될 것 같다는 아주 깊은 두려움과 마주쳤다. 그녀는 연민의 마음으로 그곳에 주의를 기울였고, 마침내 위가 편안해졌다. 그리고 그후로 그런 반응이 나타날 때는 훨씬 빠르게 자신의 중심으로 돌아갈 수 있었다.

이것은 보니에게 큰 힘이 되었고, 덕분에 직장에서 계속 일할 수 있었다. 그리고 자신이 습관적으로 반응해 몸이 긴장하고 있지는 않은지 알아차리는 표지로서 그 상사를 활용했다. 놀랍게도 그녀가 습관적인 반응에서 벗어나 연민으로 자신을 대하자 상사 또한 훨씬 더 자상해졌다! 내면 세계를 치유하면 외부 세계가 변화한다는 진실이 이렇게 확인된 셈이다!

*

자신으로 돌아가는 법을 배우는 것은 자신의 경험에 책임지는 사람이 되는 큰 걸음이다. 당신이 충동, 병, 통증, 돈, 사람과 관련해 경험하는 것 대부분이 한갓 구름일 뿐이며, 그 구름은 자신이 받아들인 주문에서 비롯되었다는 사실을 깨닫게 된다. 과거에는 삶의 경험들에서 상처를 받으면 자신이 희생자라는 생각에 빠지곤 했다. 그러나 자신으로 돌아가 자기 안에서 벌어지는 일들에 흥미를 가지면 가질수록, 가슴의 광대함에 다시 연결되면서 습관적인 반응이 줄고, 반응을 하더라도 훨씬 빨리 지나가게 된다.

✦━━━━━

현재 겪고 있는 힘든 일을 하나 떠올려본다. 이 시련이 자신을 위한 선물일 수도 있다고 가능성을 열어놔 보자. 삶을 향해 물어본다. "이 시련 속에 들어 있는 보물은 무엇인가?" 이제 이 질문이 마법을 발휘하도록 가만히 둔다.

호기심과 일상

호기심을 품는 일이 당신 삶의 또 다른 숙제가 되지 않기를 바란다. 그렇게 되면 뭔가를 하려고 드는, 그것도 똑바로 하려고 애를 쓰는 마음의 낡은 방식에서 전혀 벗어나지 못한 것이다. 그 대신 매일 아침 그냥 호기심과 함께 자리에서 일어나기를 바란다. 자신에게 정직한 태도로 기꺼이 경험을 마주하라. 매일 흔쾌히 기억하기 실습을 해보라. 이 순간은 반발이나 비난, 수치심, 저항, 두려움에 빠지기보다는 자신의 내면 세계를 책임지는 시간이다. 당신은 내면의 경직된 부분이나 계속 피해오던 것에 호기심을 품을지 말지 선택할 수 있다.

일상에서 호기심을 기르기 위해, 앞서 살펴본 질문 몇 가지를 지갑이나 욕실의 거울처럼 하루에도 몇 번씩 눈길을 주는 곳에 써 붙여두라. 신호등 앞에 멈춰서 있을 때나 아침을 먹을 때, 컴퓨터 앞에 앉아 있을 때 이 질문들을 던져보라. 알아차림의 촉수를 경험의 강물에 더 자주 담글수록 호기심의 근육은 더 단단해질 것이다. 그런 뒤 어떤 경험을 할 때 긴장하는지 알아차리면 이 질문들을 삶에 적용할 수 있을 것이다. 그러면 살면서 어떤 일이 일어나든 호기심을 품고 그것을 바라볼 수 있게 된다.

호기심이 커지면, 무엇을 경험하든 그것에 덜 저항하게 된다. 삶이 가져다주는 것을 더는 두려워하지 않게 된다. 시련도 자신을 위한 것이며, 치유가 필요한 일이 그런 식으로 다가온다는 것을 알기 때문이다. 그러면 삶의 모험에 활짝 열려서 무엇이든 발견하는 마음가짐으로 살아가게 된다.

물론 여기엔 용기가 필요하다. 당신은 평생 경험을 회피하며 살아왔다. 그러나 묻겠다. 온갖 고통이 당신 안에 뒤엉킨 채로 남아 있기를 바라는가? 페마 최드렌이 《당신을 겁주는 곳들*The Places That Scare You*》이란 책에 쓴 것처럼 "삶과 직접 관계 맺고 성장하길 원하는가? 아니면 두려움 속에 살다 죽기를 택할 것인가?"

변형은 하룻밤 새 일어나지 않는다. 이는 평생에 걸친 여정이다. 그러나 자신으로 돌아가고, 자신이 되고, 온전한 자신으로 살아가는 것보다 중요한 일이 또 있을까? 경험하는 것에 끌려 다니거나 달아나려 하기보다 경험을 향해서 나아갈 때마다, 갈등의 구름은 하나씩 사라지고 당신은 더욱 충만하게 살아가게 된다.

다음 장에서 우리는 귀 기울여 듣는 법을 살펴볼 것이다. 가장 깊은 갈등의 스토리는 가슴으로 받아들여 어루만져 줄 필요가 있다. 귀 기울여 들어주고 환영해 주면 진정한 연금술이 일어난다.

- 삶이란 내면에 묶여 있던 것을 밖으로 불러내는 과정이다. 활짝 열어젖혀 모든 것이 풀려날 때, 당신의 삶도 온전히 드러나게 된다.

- 묶여 있던 것이 풀려나려면 그래야 한다고 생각하는 것을 이루려 애쓰기보다 당신의 삶을 온전히 드러내 보이면 된다.

- 구름을 만들어내는 주문을 자신과 동일시할 때마다 당신은 긴장하게 된다. 몸과 가슴과 마음이 긴장하면 자유로운 생명의 흐름—이것이 바로 당신이다—이 둔해진다.

- 몸의 어느 부분이 긴장하고 있는지 찾아보라. 화가 난다는 사실에 화를 내지 말고 호기심을 품어보라.

- 상처를 받으면 사람들은 대개 반발하거나 비난하거나 바로잡거나 혹은 달아나는데, 그렇게 해서는 아무것도 치유할 수 없다. '자신으로 돌아가기'는 자신에게 주의를 돌려, 놓여나기 위해 관심이 필요한 스토리와 감각, 느낌을 알아차리는 것이다.

- 모든 느낌은 몸으로도 표현되며, 몸은 마음보다 훨씬 빨리 자신이 무언가에 반응하고 있음을 알려준다.

- 뭔가를 경험할 때는 곧바로 저항 또한 경험하게 된다는 것을 알아두라. 당신은 거의 평생 동안 당면한 경험에 저항하면서 살아왔다.
- 불편한 상황에서도 긴장하지 않는다면 갈등의 구름이 당신을 통과해 지나가게 된다.
- 불편함은 무언가 잘못되었기 때문에 여기 있는 것이 아니다. 갈등의 구름을 통과해 당신이 원래 있던 초원으로 돌아가도록 당신을 안내하기 위해 여기 있는 것이다.
- 삶의 어려움과 불편함에 맞서는 대신 그것들을 탐험하고, 불편함이 하나의 문이라는 사실을 배울 수 있는 시간은 바로 지금이다.
- 스스로에게 물어보라. "삶과 직접 관계 맺고 성장하기를 원하는가, 아니면 두려움 속에 살다 죽어갈 것인가?"

이 주의 기억할 구절

**"지금 이 순간 나는
어떤 스토리에 귀 기울이고 있는가?"**

나만의 구절

기억하기 실습
• 6주 •

이번 주에는 자신의 경험에서 놓여날 필요가 있는 것들을 연민어린 호기심을 갖고 대면하는 능력을 기르게 될 것이다.

이제 "들이쉬고…… 내쉬고, 깊이…… 천천히, 고요하게…… 편안하게"라는 표현에 "있는 그대로…… 여기에 있네"라는 두 마디를 덧붙여보자. 이 말은 어떤 경험을 하든 그리로 주의를 기울이고 가슴을 열도록 초대하는 것이다. 그러니 조용히 호흡의 리듬을 타면서 이렇게 말하면 된다. "들이쉬고…… 내쉬고, 깊이…… 천천히, 고요하게…… 편안하게, 있는 그대로…… 여기에 있네."(혹은 원하는 자기만의 표현을 써도 좋다.)

숨을 들이쉬며 "있는 그대로"라고 말하는 것은 지금 이 순간 있는 그대로 있어도 좋다고 기꺼이 자신을 허락하는 것이다. 그때 일상의 갈등을 내려놓는 법이 떠오르며, 당신은 있는 그대로 있어도 좋다고 허락하는 것이 주는 치유의 자리로 옮겨갈 수 있다. "있는 그대로"의 깊이에 열려 있으면 복부는 부드러워지고 마음은 내면에서 일어나는 것에 더욱 호기심을 품게 될 것이다.

숨을 내쉬며 "여기에 있네"라고 말하는 것은 지금 이 순간 삶이 무엇을 가져다주든 그것과 함께 머문다는 사실을 떠올리게 한다. 그것은 드러나야 할 자신의 일부에 가슴을 열어, 일어나는 일을 민감하게 알아차리도록 해준다. 기억하라. 알아차리면 치유가 일어난다. 상처받는 순간에 누군가 "내가 여기 너와 함께 있어. 무슨 일인지 말해봐" 하고 말해준다고 상상해 보라. 그러면 "여기에 있네"라는 말이 지닌 치유력을 알게 될 것이다.

이 두 마디를 덧붙일 때 당신은 가슴이 지닌 치유력을 알게 될 것이다. 호흡의 리듬에 맞춰 그렇게 말할 때, 당신은 자신의 모든 부분을 포용할 수 있게 된다. 그러면 유일한 근원인 자기 자신으로부터 연민어린 알아차림이라는 양분을 얻을 수 있다. 경험하는 것들에 유연해지면, 다시 말해 그 경험을 허용하고 환영해 주면, 적절한 때에 그 경험이 활짝 펼쳐지면서 그 안에 묶여 있던 에너지가 확장되고 풀려날 것이다.

다음 지시문을 읽은 뒤 책을 내려놓고 눈을 감은 채 탐색을 시작해 본다. 시간에 제약이 있다면 이전 실습에 1분을 더해 총 10분 동안 진행한다. 시간에 제약을 받지 않는다면 호기심이 이는 만큼 각 단계에 머물러도 좋다.

1. 눈을 감고 알아차림의 촉수를 경험의 강물에 담근 뒤, 지금 이 순간 자신의 느낌이 어떠한지 알아차린다.
2. 적어도 세 번, 숨을 들이쉬며 근육을 당겼다가 내쉬는 숨에 '아!' 하고 내려놓는 소리를 크게 내면서 천천히 모든 것을 이완한다.
3. 들어오고 나가는 호흡에 주의를 기울이면서, "들이쉬고…… 내쉬

고, 깊이…… 천천히, 고요하게…… 편안하게"라고 말한다.

4. 이제 들숨에 "있는 그대로", 날숨에 "여기에 있네"를 덧붙인다.(이번 실습에서는 "있는 그대로, 여기에 있네"만 말해도 좋다.)

5. 이 말대로 되어가는 자신을 느껴본다. 스토리나 감각, 감정에 주의가 쏠리거나 호흡에서 벗어났음을 알아차리면, "있는 그대로…… 여기에 있네"라고 말하면서 경험에 열려 있도록 한다. 무엇이 떠오르건 반가이 맞아주며, "들이쉬고…… 내쉬고, 깊이…… 천천히, 고요하게…… 편안하게, 있는 그대로…… 여기에 있네"라는 말과 함께 호흡하면서, 주의 깊고 열린 상태에 머문다.

6. 원하는 만큼 그렇게 머물며 위의 문구와 함께 호흡을 계속한다. 주의를 사로잡는 것들을 지켜보며, 수용적인 알아차리기를 계속한다. 살펴보기가 끝나면(몇 초 혹은 몇 분이 걸릴 수도 있다) 들어오고 나가는 호흡으로 돌아온다.

7. 끝으로, 의식을 확장시켜서, 알아차림의 선물을 받은 후의 경험에 호기심을 품어본다.

8. 준비가 되었으면, 눈을 떠도 좋다.

짧은 실습

1. 눈을 감고 지금 자신의 느낌이 어떠한지 알아차린다.

2. 적어도 세 번, 숨을 들이쉬며 근육을 당겼다가 내쉬는 숨에 '아!' 하고 내려놓는 소리를 크게 내면서 천천히 모든 것을 이완한다.

3. 들어오고 나가는 호흡에 주의를 기울이면서, "들이쉬고…… 내쉬

고, 깊이…… 천천히, 고요하게…… 편안하게, 있는 그대로…… 여기에 있네"(또는 "있는 그대로…… 여기에 있네"만 해도 좋다)라고 말한다.

4. 스토리, 감각, 감정에 주의를 빼앗기고 호흡에서 벗어났음을 알아차리면, "있는 그대로…… 여기에 있네"라는 문구를 외며 열린 자세로 그 상황을 마주한다. 그런 다음 호흡에 주의를 기울이면서, "들이쉬고…… 내쉬고, 깊이…… 천천히, 고요하게…… 편안하게, 있는 그대로…… 여기에 있네"라고 말한다.

5. 끝으로, 의식을 확장시켜서, 알아차림의 선물을 받은 후의 경험에 호기심을 품어본다.

6. 준비가 되었으면, 눈을 떠도 좋다.

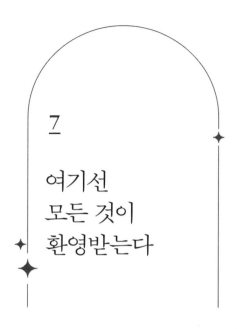

7

여기선
모든 것이
환영받는다

앞의 두 장章에서 우리는 알아차림의 근육을 키웠고, 그 결과 지금 어떤 일을 겪든 그것을 호기심을 품고 바라볼 수 있게 되었다. 호기심을 통해 당신은 수많은 주문들에서 풀려나는 법과, 그것들이 당신을 통과해 지나가도록 하는 법을 배울 수 있다. 그러나 내면으로 깊이 들어갈수록, 아무리 주의를 기울여도 사라지지 않는, 아주 심하게 경직된 부분들이 있다는 걸 알게 된다. 당신은 그것들에도 가슴을 열고 귀를 기울여야 한다.

많은 사람들이 그렇게 하기를 두려워하는 까닭은 내면 깊은 곳에 귀를 기울였을 때 혼란과 충격을 겪는 경우가 종종 있기 때문이다. 그러나 삶에 온전히 연결되려면 내면에서 일어나는 모든 것에 열려 있어야 한다. 당신의 내면에는 오만, 절망, 올바름, 무력감, 판단, 원한, 자기 연민 등등 남들이 몰랐으면 하는 온갖 성격이 다 들어 있다. 그러나 이런 성격은 누구에게나 있는 것이니 부끄러워할 필요가 없다. 만약 호기심의 빛을 쬐어도 사라지지 않는다면, 그것들이 하는 말에 귀 기울일 필요가 있다. 들어주면, 그것들은 힘으로 당신을 지배하려 들지 않을 것이다.

그것들에 다가가고, 그것들이 세상에 대해 하는 말에 귀 기울이며, 그리하여 당신이 그것들에 더 이상 저항하지 않게끔 해주는 것은 다름 아닌 당신의 가슴이다. 여기에서 '가슴'이란 삶에 열려 있는, 가슴 한가운데의 에너지 센터를 말한다. 마음은 본래 이원적인 것으로 좋아하거나 아니면 싫어하거나, 원하거나 아니면 저항하지만, 가슴 에너지는 있는 모습 그대로를 사랑한다. 가슴은 배척하기보다 포용하고, 거절하기보다 수용하며, 두려워하기보다 신뢰한다. 가슴은 당신과 당신 인생의 모든 부분을 있는 그대로 온전한 하나로 엮어준다.

어린 시절 당신의 가슴 센터는 열려 있었다. 삶은 생각하는 것이 아니라 가슴으로 느끼는 것이었다. 통제하거나 저항할 필요도 없었다. 삶이란 마법과 환상과 모험으로 가득해 보였다. 그러나 나이가 들어갈수록 당신은 가슴을 닫아걸어야 했다. 이런저런 일이나 사람들에게 다치고 상처를 입었기 때문에 가슴을 계속 열어두는 건 안전하지 않았다. 그래서 당신은 머릿속으로 달아났고, 가슴의 천진함과 치유의 힘을 내면 깊은 곳에 넣고 잠가버렸다. 가슴의 힘을 닫아두면 삶에서 기쁨은 사라지고 만다. 인식을 하든 안 하든 당신의 가장 깊은 바람은 삶에 다시 열리는 것이며, 삶에 열리려면 먼저 당신의 가슴을 발견해야(또는 열어야) 한다.

머리로 사는 것과 가슴으로 사는 것의 차이를 경험해 보자.

당신 앞에 깊이 사랑하는 누군가(살아있거나 죽었거나, 사람이거나 동물이거나 상관없다)가 앉아 있다고 상상해 본다. 당신의 가슴이 그들에게 완전히 열려 있었던 때를 떠올리고 자신의 온 존재로 이를 느껴본다. 주의 깊게 관찰해 보면 가슴의 에너지가 바뀌는 것이 느껴질 것이다. 확장되고, 열리고, 빛이 나기도 한다. 그 에너지에 충분히 머물다 보면 자신의 온몸이 빛나는 것을 경험하게 될 것이다.

이제 자신이 사랑하는 사람들에게 반응했던 때를 떠올려본다. 어쩌면 그들의 사랑을 잃을까 두려워하거나, 그들이 한 일에 화가 났을지도 모른다. 그저 이것을 상상하는 것만으로도 열려 있던 가슴이 닫히고, 마음이 긴장하고 반발하면서 몸 전체가 위축될 것이다. 가슴이 닫히면 바로 이런 일이 생긴다.

어느 쪽이 더 좋은 느낌이 드는가? 닫혀 있고 반응하는 쪽인가, 아니면 열려 있고 사랑하는 쪽인가? 물론 후자일 것이다. 진정한 당신은 가슴이 열려 있는 존재이기 때문이다. 가슴의 열려 있는 그 자리가, 늘 당신과 함께해 온 평안의 초원으로 되돌아가는 입구이다. 두려움과 갈등의 구름에서 자유로워지면, 그 자리가 생기로 진동하면서 삶의 길로 한 걸음 한 걸음 당신을 안내해 줄 것이다.

놀라운 것은 두려움, 판단, 저항, 의심, 혼란, 수치심, 통제 중독 등을 지닌 머릿속 스토리텔러가 당신에게 가슴으로 살아가는 법을 가르쳐주기 위해서 여기 있다는 사실이다. 살면서 긴장을 일으키는 것들은 모두 가슴의 치유 에너지를 요구하는 것이다. 갈등의 구름을 형성하는 주문들이 완전히 변형되려면 그것들이 연민어린 알아차림과 만나야 한다. 마음은 문제를 해결solve하려 애를 쓰지만, 가슴은 문제 자체를 해소dissolve시킨다.

자유란 무언가를 변화시킨다고 생겨나는 게 아니다. 자유는 지금 일어나는 일을 바라보고 그것과 함께하는 능력에서 나온다. 마음에 사로잡혀 있을 때는 고치거나, 바꾸거나, 지금 경험하고 있는 것에서 달아나려 애를 쓴다. 그러나 가슴이 열리면 현재의 경험에 저항하지 않는, 즉 치유가 이루어진 자신을 발견하게 된다. 이 발견을 통해서 당신은 "여기선 모든 것이 환영받는다"는 놀라운 치유의 힘을 얻는다. 이는 저항과는 반대이다. 저항을 하면 저항하는 대상에 더욱 힘을 실어주게 되지만, 지금 하고 있는 경험을 환영하면, 특히 닫혀 있던 것에 열린 상태가 되면, 주문은 더 이상 당신을 지배하지 못한다.

✦────────

잠시 미소를 띠고 손끝으로 가슴을 계속 두드려 가슴 센터를 일깨워본다.

가슴으로 나를 어루만지기

때로 당신은 넓은 가슴으로 친구나 연인을 대할 것이다. 그러나 자신을 그렇게 보살피는 데는 서툴 것이다. 그보다는 자신이 경험하고 있는 것을 고치거나, 판단하거나, 무시하거나, 부정하거나, 이해하려고 애를 쓰는 쪽이 더 익숙하다. 이는 근본적인 유혹으로, 이 모든 것은 당신을 계속 당신 머릿속에 가둬놓는다.

자신이 경험하고 있는 것에 진정으로 귀 기울일 수 있다면, 자신의 성격들로 구성된 내부의 공동체가 자기 안에 있음을 알게 될 것이다.(칼 융Carl Jung은 우리 한 사람 한 사람이 부분들의 공동체로 이루어져 있다는 생각을 처음으로 제시한 사람이다.) 그리고 자신의 많은 부분들이 가슴과 차단되어 있다는 사실도 알게 될 것이다.

당신은 자신이 싫어하는 부분은 무시해 버리면 사라진다고 믿는다. 그래서 바쁘게 지낸다든지, 텔레비전을 본다든지, 먹고 마신다든지, 물건을 산다든지 하며 시간을 보낸다. 하지만 그렇게 무시당한 부분들이 자신도 모르게 영향을 미친다는 사실을 깨달으면 깜짝 놀랄 것이다. 이는 마치 어린아이에게 당신 삶을 책임지게 하는 것과 같다.(최근에 말다툼을 했다면 그때 자신이 무슨 말을 어떻게 했는지 떠올려보라. 그러면 이 부분들이 얼마나 미숙하고 유치한지가 보일 것이다.)

그토록 바라는, 생생하게 살아있는 느낌을 알고 싶다면 자신의 모든 부분이 가슴과 하나로 엮여야 한다. 내면에 숨어 있는 깊은 두려움, 분노, 자기 비판, 절망 등은 어려서부터 줄곧 당신과 함께해

왔다. 그리고 당신과 마찬가지로 그것들도 드러나고, 인정받고, 이해받고, 사랑받고, 그래서 놓여나기를 바란다.

자신이 경험하고 있는 것을 어떻게든 바꾸려는 쪽보다, 호기심을 품고 대하며 받아들이는 쪽이 어째서 더 효과적일까? 받아들여지고 있음을 알아차릴 때 치유가 일어나기 때문이다. 치유의 여정에서 맞닥뜨리는 가장 큰 역설은, 받아들이고 귀 기울여줄 때에만 진정한 변형이 일어난다는 사실이다. 어떤 경험이건 수용적인 태도로 알아차리면, 그 안에 묶여 있던 에너지가 확장되고 움직이다가 마침내 풀려난다.

힘든 하루를 보낸 당신 이야기에 귀 기울이기보다 당신이 갖고 있는 문제를 고치려 들거나 판단하거나 무시하는 친구와 함께 있다고 생각해 보라. 어떤 느낌이 드는가? 그리 유쾌하지는 않을 것이다. 이제 친구가 온 마음을 다해 당신 말에 귀 기울여주고, 있는 그대로 당신을 받아들여 준다고 생각해 보라. 이런 식으로 누군가 자기 말을 들어주면 훨씬 가벼워진 느낌이 들 것이다. 당신이 경험하고 있는 것을 온전히 대면할 넓은 공간이 생겼기 때문이다.

내가 코칭했던 젊은 여성 크리스타는 이런 식으로 자신에게 귀를 기울인 아주 멋진 사례이다.

남자친구와 나는 시내에 나갔다가 친구들을 만났다. 몇 시간 뒤 나는 배가 고파 집에 가서 저녁을 해 먹고 싶었다. 남자친구가 밖에 더 있고 싶어 한다는 게 느껴졌다. 나는 잠시 머뭇거리다가 그에게 집에 가서 나랑 저녁을 먹고 싶은지, 아니면 밖에 더 있고 싶은지 물었다. 그는 밖에 더 있고 싶다고 했지만, 나를 집까지 태워다주기로 했다. 차 쪽으로 걸어가는데 온갖 생각이 떠오르는 게 느껴졌다. 머릿속에서는 "난 참 재미없어" "내가 뭐가 잘못됐지?" "난 이 남자랑 어울리지 않아" 등등 익숙한 비아냥거림이 들리기 시작됐다. 위장이 단단하게 뭉치는 것 같았다. 목은 가래로 꽉 막히는 것 같았고, 심장 주위가 옥죄어 왔다. 이 모든 것이 너무나 익숙해 안정감과 위로 비슷한 것이 느껴질 정도였다. 오래전에 내던져버린 주문도 되살아났다.

집으로 돌아오는 동안 내 안에서 무언가 변화하고 있다는 것이 느껴졌다. 이 스토리의 전개 과정을 내가 바라보고 있었으며, 내가 그러고 있다는 사실이 실제 눈에 보일 정도였다. 나는 그 스토리가 아니었다. 마치 목숨이라도 걸린 일처럼 내가 그 스토리를 붙잡고 있는 것이 느껴졌다. 나는 스토리를 내려놓고 싶어 하지 않았다. 바로 그 순간, 주문이 들려올 때 관점을 바꿔보는 힘에 대해 읽었던 것이 떠올랐다. 나는 들려오는 온갖 목소리들과 그 안에 담긴 강렬한 에너지에 감사하기 시작했다. 그것에 저항하는 대신, 모습을 내보여준 데 고마워하고 미소를 지었다. 관점이 달라지자 가슴이 열리고 안심되는 것이 느껴졌다. 나는 자신에게 계속 이렇게 말을 했다. "나는 가슴이 열리는 걸 허락해. 이 모든 것이 내 열린 가슴을 통과해 지나가는 걸 허락해."

믿을 수 없는 일이었다! 내 몸은 부드러워지고, 마음은 고요해졌다. 그때부터 집에 도착할 때까지 우리는 웃고 미소 지으며 서로를 향해 깊은 애정을 표현했다. 그것은 나에게 하나의 계시였다. 이 경험 덕분에 나는, 치유되기를 바라는 주문, 내가 관심 가져주기를 원하는 주문, 연민과 친절로 대해야 하는 주문, 내 안에 있는 사랑과 치유의 힘을 열어주러 나타난 주문을 있는 그대로 바라볼 수 있었다.

◆━━━━━━

잠시 가슴으로 숨을 들이쉬고 내쉰다. 그런 뒤 호흡의 파도를 타면서 조용히 말한다. "있는 그대로…… 여기에 있네." 정확히 있는 그대로의 자신을 만난다.

모든 것이 가슴을 바란다

어째서 그동안 스스로를 온전히 가슴으로 만나지 못했을까? 그것은 부모, 교사, 친구, 사회로부터 있는 그대로의 당신 모습이 괜찮지 않다고, 뭔가 고쳐야 한다고 믿도록 교육받아 왔기 때문이다. '고친다'는 것은 스토리텔러가 하는 끝없는 게임일 뿐이며, 내면에서 일어나는 일을 판단하고 두려워하라고 배운 데서 나온다. 기억하라. 당신 안에 있는 어떤 것도 부끄러워하거나 두려워할 필요가 없다. 그런 것들은 그저 당신이 그렇게 믿도록 교육받은 신념일 뿐이며, 바라보면 단지 구름에 지나지 않는다는 걸 알게 된다.

당신은 마음에 들지 않는 부분을 고쳐야 하는 게 아니라(그렇게 하면 자기 삶의 희생자가 된다), 단지 깨어 있는 가슴의 힘이 필요할 뿐이다. 가슴의 힘에 온전히 접속하려면, '상처'는 수용적인 알아차림의 힘을 배우도록 삶이 준 선물이라는 것을 알 필요가 있다. 부모가 당신 삶을 망쳐서도 아니고 신이 조느라고 일을 제대로 못해서도 아니다. 누구의 탓도 아니다. 부모, 교사, 형제, 친구 들은 다만 당신에게 상처를 날라다준 전달자일 뿐이며, 이 상처들은 당신에게 가슴 여는 법을 가르쳐주려고 여기에 있는 것이다.

어린 시절 받아들인 주문들의 희생자가 되기보다는 그 주문들을 초원으로 돌아가는 문이라고 보면 된다. 이것들은 당신의 깨어남을 위한 좋은 재료이며, 이것들에 저항하면 갈등의 구름만 더 짙어질 뿐이다. 이것들을 가슴으로 품을 때 구름은 엷어지고 삶의 기쁨과 활기가 살아난다. 장기적으로 볼 때 사랑만이 진정한 치유를 낳으며, 삶은 당신이 가슴으로 받아들일 필요가 있는 것들 앞에 당신을 데려다놓는다.

내가 상담을 진행하는 그룹에는 남자친구에게 큰 배신을 당하고 헤어진 신시아라는 여성이 있다. 헤어지고 한 달 후, 남자친구는 그녀에게 HIV 바이러스 양성 반응이 나왔다는 말을 전했다. 그 말을 듣고 검사를 받으러 가기 전 그녀가 모임에 나왔다. 그날 모임이 얼마나 놀라웠는지는 말로 다 할 수가 없다. 사람들은 자신들 내면에 나타나는 것에 열려 있었고, 그것을 가슴으로 마주했다. 그날 오후 첫 번째 검사는 음성으로 판명됐지만, 신시아는 두 번 더 검사를 받아야 했다. 그런 상황에서 그녀는 모임에 참가한 사람들에게 다음과 같은 메일을 보내왔다.

제가 여러분의 사랑에 얼마나 감사하고 있는지, 또 삶이 준 이 균열 속에서 여러분이 제게 열어주신 공간이 얼마나 소중한지 꼭 말씀드리고 싶습니다. 제가 이 과정을 어떻게 받아들이고 있는지, 이 경험에 열려 있음으로 해서 제 안에 있는 것들이 얼마나 많이 모습을 드러내며 즐거워하는지 보면서 계속 놀랍니다. 내 안의 어떤 것도 사랑을 받을 수 없거나 가치 없는 것은 없다던 메리의 말이 무슨 뜻인지 저는 완전히 이해합니다.

비통함, 슬픔, 분노, 공포의 파도가 없었다는 뜻은 아닙니다. 그러나 마음을 가라앉히고 그런 감정들이 머물 수 있도록 공간을 내주자 그것들은 재빨리 지나갔습니다. 어젯밤에는 저항하는 내 모습이 보였는데, 밤 10시부터 새벽 3시까지 저는 그 저항하는 마음을 가슴에서 차단하지 않고 함께하면서 시간을 보냈습니다.

저항할 때면 모퉁이마다 거대한 바위들이 솟아나온 급류 위를 떠내려가는 고무보트에 전신갑옷 차림으로 올라타 있는 듯한 그림이 떠올랐습니다. 경험에 저항할 때 저는 물살에 보트가 뒤집힐까봐 잔뜩 긴장하면서 바위를 피하려고 기를 쓰지요. 재미있지도 유쾌하지도 않은 경험이죠. 그러나 가슴을 열고, 있는 그대로 경험하도록 허용할 때는, 저는 보트에 수영복 차림으로 편히 누워 햇볕을 쬐며, 굽이치는 파도를 즐기고, 강물이 저를 안전하게 실어다줄 거라는 기분 좋은 느낌을 받습니다.

저항하던 것에서, "나는 있어야 할 곳에 있어" "삶이 나를 돕고 있어" "나는 강을 따라 잘 흘러가고 있어" "나는 내려놓을 수 있고, 내가 안전하다는 사실을 신뢰할 수 있어"로 생각을 조금만 바꾸면 차이가 생겨납니다. 저는 이 경험을 여러분 모두와 나누고 싶어요. 한때는 이보다 작은 시련들도 내가 어쩔 수 없을 거라 생각했거든요. 이제 에이즈에 걸릴 수 있는 가능성과 거기에 따르는 모든 것을 이런 식으로 대면할 수 있다면, 가슴으로 품지 못할 일이나 사랑할 수 없는 일은 단 하나도 없다는 것을 분명히 알고 있어요. 이것이 저만이 아니라 여러분 모두에게도 진실이라는 것을 압니다. 그래서 오늘 여러분의 삶에 어떤 일이 일어나든 저 또한 여러분을 위해 이 공간을 열어두고 있습니다.

자신의 고통스러운 느낌들이 실은 사랑을 요청하는 얼어붙은 에너지라는 것을 깨달으면 어떻게 될까? 그것이, 받아들이고 어루만져 주면 정말 자유로워지는, 자기 내면에 묶여 있는 에너지라는 것을 깨닫게 되면 삶은 어떤 모습일까? 당신은 그런 에너지가 만들어 낸 주문과 불편함이 그저 사라지기만을 바란다. 그러나 당신의 느낌들이 원하는 것은 당신 가슴이며, 그 느낌들은 수용적인 알아차리기로 치유가 일어날 때까지 계속해서 나타날 것이다.

✦━━━━━━━━

잠시 가슴에 한 손을 가볍게 얹어본다. 심장의 박동과 들어오고 나가는 호흡을

느껴본다. 지금 순간 당신이 머무는 바로 이곳에 자신이 머물도록 허락할 수 있는가? 자신을 향해 미소 지을 수 있는가?

나는 네가 보여

당신은 이제 자신의 주문들을 수용적인 태도로 알아차리고 내려놓을 준비가 되었다. 그 전에 우리가 이 책에서 계속 탐구해 온 핵심적인 진실 두 가지를 기억할 필요가 있다.

첫째, 고통은 저항할수록 더 심해진다는 사실이다. 실제로 저항은 고통pain을 괴로움suffering으로 바꾼다. 이는 신체적·정신적·감정적 고통의 경우도 마찬가지다. 경험에 저항하기를 그만두고 가슴으로 어루만져 주면 그 경험은 견딜 만해질 뿐만 아니라 훨씬 빨리 지나가는 경향이 있다.

둘째, 평생 믿어온 그 주문들은 당신이 아니라는 사실이다. 그것들은 당신이 있는 초원으로부터 당신을 분리시키고자 만들어낸 망상일 뿐이다. 주문은 결국 그것이 주문임이 드러나고 그 의도도 파악될 수 있다. 게다가 그것은 당신의 것도 아니다. 이런 주문을 받아들이는 사람들, 즉 우리 모두의 것이다. 당신이 주문에 걸리는 바로 그 순간 다른 사람들도 그 스토리에 빠진다는 사실을 안다면 놀랄 것이다.

이 두 가지 진실은 자신의 경험을 마주하는 데 큰 힘이 될 것이다. 그런 과정에서 당신은 주문들이 머릿속 스토리로 나타나고, 여기에서 몸의 감각과 느낌이 비롯된다는 것을 알게 된다.

분노를 예로 들어보자. 그것은 단단히 체한 증상으로 나타날 수 있다. 주의 깊게 잘 살펴보면 체증을 일으키는 스토리가 무엇인지 알 것이다. 그 스토리는 "그 사람들 잘못이야" 또는 "대가를 치르게 해주겠어" 같은 것일 수 있다. 거기엔 감정적인 요소도 들어 있는데, 분노의 느낌은 다른 느낌들과 에너지가 다르다. 당신의 몸으로 표현되는 스토리의 반응을 당신이 알아차리든 아니든, 그것들이 머릿속에서 어떻게 말하고 어떻게 느끼는지는 '알아채는' 순간마다 조금씩 차이가 난다.

자신이 경험하는 것을 수용적인 태도로 알아차릴 수 있는 단순하고 심오한 방법이 있다. 무엇을 알아차리든 그것에 "나는 네가 보여"(I see you)라고 말하는 것이다. 이는 당신을 '자신으로 돌아가기'라는 치유의 힘으로 연결시켜 준다. "나는 네가 보여"라고 말하면 당신은 지금 하고 있는 경험을 더 가까이서 알아차리게 되고, '알아채기'를 통해 자신이 경험하고 있는 긴장도 누그러뜨릴 수 있다.("나는 네가 보여"라는 말이 아주 어린 시절에 굳어버린 부분들까지 풀기에는 역부족일 수도 있다. 드러나기를 바라면서도 숨어서 나오기를 겁낼 수도 있다. 그럴 때는 "나는 네가 여기 있는 걸 인정해"라고 말해보라.)

"나는 네가 보여"라고 말하는 모든 순간이 알아차림의 순간이다. 호기심의 근육이 자라나면, 살면서 겪는 어떤 일이든 연민어린 호기심과 수용적인 알아차림으로 치유할 수 있다. 그러면 놓여나기를 원하는 낡은 반응들이 모습을 보일 것이다. 그것들은 스토리에 빠지지 않고 당신을 통과해 지나가기를 바라고 있다.

구름에 반응하도록 잡아끄는 인력引力은 무척 강하다. 내게는 어느 벗과의 우정이 좋은 사례였다. 그 친구와는 언제나 내가 전화할 때만 연락이 닿았다. 그러고 나면 그는 또 내게 전화하지 않았다. 어느 날 그에게 어떻게 지내는지 묻자 그는 잘 지내지만 바쁘다고 했다. 그때 나는 그가 내 전화에 답 전화를 주지 않을 때 나에게 어떤 느낌이 드는지 이야기했다. 그는 알겠다고 했지만 여전히 답 전화가 없었다. 나는 결국 그에게 전화하기를 그만뒀고, 그를 떠올릴 때면 종종 화를 내거나(그러면서 "그가 잘못했어"라고 생각하고), 자기 판단을(그러면서 "내가 뭘 잘못했지?"라는 생각도) 했다. 그것은 내 내면으로 향한 분노였다.

분노 속에 계속 머물러 있는 것은 너무나 유혹적이었지만, 나는 이것이 내 안에 묶여 있는 에너지와 함께할 좋은 기회라는 것을 알 만큼은 깨어 있었다. 그에게 분노가 일 때 나는 몸 어디에서 분노가 표현되는지 알아차리면서, 분노를 향해 "나는 네가 보여"라고 말해주었다.

분노에 직면했을 때, 그것은 옆으로 비켜나고 내 뱃속에서 깊은 슬픔이 모습을 드러냈다. 나는 이 분노가 얼마나 어린지, 이것이 내 어린 시절에 얼마나 중요한 경험이었는지 알 수 있었다.(12년 동안 함께 살았던 아버지는 내가 고대하던 아들이 아니라는 이유로 나를 철저히 무시했다.) 또한 뱃속에 얼어붙어 있던, 나는 아무것도 아니라는 이 고통스러운 느낌에서 벗어나려고 내가 평생 얼마나 애써왔는지도 알 수 있었다. 결국 이 느낌이 문제였고, 그제야 그것을 인식하고 내려놓게 되었다.

✦————

지금 이 순간 당신의 뱃속에서는 어떤 일이 벌어지고 있는가?

삶은 내가 오래전 뱃속에 묻어둔 절망이라는 느낌을 벗과의 관계를 통해 마주하도록 준비해 놓았던 것이다. 분노의 스토리에 사로잡히는 게 아니라, 내 경험을 향해 서서 그것을 수용적인 태도로 알아차리고 "나는 네가 보여"라고 말을 하자 꽁꽁 얼어 있던 절망이 그 빛과 힘에 의해 풀리면서 스르르 녹아내린 것이다.(이 절망이 자유로워지기를 원하는, 얼어붙은 에너지라는 사실을 기억하라.) 더 이상 저항하며 내 안에 붙들지 않았기 때문에, 그것이 나에게서 풀려 나간 것이다. 이것이 바로 알아차림의 힘이다.

분노를 마주하면서, 나는 내가 아무것도 아니라는 그 느낌이 내 인생에 얼마나 많은 영향을 끼쳤는지 알았고, 그것이 나를 삶으로부터 단절시켰다는 것도 깨달았다. 이제 나는 그 느낌과 함께 머물 수 있고, 삶을 훨씬 더 온전하게 드러낼 수 있다. 전에는 이런 느낌이 들면 속으로 화를 내면서 그 사람을 내 인생에서 차단해 버리려 했다. 분노가 그 오래된 고통을 되새기게 했기 때문이다.

이제는 더 이상 그런 느낌을 두려워하지 않는다. 사람들을 있는 그대로 받아들이기도 훨씬 쉬워졌다. 누군가 나를 무시하거나 거부하는 것처럼 보여도 내 느낌을 그들에게 투사하지 않는다. 그 대신 나 자신으로 돌아가 이 느낌이 내 안에서 일어난 것임을 인정한다. 이제는 오래된 느낌이 표면으로 떠오르면 오히려 감사하면서, 그것이 알아차림의 빛을 받고 나를 지나쳐가게끔 한다.

우리 안에 깊이 간직된 느낌들은 그저 주문에 걸려 몸속에 묶여 있는 에너지에 불과하다. 그리고 모든 에너지가 그러하듯이 그것도 움직이기를 원한다. 풀려나기를 바라는 것이다. 자신이 예전처럼 반응하고 있다는 걸 발견하고, 산책을 하거나 샤워를 즐기거나 친구와 수다를 떤다거나 하면서 그것들이 당신을 지나쳐가도록 할 수 있다. 그러나 그런 방식으로는 일시적인 효과가 있을 뿐이다. 정말 자유로워지려면 자신의 반응을 수용적인 태도로 알아차려야 한다.

한 걸음 한 걸음씩

깨어남에 평범한 순간이란 없다. 깨어남에는 다음과 같은 두 가지 순간만 존재한다. 지금 여기에 온전히 열리도록 삶이 당신을 초대할 때이거나, 내면에 묶인 것이 풀리고 놓여나야 할 상황에 놓일 때이거나.

처음에는 자신이 갈등하고 있다는 것밖엔 알아차리지 못할 수도 있다. 그때는 스스로에게 이렇게 말하면 된다. "내가 긴장하고 있다는 것을 알아. 내 안에 알아차려 주기를 바라는 무언가가 있어." 이는 자각의 순간이다. 또한 늘 자신과 함께하는 지혜로운 존재를 향해 "무엇을 알아야 할까요?"라고 물으며 명료하게 알게 해달라고 청할 수도 있다. 4장에서 우리는 답을 구함 없이 질문하는 힘에 대해 살펴보았다. 명료함을 청하면 무엇이 변형되어야 하는지 삶에 신호를 보내게 되고, 그 요청이 당신도 모르는 사이에 마법을 일으킨다는 사실도 알았다.

알아차리고 떠나보낼 필요가 있는 내면의 에너지를 마주하는 데는 용기가 필요하다. 이 용기를 발견하고 싶으면 "정말 이 느낌이 내 삶을 쥐고 흔들기를 바라는가?" 하고 자신에게 물어보라.

당신은 아주 짧은 시간을 살 뿐이다. 생의 끝자락에서 당신은, 반응에 사로잡혔던 순간이나 분노, 두려움, 슬픔, 수치심에 빠져 있던 순간들을 돌아보며 축하하지는 않을 것이다. 그 대신 이런 에너지 패턴에서 벗어나는 힘을 길러서, 그저 반응하며 살지 않고 당신이 원래 타고난 평안의 초원과 관계 맺으며 살아왔다는 사실에 감사하게 될 것이다.

✦━━━━━━

잠시 알아차림의 촉수를 자신의 몸이라는 경험의 강물에 담가본다. 가벼운 두통이든, 뱃속의 포만감이든, 태양신경총의 긴장이든, 발의 온기든 알아차릴 수 있는 것이 무엇이든 거기에 주의를 모으고, 에너지가 그 부위에서 어떻게 드러나고 있는지 호기심을 품어본다. 무엇이 느껴지든 "나는 네가 보여"라고 말한다.

귀 기울여 듣기

이제 자신의 내면에 깊이 새겨진, 단순히 바라보는 것만으로는 풀려나기 어려운 주문들과 어떻게 하면 잘 지낼 수 있는지 살펴보자. 그것들 또한 귀 기울여줄 필요가 있다. 깊은 관심을 기울이며 연민을 품고 들어주면 평생 자신에게 영향을 끼쳐온 이 주문들이 풀리면서, 바로 지금 바로 여기에서 늘 당신과 함께해 온 초원을 다시 경험하게 될 것이다.

작가 제닌 로스Geneen Roth는 다음과 같이 이 점을 정확히 언급한다. "대부분의 괴로움은 이미 여기에 존재하는 것, 특히 자신의 느낌에 저항하는 데서 비롯한다. 모든 감정은 환영해 주고 어루만져 주고 허용해 주기를 원한다. 그것은 관심과 친절을 원한다. 개나 고양이나 자녀를 대할 때처럼 사랑을 담아 자신의 느낌을 보살펴주면, 매일 달콤한 인생 천국에서 살게 될 것이다."

내가 카이로프랙터(척추 지압사—옮긴이) 치료실에서 경험한 일도 이 진실을 보여준다. 그날 내 안에서 깨어난 오래된 주문들이 얼마나 깊이 숨어 있던 것들인지 이해하려면, "나는 아무것도 아니다"("내가 바라는 것은 중요하지 않다" "내게는 그것들을 입 밖으로 꺼낼 권리조차 없다")는 느낌이 나의 스토리텔러 형성에 얼마나 큰 역할을 했는지 알아야 한다.

나는 어린 시절 무슨 일에서건 최고가 되어야 한다는 생존 시스템을 지닌 언니와 한 방을 쓰고 지냈다. 언니는 나를 '조금 모자란'

골칫거리로 대했고, 자기가 모든 면에서 최고라는 사실을 내게 확인시키곤 했다. 내 주변의 누구도 나를 받아들이거나 인정해 주지 않았기 때문에 내 안 깊숙한 곳에 그 주문들이 들어앉게 되었다. 그리고 그 두 가지 핵심 주문이 카이로프랙터 사무실에서 치고 올라온 것이다.

나는 보통 30분 정도 여유를 두고 예약을 하지만, 10분 남짓 기다리면 치료를 받을 수 있었다. 그날 아침 나는 벌써 20분째 기다리는 중이었는데, 그때 마침 막 들어온 어떤 사람이 접수를 하고 나와 함께 대기실에 앉았다. 5분이 지나자 그 사람이 먼저 의사에게 불려갔다. 나는 접수 담당자에게 어째서 나보다 늦게 도착한 환자가 더 먼저 들어가는지 물어보았다. 그러나 확인해 보겠다고 한 담당자는 한참 동안이나 돌아오지 않았다. 마침내 돌아온 담당자는 "네, 실수가 있었네요"라고 말했다. 내가 30분째 기다리고 있고 바쁜 일정이 있다고 말했지만, 그녀는 아무런 조치도 취하지 않았다.

자리에 앉자마자 내 안에서는 커다란 분노가 솟구쳤다. "삶을 통제해야 해"라는 주문에서 비롯된 분노였다. 삶은 내가 바라는 대로 되지 않았고, 그래서 내 스토리텔러는 화가 났다. 주문이 깨어날 때 우리는 보통 그 순간 일어나고 있는 일에 합리적으로 반응하지 못한다.

나는 과민반응하고 있었다. 심장은 쿵쾅거렸고, 뱃속은 체한 것 같았다. "이건 공정하지 않아" "내 차례였단 말이야" "저들이 한 짓을 윗사람한테 일러야겠어" "혼쭐이 좀 나봐야 돼" "당장 자리를 박

차고 나가는 모습을 보여주겠어"······ 마음속에서 맹렬히 치고 올라오는 스토리들은 너무나 유치하게 느껴지는 것들이었다.

나의 99.999퍼센트는 반응대로 행동하고 싶어 했다. 이 경험은 "삶을 통제해야 해"라는 주문에 담긴 정의감에 불을 댕겼기 때문이다. 어떤 면에서는 정의롭다는 것이 좋은 일로 느껴지고, 스토리텔러는 내가 부당한 대우를 받았다("똑바로 해야 해"의 하위 주문)는 점을 입증하고 싶어 했다. 하지만 다행히도 나는 이런 생각에 에너지를 주는 것은 괴로움만 키우는 일이며, 그러면 어리고 상처받은 내 일부를 치유할 기회를 놓치게 된다는 것을 알았다. 나는 정의롭기보다는 자유롭고 싶었다.

그래서 나는 먼저 깊은 호흡을 하며 '내려놓기'를 시작했다. 그런 다음 내가 사로잡혀 있다는 사실을 인정했다. 그 다음에 나는 삶에게 명료함을 청했다. 삶이 가져다준 모든 시련에 각인된 것이 내가 풀 퍼즐의 조각이었다는 것을 알았지만, 그것이 어떤 조각인지 알아낼 필요는 없었다. 그것은 삶에게, 나보다 더 크고 늘 나와 함께하는 지성에게 맡기면 되었다. 나는 물었다. "여기서 무엇을 대면해야 하지?"

그런 뒤 나는 자신으로 돌아가, 지금 하고 있는 경험에 주의를 모았다. 먼저 몸을 관찰하고, 배가 딱딱해졌다는 것을 알아차렸다. 그것을 알아차리자 마치 뜨거운 난로처럼 배에서 분노가 솟아나오는 것이 느껴졌다. 그래서 말했다. "나는 네가 보여." 그러나 이것은 너무나 강렬한 반응이어서 단순히 알아차림의 빛만으로는 사라지지 않았다. 가슴을 열고 수용적인 태도로 알아차릴 필요가 있었다. 그래서 말했다. "네가 여기 있어도 괜찮아."

나는 또 내 안의 모든 부분들이 저마다 세상을 보는 특정 관점을 갖고 있으며, 그것들 또한 화난 사람에게 귀 기울이듯 귀 기울여 들어주면 전부 응답한다는 사실을 알고 있었다. 그래서 나는 그 분노에게 말했다. "너의 이야기를 듣고 싶어." 그리고 분노가 자신의 이야기를 들려주기를 가만히 기다렸다. 그것은 분개하고, 비난하고, 정당함을 역설하고, 피해자의 권리를 주장했다. 나는 그 이야기를 판단하거나 무시하지 않았다. 그 대신 내가 여기에 함께 있으며 잘 이해했다는 걸 알려주었다.

그런 뒤, 반응은 단지 더 큰 반응만 불러일으킬 뿐이니 분노하는 것은 도움이 안 된다는 사실도 알려주었다. 또한 반응에서 벗어나 '응답'으로 향할 수 있었던 내 인생의 모든 순간들과, 그런 순간마다 얼마나 큰 치유가 일어났는지도 상기시켰다. 수용적인 알아차림의 빛 속에서 분노는 고요히 사라졌다. 그때 나는 분노가 지키려 애를 쓰는, 내 안의 숨어 있는 연약함vulnerability("나는 아무것도 아니다"라는 느낌)을 볼 수 있었다. 그것은 "나는 사랑받을 가치가 없어"라는 주문의 일부이다. 나는 그 연약함에게도 세상에 대한 관점을 물었다. 내가 나쁜 사람이기("나는 틀렸어"의 하위 주문) 때문에 이런 일이 벌어졌다는 신념과 함께 커다란 슬픔이 연약함 속에 들어 있었다.

다른 환자한테 새치기 좀 당했다고 슬픔을 느꼈다니 가당치 않게 들릴 수도 있을 것이다. 그러나 우리를 뒤흔드는 경험에 대한 반응은 지금 일어나고 있는 일과는 거의 무관하다는 사실을 기억하라. 그것들은 우리가 어린 시절 받아들인 주문들에서 비롯하며, 치유에 필요한 관심을 받기 위해 평생을 기다려왔다. '아무것도 아니라는 느낌'은 내가 받아들인 핵심 주문 중 하나였으며, 그렇기에 나는 내 안에서 일어나는 것을 판단하거나 멈추게 하기보다는 거기에 귀를 기울였던 것이다.

그 깊은 슬픔이 들려올 때 나는 이렇게 말할 수 있었다. "너는 더이상 혼자가 아니야. 이제 나는 다 자랐고, 어린 시절 누군가 함께해 주길 바랐던 그대로 이제 내가 너와 함께할 수 있어. 나는 지금 여기 있어. 네가 잘못해서 벌어진 일이 아니야. 이 일 덕분에 넌 내가 알아차릴 수 있게 모습을 드러냈고, 난 너를 가슴으로 만날 수 있었어." 내 온몸은 기쁨으로 빛나기 시작했다. 그 순간 아무것도 아니라는 느낌은 정말로 내게 아무것도 아니었기 때문이다.

가만히 들어주었을 뿐인데 분노는 완전히 사라졌다. 슬픔도 가라앉긴 했지만, 아주 조금은 남아서 그날 내내 가슴으로 마주하며 "나는 네가 보여. 내가 여기 있어"라고 말할 기회를 주었다.

✦━━━━━

잠시 읽던 것을 멈추고, 자신을 주의 깊게 살펴본다. 발이 차든, 기쁨이 느껴지든, 마음이 불안하든, 알아차린 그것에다 "나는 네가 보여. 내가 여기 있어" 하고 말해준다.

이 경험이 시작될 때만 해도 내 가슴은 접수 담당자에게나 나 자신에게나 모두 닫혀 있었다. 내 경험을 마주하고 알아차림의 빛을 보낼 수 있게 되자, 내면이 부드러워지며 가슴이 다시 열리기 시작했다. 나는 방어하려 애쓰며 분노하는 나와 아무것도 아니라고 느끼는 연약한 나, 이 둘 모두가 얼마나 어린지 느낄 수 있었다. 또한 이 둘 모두가 지금의 나와 마찬가지로 판단받거나 고치라고 요구받거나 무시당하는 일 없이 자신들의 경험을 드러내고 들려주고 또 허용받기를 바랐다는 사실도 알게 되었다. 들어준다는 느낌을 받으면 그것들은 사라졌다.

카이로프랙터 치료실에서의 경험은 내가 아무것도 아니라는 깊은 고통에서 도망 다니다가 그것을 마주하는 법을 배운, 내 인생 최고의 경험이었다. 어린 시절 이 주문은 너무나 고통스러워서 나는 살아남기 위해 그것을 묻어버려야 했다. 그렇다고 주문이 사라지지는 않았다. 사실 나는 극히 강박적으로 이런 느낌에서 달아나려 애써왔다. 이 주문은 내 인생의 수많은 결정들에 나도 모르게 영향을 미쳤다.

'반응하는 마음'에서 '귀 기울이고 받아들이는 가슴'으로 향하는 길을 찾아가기까지는 여러 해가 걸렸다. 처음에는 별다른 진전이 없었는데, 그것은 마주한 경험을 알아차리는 순간의 힘을 이해하지 못해서였다. 그러나 서서히 내가 경험하고 있는 것에 솔직하게 되자, 내가 싫어하고 두려워하던 나의 일면을 바라보고 귀 기울일 수 있는 순간들이 늘어났다. 누군가 나를 자극하는 말을 하면, 나는 방어하거나 아니라고 말하는 대신 내 반응에 호기심을 품을 수 있었다.

그 다음에는 이러한 느낌이 낳는 몸의 긴장에 대해서도 호기심을 품는 법을 배웠다. 목이 막히는 것은 슬픔이 목까지 차 있는 것이고, 배가 딱딱하게 굳는 것은 평생 숨겨온 분노가 그렇게 표현된 것인지 몰랐다. 나는 다른 어떤 것도 필요 없이 그저 "나는 네가 보여. 그리고 너를 알고 싶어"라고 말하는 법을 배웠다.

서서히 내 안의 주문들이 용기를 내고 자신을 드러냈다. 몸의 긴장된 부분들을 알아차리면 그 부분들은 자신들이 어떻게 세상을 경험했는지 보여주었다. 나는 그 부분들이 느끼고 있는 것을 느낄 수 있었고, 그것들이 하는 이야기를 들을 수 있었다. 수용적인 알아차림의 빛을 간절히 바랐기 때문에 그 부분들은 점차 용기를 내 자신을 온전히 드러내보였다. 이제 나의 모든 부분은 내 가슴에 안겨있다.

✦————————

배를 부드럽게 풀어주면서 스스로에게 이렇게 말해준다. "여기서는 다 환영받고 있어." 이렇게 말하면서 내면에서 어떤 일이 벌어지는지 알아차린다. 마음이 긴장하고 저항하는가? 아니면 그 경험이 부드러워지면서 가슴으로 말할 수 있게 되는가? 아니면 양쪽 다 조금씩 있는가?

카이로프랙터 치료실에서 내가 한 경험은 가슴으로 주문을 대하는 한 가지 방식을 보여준다.

1. 나는 화가 났다는 사실을 인식했다.
2. 그런 다음 나는 삶에게 명료함을 청했다.
3. 그러고 나자 자연스럽게 지금 하고 있는 경험에 주의가 기울여졌고, 여기서 일어나는 일에 호기심을 품게 되었다.
4. "나는 네가 보여"라고 말하면서 지금 하고 있는 경험을 인정했다.

이제 나는 내면의 주문이 바라는 것이 다른 게 아니라 우리 모두가 원하는 그것, 바로 따뜻하게 귀 기울여주며 자기와 함께 있어주는 것임을 사람들이 깨달았으면 한다. 이러한 이해가 있으면 자기 안의 주문에 귀 기울이고 함께하는 자기만의 방식을 찾기가 훨씬 수월해질 것이다.

더 깊이 듣기

우리 안 깊숙이 얼어붙어 있는 수많은 주문들에는, "네가 준비되면, 너의 이야기를 듣고 싶어"처럼 '네가 준비되면'이라는 단서를 붙여주는 것이 아주 중요하다. 우리는 그것들을 판단하고, 그것들에 저항하고, 그것들을 계속 없애려고만 해왔기 때문에, 우리가 정말 자신들의 세계에 대해 듣고 싶어 한다는 걸 믿게 되기까지는 시간이 걸린다. 그것들은 마치 찾으려 하면 숨어버리는 수줌음 많은 새끼 사슴과도 같다. 그러나 그것들은 정말로 연결되기를 바라므로, 우리가 조급함을 거둔다면 서서히 제 모습을 드러낼 것이다.

모든 주문에는 세상을 보는 특유의 시각이 있다. 그것들은 당신이 어렸을 때 만들어진 스토리들로 이루어져 있고, 귀 기울여 들어주면 당신에게 응답한다. 당신이 기꺼이 귀 기울인다면, 그것들은 자신들이 세상을 어떻게 경험하고 있는지 말해줄 것이다. 당신이 할 일은 귀를 기울이는 것이다. 이런 부분들이 목소리를 내도록 해주면, 묶여 있던 에너지가 움직인다.

5장에서 살펴보았듯이 어떤 부분이 무슨 말을 하든 부끄러워하거나 두려워할 필요가 없다. 이런 부분은 어린 시절 내면에서 얼어붙은 것이기 때문에 어린아이의 관점을 지니고 있다는 사실을 기억하라. 그것들은 평생 누군가 자신의 이야기를 들어주기를 고대해 왔으며, 수용적인 태도로 알아차리는 당신의 눈길을 통해서 자유로워질 수 있다. 내면에서 마주하기를 요구하는 감각이나 느낌이나 이야기는 전부 귀 기울여 들어주기를 원하고 있다.

✦───────

몸에서 긴장이 자주 느껴지는 부위에 주의를 모으고 이렇게 말한다. "네가 준비되면, 네가 어떻게 세상을 경험하는지 들려줘." 지금 어떤 일이 일어나느냐 아니냐는 상관없다. 중요한 것은 당신이 기꺼이 호기심을 품고 있다는 사실이다. 충분히 안전하다고 느껴지면 긴장은 당신에게 제 모습을 드러낼 것이다.

가장 깊이 있는 주문들에는 카이로프랙터 치료실에서 내가 스스로에게 준 것과 같은 마지막 선물이 필요할 수도 있다. 나는 그것을 '초대invitation'라고 부른다. 이는 평생 품어온 것과는 다른 관점으로 그 주문을 초대하는 것이다. 분노의 주문과 자기가 아무것도 아니라고 느끼는 주문을 두고 내가 한 작업이 바로 이것이다. 자기가 사랑받을 가치가 없다고 느끼는 부분은 자신을 있는 그대로 받아들인다는 말이 듣고 싶을 수 있다. 완전히 혼자라고 느끼는 부분은 당신이 자기와 함께하고 있으며 이따금 당신이 떠나더라도 최대한 빨리 돌아올 것이라는 말이 듣고 싶을 수 있다. 여기서 아주 중요한 것은 들어주어야 하는 부분에 충분히 귀 기울여준 후에 이렇게 하는 것이다. 귀 기울여 들어주기 전에 이렇게 하면, 주문은 있는 그대로가 아닌 뭔가 다른 경험을 강요받는다고 여길 수 있다. 그러나 귀를 기울여주었다면, 주문은 새로운 관점에 자신을 열 가능성이 있다.

　나의 깨어남에서 가장 가슴 아팠던 순간은, 내가 근본에서부터 나쁘고 잘못되었다고 느끼는 나의 일부와 작업할 때였다. 귀 기울여 들어준 뒤, 나는 내 일부에게 다른 관점을 들려줄 필요가 있다는 걸 알았다. 그래서 "우리는 착한 사람인 것으로 밝혀졌어"라고 말해주었다. 이 말에 깜짝 놀란 나의 일부가 "정말?" 하고 물었다. 너무나 오랫동안 '나쁜 아이'라는 신념 속에 얼어붙어 살아온 그 부분은 깊은 안도감에 울기 시작했다. 그리고 거듭해서 물었다. "그게 정말이야?" 내가 "정말 그래" 하고 대답하자 또다시 눈물의 파도가 일었다.

주문이 하는 말들을 써보면 당신이 어떤 주문들을 갖고 있는지 이해하는 데 도움이 된다. 경험상 여러 문장보다는 한 줄로 간단히 쓰는 것이 효과적이다. 당신의 일부에게 삶을 어떻게 보고 있는지 물어보라. 그러면 아주 분명히 대답해 줄 것이다. 나의 삶은 내가 나쁜 사람이라 느끼던 내 안의 한 부분에 귀 기울일 때 진정으로 열리기 시작했다. 나는 거의 평생 동안 속으로 내가 나쁘고 잘못되었다고 믿었고, 동시에 그것을 부인하려고 애를 썼다. 나의 그 부분이 나를 어떻게 보는지 써 내려가면서 나는 그 생각이 정말이지 유치하고 엉터리없다는 것을 알게 되었다. 나의 그 부분이 여전히 진실이라며 우기고 싶어 하는 신념도 몇 가지 있었다. "스물세 살 때 이렇게 했잖아. 그게 바로 네가 나쁜 사람이라는 증거야." 그 부분은 내가 완벽하지 않으면 나쁜 사람이라고 믿었다. 그러나 완벽한 사람 같은 것은 없다.

가장 깊이 숨어 있는 주문들은 이렇게 가만히 귀 기울여주고 다른 관점을 제시해 주면 된다. 이 주문들이 세상을 보는 관점을 당신에게 들려주기까지는 시간이 좀 걸릴 수 있다. 자기 세계에 관해 당신과 이야기 나눠도 안전하다고 느낄 정도로 관계가 형성될 때까지 시간이 필요하다. 또한 당신이 먼저 그것들의 이야기를 진심으로 들어주어야 그것들도 다른 관점에 자신을 연다. 누군가 내 이야기를 들어줄 때 내 마음이 고요해지고 가벼워지는 것처럼, 당신이 깊이 들어줄 때 그 숨어 있는 어린 부분도 내면에 묶여 있던 에너지를 자유롭게 풀어준다.

나의 길 찾기

　이런 주문들이 더 이상 자신이 아니라는 사실을 인식하는 순간이야말로 삶에서 진정한 치유가 일어나는 순간이다. 자신의 주문들에 친숙해지면, 그것들 때문에 당신이 온전한 경험을 해본 적이 없었다는 사실을 알고 놀랄 것이다. 또한 당신은 그것들을 외면하도록 길들여진 탓에 한 번도 그것들이 하는 말을 제대로 들어본 적이 없다. 그러나 당신이 평생 부인하거나 빠져들거나 도망 다녔던 자신의 일부에 귀 기울이고 그것을 제대로 알아보는 데서 오는 기쁨은 실로 달콤할 것이다.

　당신이 무엇을 경험하건 그냥 경험해도 괜찮다는 사실을 깨닫는 것 또한 달콤한 일이다. 자신을 있는 그대로 정확히 마주하는 법을 알 때도 그와 똑같은 기쁨을 우리는 맛본다. 우리는 "진짜 자기 자신으로 살아가면 안 된다"는 주문을 치유하기 위해 오랜 시간을 기다렸다. 우리는 지금 경험하고 있는 것으로 향하기보다는 거기에서 달아나도록 배우고 자랐기 때문이다. 이런 치유의 핵심은 인내이다. 이것은 새로운 언어, 즉 가슴의 언어를 배우는 것과 같다. 가슴은 마음이 하듯이 고치고 바꾸고 저항하는 것이 아니라 치유의 에너지를 실어 나른다. 가슴은 판단하지 않으며, 포용하고, 허용하고, 기꺼이 들어주고, 받아들인다.

　자신의 주문이 무엇을 요구하는지 알고, 반응하는 마음에서 알아차리는 가슴으로 가는 당신만의 길을 발견하는 데 상상력이 큰 도움이 된다. 비어 있는 듯 보이는 큰 방에 들어간다고 상상하라. 갑자기 구석에서 뭔가 움직임이 느껴진다. 그리로 다가가자 겁에 질려 숨으려 하는 아이가 보인다. 문득 이 아이가 자신이 여태껏 느껴온 바로 그 주문을 느끼고 있다는 것을 알아차린다. 당신은 무슨 말을 해줄 것인가? 어떻게 이 아이와 함께할 것인가? 자신에게 주의를 돌려, 이 아이에게 해주려던 방식으로 자신과 함께하라.

이것이 내키지 않으면, 부모가 어떤 말을 당신에게 해주었을지, 부모가 어떤 방식으로 당신과 함께해 주었을지를 상상해 보라. 연인이나 친구가 그렇게 하는 것을 상상해 볼 수도 있다. 바로 이 상상 속에, 당신이 스스로에게 바라는 것이 들어 있다.

그리고 삶에 적용할 수 있는 두 가지 다른 놀라운 수련법도 있다. 첫째, 갈등에 사로잡혀 있다는 사실을 발견할 때마다 긴장하고 있는 부위에 손을 갖다 댄다. 화가 났을 때는 위가 단단하게 뭉친 느낌이 들 수 있다. 슬플 때는 목에 덩어리 같은 것이 느껴질 수 있다. 그런 곳에 부드럽게 손을 얹고 온전히 주의를 기울이며 이렇게 말한다. "나는 네가 보여. 여기 있어도 괜찮아." 무슨 일이 일어나게 만들려는 것이 아님을 기억하라. 지금 이 순간의 경험에 한두 번 온전히 주의를 기울이기만 해도 언젠가는 그에 따른 변화가 생겨난다.

둘째, 내면에서 반응하는 것이 무엇인지 명확하지 않으면, 가슴에 손을 얹고 가슴 주위를 두들기거나 문지르면서 이렇게 말한다. "나를 있는 그대로 받아들인다." 기억하라. 당신이 있는 초원이 '사랑'이라는 사실을 알면, 초원에 속하지 못할 당신의 일부란 없다는 사실을 결국은 알게 될 것이다. 그러면 삶이 당신 내면에 무엇을 불러일으키든, 여기서는 모든 것이 환영받는다는 것도 알게 된다.

그러니 중요한 질문은 이것, "어떻게 살고 싶은가?"이다. 갈등의 구름에 빠져, 반응하고 통제하는 스토리텔러에게 귀 기울이면서, 마음이 시키는 대로 살기를 바라는가? 아니면 삶을 향해 자신을 활짝 열고 가슴을 따라 살기를 바라는가? 우리 대부분에게 선택은 아주 명확하다. 우리는 갈등에 중독되어 살기를 그만두고 가슴의 치유력을 통해 우리 자신과 만나기를 바라고 있다.

- 삶에 열려 있으려면 내면에서 일어나는 것에 열려 있어야 한다.

- 남들은 몰랐으면 하는 온갖 성격이 자기 안에 다 들어 있다. 이런 성격들을 부끄러워할 필요는 없다. 누구에게나 다 있는 것이다.

- 그러한 성격들에 다가가고, 그것들이 세상에 대해 하는 말에 귀 기울이며, 그리하여 당신이 그것들에 더 이상 저항하지 않게 해주는 것은 다름 아닌 당신의 가슴이다.

- 마음은 본래 이원적인 것으로 좋아하거나 혹은 싫어하거나, 원하거나 혹은 저항한다. 그러나 가슴은 있는 모습 그대로를 사랑한다. 가슴은 배척하기보다 포용하고, 거절하기보다 수용하며, 당신의 모든 부분을 있는 그대로 온전한 하나로 엮어준다.

- 어린 시절 당신의 가슴 센터는 열려 있었다. 그것을 닫아걸면서 당신은 마음속으로 달아났고, 가슴의 천진함과 가슴이 지닌 치유의 힘을 내면 깊은 곳에 넣고 잠가버렸다.

- 가슴이 다시 열리면, 당신은 현재의 경험에 저항하지 않고 있는, 치유의 힘을 발견하게 된다. 이로써 당신은 "여기선 모든 것이 환영받

는다"는 놀라운 치유의 힘에 다가가게 된다.

- 누구 탓도 아니다. 부모(와 형제)는 다만 상처를 날라준 전달자일 뿐이며, 이 상처는 당신에게 가슴에 대해 가르쳐주려고 여기에 있다.
- 변형은 받아들이고 귀 기울여줄 때 일어난다. 수용적인 태도로 알아차리면 내면에 묶여 있던 경직된 에너지가 확장돼 움직이기 시작한다.
- 당신에겐 고쳐야 할 것이 없다. '고친다'는 것은 스토리텔러가 하는 끝없는 게임일 뿐이며, 내면에서 일어나는 일을 판단하고 두려워하라고 배운 데서 나온다.
- 당신이 느끼는 대부분의 고통은 고통에 대한 당신의 저항이다.
- 평생 믿어온 주문들은 당신이 아니다. 그것들은 단지 당신이 있는 초원에서 당신을 분리시켜 온 망상일 뿐이다.

이 주의 기억할 구절

"여기선 모든 것이 환영받는다."

나만의 구절

기억하기 실습
• 7주 •

매주 이 책으로 작업하면서 당신은 지금 이 순간의 경험을 알아차리는 힘을 길러왔다. 이제 지금 하고 있는 경험 속에서 길을 잃거나 이 경험에서 달아나려 하기보다는 이 경험과 직접 관계 맺을 수 있다는 사실을 알 때가 되었다.

이번 주는 호흡의 파도를 타면서, 스토리텔러를 비롯해 스토리텔러가 주는 느낌과 감각이 당신의 주의를 사로잡을 때 바로 거기에 호기심을 품어볼 것을 권한다. 그것은 어제 있었던 일에 관련된 스토리일 수도 있고, 팔의 통증, 가슴속의 슬픈 느낌일 수도 있다. 무엇이든 알아차린 것에다 "나는 네가 보여"라고 말한 뒤 호흡으로 돌아온다. 이렇게 하면 지금 하고 있는 경험과 자신을 동일시하기보다는 그 경험과 관계를 맺게 된다.

"나는 네가 보여"라는 말로 가슴의 놀라운 치유력에 접속할 수 있다. 이것은 "이제 나는 무엇이든 온전히 마음을 쏟고 수용적인 태도로 그것을 알아차리겠다"는 말이다. 다음번 기억하기 실습에서 실제로 이것을 적용하는 법을 살펴볼 예정이다. 지금은 단지 그것을 보고, "나는 네가 보여"라는 말로 그 존재를 인정한 다음, "들이쉬고…… 내쉬고, 깊이…… 천천히, 고요하게…… 편안하게, 있는 그대로…… 여기에 있네"하면서 호흡하는 데로 돌아온다. 당신이 알아차리는 모든 것은 그저 갈등의 구름이 표현된 것들이고, 알아차린 그것을 인정하고, 내려놓고, 호흡이라는 성소聖所로 돌아오기를 청하는 것임을 기억하도록 한다.

어떤 날은 주의를 끄는 것을 쉽게 발견해 별로 애쓰지 않고도 호흡으로 돌아갈 것이다. 그런가 하면 어떤 날은 스토리텔러가 아주 끈질기게 물고 늘어질 것이다. 그런 때는 호흡으로 돌아가더라도 주의가 곧 스토리로 분산되고 만다. 스토리텔러에게 주의가 분산되어 다시 호흡으로 돌아가지 못한다고 해도 상관없다. 한순간이라도 "나는 네가 보여"라고 말하면서 그 경험과 관계를 맺는 것이 중요하다.

그러므로 잘 되는 실습이나 잘 안 되는 실습 같은 것은 없다. 자신의 스토리텔러가 완전히 깨어나서 마음에 주의를 빼앗겼음을 인식하는 순간만 있다면 그건 아주 훌륭한 실습이다. 그러한 인식을 통해서 당신은 점점 더 쉽게 자신의 스토리를 내려놓게 된다.

다음 지시문을 읽은 뒤 책을 내려놓고 눈을 감은 채 탐색을 시작해본다. 시간에 제약이 있다면 이전 실습에서 1분을 더해 총 11분 동안 진행한다. 시간에 제약을 받지 않는다면 호기심이 이는 만큼 각 단계에 머물러도 좋다.

1. 눈을 감고 살펴보면서, 지금 이 순간 자신의 느낌이 어떠한지 알아차린다.

2. 적어도 세 번, 숨을 들이쉬며 근육을 당겼다가 내쉬는 숨에 '아!' 하고 내려놓는 소리를 크게 내면서 천천히 모든 것을 이완한다.

3. 호흡에 주의를 기울이면서, "들이쉬고…… 내쉬고, 깊이…… 천천히, 고요하게…… 편안하게, 있는 그대로…… 여기에 있네"(또는 "있는 그대로…… 여기에 있네"만 해도 좋다)라고 말한다.

4. 호흡에 온전히 집중하지 못하고 있음을 알아차릴 때마다, 자신의 주의를 끄는 것을 호기심을 품고 바라본다. 마음의 울림이 있다면 그것이 무엇이든 "나는 네가 보여" 또는 "나는 네가 보여. 내가 여기 있어" 하고 말한다.

5. 그래야겠다는 느낌이 든다면, 한동안 호기심을 갖고 자신이 알아차린 것을 살펴본다. 그렇지 않으면 가만히 호흡에 주의를 기울이면서, "들이쉬고…… 내쉬고, 깊이…… 천천히, 고요하게…… 편안하게, 있는 그대로…… 여기에 있네"라고 말한다. "나는 네가 보여"라고 말하면서 호흡으로 돌아오는 모든 순간이 치유의 순간이다.

6. 끝으로, 의식을 확장시켜서, 스스로에게 알아차림의 치유를 선물한 이 경험에 호기심을 품어본다.

7. 준비가 되었으면, 눈을 떠도 좋다.

짧은 실습

1. 눈을 감고 살펴보면서, 지금 이 순간 자신의 느낌이 어떠한지 알아차린다.

2. 적어도 세 번, 숨을 들이쉬며 근육을 당겼다가 내쉬는 숨에 '아!' 하

고 내려놓는 소리를 크게 내면서 천천히 모든 것을 이완한다.

3. 호흡에 주의를 기울이면서, "들이쉬고…… 내쉬고, 깊이…… 천천히, 고요하게…… 편안하게, 있는 그대로…… 여기에 있네"라고 말한다.

4. 호흡에 온전히 집중하지 못하고 있음을 알아차릴 때마다, 자신의 주의를 끄는 것을 호기심을 품고 바라본다.

5. 무엇을 알아차리건 "나는 네가 보여"라고 말한 다음, 호흡에 주의를 기울이면서, "들이쉬고…… 내쉬고, 깊이…… 천천히, 고요하게…… 편안하게, 있는 그대로…… 여기에 있네"라고 말한다.

6. 끝으로, 의식을 확장시켜서, 스스로에게 알아차림의 치유를 선물한 이 경험에 호기심을 품어본다.

7. 준비가 되었으면, 눈을 떠도 좋다.

8

다 괜찮으니,
이리 와

당신은 당신이 원래 있던 초원으로 돌아가는 여정 위에 있으며, 그 과정에서 여정을 통제하기보다 호기심을 품는 법을 배우고 있다. 지금 하고 있는 경험을 자신과 동일시하지 않고 오히려 그 경험에서 통찰을 얻고 그 경험을 연민의 눈으로 알아차리는 데 이르기까지는 다음과 같은 세 개의 층을 거친다고 상상하면 도움이 될 것이다.

꼭대기 층은 마음이다. 대부분의 사람들처럼 당신도 마음을 삶에 대한 호기심을 품는 데 활용하기보다는 당신이 속한 세계를 해설해 주는 스토리텔러로 삼아왔을 것이다. 스토리텔러는 두려움에 기초하고 있고, 그것의 관심은 오로지 당신과 세상을 통제하는 것이다. 스토리텔러는 자기가 원하는 대로 당신과 당신 삶을 바꿀 수 없을 때는 당신을 무감각하게 만들어버리고 싶은 충동에 빠지기도 한다. 이는 지금 하고 있는 경험에 저항하는 것이며, 저항에서 비롯된 온갖 스토리들을 자신과 동일시할 때 바로 구름이 생겨나 머릿속을 가득 채우게 된다.

가운데 층은 용납도 안 되고 충족되지도 않는 당신 자신의 부분들로 이루어져 있다. 이 부분들은 남들은 물론 자기 자신도 몰랐으면 하는 것들로, 꼭대기 층의 통제적 · 충동적인 마음이 이것들을 당신 속 깊숙한 곳에 묻어버린다. 이것들은 자기가 착하지 않다거나, 이건 너무 많고 저건 너무 모자란다거나, 삶이 안전하지 않다거나 등등의 이유로 두려워하는 자신의 가장 어리고 연약한 부분들이다. 이 부분들은 절망으로 가득해서 당신은 가까이 가면 거기서 헤어나오지 못할 수도 있다고 느낀다. 그것들은 아무리 묻어두어도 사라지지 않는다. 당신이 의식하지 못하는 사이에도 계속해서 당신에게 영향을 미친다.

밑바닥 층은 진정한 당신 자신, 당신이 원래 있던 초원이다. 여기에서 살 때 당신의 눈은 반짝이고, 몸에는 생기가 돌며, 존재에서는 진동과 빛이 나온다. 초원에서 당신은 더 이상 '애쓰지' 않는다. 그냥 삶 그 자체가 되고, 이래야 한다 저래야 한다는 머릿속 생각에 매임 없이 뭐든 삶 속에 다 드러내도 좋다는 본연의 믿음과 다시 연결된다. 이곳은 당신이 경험한 느낌과 감각 들이 견디기 힘들어 그 것들을 내면(가운데 층)에 묻어버리고 머릿속(꼭대기 층)으로 숨어들기 전인 아주 어린 시절 당신이 살던 곳이다.

초원은, 어떻게 하면 지금 하고 있는 경험에 당신 마음(꼭대기 층) 이 호기심을 품게 할 수 있는지 알 때 펼쳐진다. 내면에서 일어나고 있는 일, 특히 가장 깊이 숨겨져 있고 받아들이기 힘든 부분들(가운 데 층)에 관심을 가질 때―그것들을 해결하고, 이해하고, 거기에 저 항하려고 애쓰는 것이 아니라―비로소 초원이 드러난다. 호기심 의 힘으로, 당신은 경험에 저항하는 스토리텔러의 성향을 돌파할 수도 있고, 판단 없는 알아차리기로 꼭대기 층의 마음이 긴장을 풀 게 할 수도 있다. 가운데 층을 수용적인 태도로 알아차림으로써 당 신은 마침내 거기에 있는 것들이 당신을 통과해 지나가게 할 수도 있다. 깨어 있는 가슴으로 지금 이 순간의 경험을 마주하면 할수록, 당신은 "부끄럽거나 두려워서 저항했던 당신의 부분들 하나하나 가 초원(밑바닥 층)의 기쁨과 평화로 돌아가는 문"이라는 더욱 놀라 운 진실을 발견하게 된다.

✦────────

지금 잠시 알아차림의 촉수를 경험의 강물에 담가본다. 초원은 바로 여기에 당 신과 함께 있다. 찾으려 애쓰지 말고, 마음을 활용해 삶을 알아차려 본다. 지금 여기에서 온전히 삶을 경험한다.

이 책을 읽고 있는 순간에도 가장 중요한 것은 당신이 바로 그 초원이라는 사실이다. 당신의 몸은 빛으로 가득하고, 가슴은 사랑으로 충만하며, 당신의 모든 세포는 삶의 흐름을 깊이 신뢰하고 있다. 이 모든 것이 삶의 중심에 있는 드넓은 고요 속에 당신이 쉴 수 있도록 내면의 공간을 만들어준다.

그러나 아직 당신은 평상시에 이 초원을 거의 알아차리지 못한다. 어린 시절 받아들인 온갖 주문들로 이루어진 머릿속 구름들에 주의를 기울이며 살기 때문이다.

당신은 지금 삶을 관리하는 것이 아니라 삶과 관계를 맺어보라는 초대를 받고 있다. 삶에 열려 있고 삶을 신뢰할 때의 기쁨, 이것이 당신이 바라던 것이다. 신뢰란 원하는 것을 얻게 되리라는 믿음이 아니다. 신뢰는 갈등의 구름에서 벗어나는 데 필요한 것을 얻게 되리란 걸 아는 것이다. 신뢰는 삶의 편안한 면과 힘든 면을 모두 신뢰하는 것이다.

철학자이자 정신분석학자로 《사랑의 기술The Art of Loving》의 저자인 에리히 프롬Erich Fromm은 삶에 열려 있기 위해서 필요한 신뢰의 감각을 이렇게 직접적으로 언급했다. "모든 일에는 때가 있다는 것을 모르고 억지로 일을 하려는 사람은 결코 집중하기 힘들 것이다. 이는 사랑의 기술에서도 마찬가지다."

"모든 일에는 때가 있다"는 것을 알고 부드럽게 삶의 흐름으로 들어가면, 당신은 프롬이 말하는 이른바 '집중concentrated'을 할 수 있게 된다. 이는 편안한 일이든 힘든 일이든 지금 여기에 있는 것에 자신을 활짝 열고서, 삶의 어떤 순간도 특별하지 않은 순간은 없음을 발견하라는 뜻이다. 삶은 언제나 당신이 받아들인 주문을 보여주며 당신에게 말을 걸고 있다. 프롬은 사랑으로 자신의 주문을 바라보면, 갈등의 구름이 엷어지면서 이 여정 전체가 사랑 그 자체가 되어가는 여정임을 알게 된다고 말하고 있다.

당신 또한 어린 시절 두려움과 판단으로 인해 당신 마음속에 생겨난 스토리텔러를 고치거나 바꾸거나 없애려 하는 대신 있는 그대로 바라보면서 그에 대해 알아가는 중이다. 스토리텔러에 대해 알면 알수록, 구름은 더 많이 흩어지고, 당신은 당신이 원래 있던 초원을 더 많이 알고 그곳에서 더 많이 살아가게 된다.

깨어남을 도와주는 네 가지 도구

우리는 지금까지 스토리텔러를 변형시킬 수 있는 네 가지 도구를 살펴보았다.

- 삶의 지성과 협력하기
- 호기심 기르기
- 불편함과 사이좋게 지내기
- 가슴의 힘에 접속하기

이 네 가지 효과적인 도구에 관해 좀 더 설명을 해보겠다.

삶의 지성과 협력하기

삶의 명료함은 자신이 혼자가 아니라는 사실을 아는 데서 비롯된다. 이 길의 모든 걸음걸음에 삶의 지성이 함께하고 있다. 이 지성에 접속하면 할수록, 당신은 자신의 치유를 책임지고 있는 존재가 자신이 아니라는 사실을 알게 될 것이다. 자신이 책임진다는 생각은 복숭아나무가 스스로 복숭아를 만들어야 한다고 생각하면서, 자기가 제대로 못하고 있는 건 아닐까, 너무 서두르는 건 아닐까 하고 느끼는 것과 같다. 삶의 책임은 삶에게 있으며, 삶의 여러 힘들이 다 함께 협력해 복숭아를 탄생시키는 것처럼 당신의 깨어남을 위해서도 이 힘들이 함께 작업하고 있다.

답을 구하지 않고 질문할 때 당신은 삶의 지성에 접속할 수 있다. 하지만 당신은 답을 찾으려는 데 너무 익숙하기 때문에 처음엔 좌절할 수도 있다. 답을 찾으려고 애쓸 때 접속할 수 있는 건 오로지 당신 마음뿐이며, 마음은 실제로 벌어지는 일을 제한적으로밖에 이해하지 못한다. 마음이 아니라 삶에게 질문을 할 때 당신은 갈등을 피할 수 있다.

일상 속에서 당신은 삶에게 질문을 던질 수 있다. 내가 제일 많이 하는 질문은 "이 상황에서 어떻게 말하고 행동하고 존재하는 것이 최선일까?"이다. 삶에게 내 어려움을 내맡길 때, 나를 관통하는 지혜의 깊이를 바라보는 건 내게 큰 기쁨이다. 삶에게 명료함을 청하기 전에는 이해조차 못했던 것들을 말하고 행동하게 된다.

질문은 당신이 지금 하고 있는 경험에 곧장 연결되도록 도와줄 수 있다. 내가 이끄는 모임의 일원인 루실이 그 좋은 예이다.

최근에는 스트레스가 매우 심하고 불안했다. 어제는 퇴근 후에 저녁 찬거리를 사러 식료품점에 들렀다. 매대에 진열된 까만색 감초맛 젤리를 보자 그 젤리가 먹고 싶어졌다. 잠시 생각한 끝에 나는 젤리를 장바구니에 넣었고, 계산대 앞에 서서 기다리는 동안 차 안에서 이걸 까먹으면 어떨까, 얼마나 맛있을까, 내가 젤리를 먹었다는 사실을 아무도 모르겠지 하는 생각들이 떠올랐다. 그러는 사이 나는 위장이 점점 더 경직되어 가는 느낌이 들었다. 그래도 여전히 젤리는 먹고 싶었다. 차에 도착할 무렵 나는 위장의 느낌을 더 많이 알아차렸고, 젤리에는 그만큼 관심이 줄어들었다. 운전석에 앉아 나는 양손을 배 위에 얹고 물었다. "내 안에서 드러나야 하는 것이 뭐지?" 그러곤 즉시 경직된 위장에 주의를 모으고 말했다. "나는 네가 보여. 네가 무슨 말을 하고 싶은지는 모르겠지만, 나는 네가 보여. 그러니 귀 기울여볼게." 그 순간 젤리를 먹을 필요도 없어지고 흥미도 사라졌다. 나는 집으로 돌아왔고 가족들과 함께 저녁을 지어 먹었다. 물론 젤리는 빼고.

내면에서 벌어지는 일을 보며 삶에게 명료함을 청하는 사이, 루실은 주문의 지배에서 벗어났고 호기심이 깨어났다. 그리고 뭉쳐 있는 위장에 주의를 모으자 가슴이 깨어나면서 그 긴장을 연민의 마음으로 받아들이게 되었다. 젤리로 자신을 무감각하게 하고 싶다는 충동이 눈에 보이자, 이제 충동에 휘둘리기보다는 자신과 함께 머무는 일이 더 흥미로워졌다. 이 모든 것이 기꺼이 질문을 하면서 일어났다.

질문의 예를 몇 가지 들어보면, "여기서 마주해야 할 것은 무엇인가?" "내가 알아야 하는 것은 무엇인가?" 또는 "이것을 헤쳐 나갈 방법은 무엇인가?" 같은 것들이 있다. 내면에서 올라오는 것이 너무 커서 떨치기 어렵거나 그것에 저항하고 있을 때, 일어나는 일이 무엇인지 분명하지 않을 때, 혹은 삶이 너무 빠르게 흘러가서 내면에 주의를 기울여 무슨 일이 일어나고 있는지 볼 여유가 없을 때, 이런 질문들을 던져볼 수 있다.

이런 질문의 힘은 질문 그 자체에 있다. 이것들은 당신이 마음 너머에서 오는 지혜에 귀 기울일 준비가 되었으며, 예전에는 저항했던 것을 이제 바라볼 준비가 되었다는 신호를 삶에게 보낸다. 이런 질문을 할 때마다 당신은 일이 시작되도록 만든다는 사실을 기억하라. 답을 구하지 않고 질문하면 정말 답이 올 것이다. 삶이 정한 시간에, 삶의 방식에 따라서 말이다.

✦————

당신 내면에서 볼 준비가 된 것이 무엇인지 삶에게 물어본다. 그런 다음 그 질문이 특별히 의식하지 않아도 날마다 마법을 펼치게 한다.

호기심 기르기

지금껏 살펴본 것은 전부 자신의 경험을 받아들이는 방식에 호기심을 품는다는 전제 아래 한 이야기이다. 경험하는 중에 그 경험에 매몰되거나 그 경험을 부인하거나 하지 않고 그 경험을 마주할 수 있는 능력은 인간에게 가장 강력한 깨어남의 수단 중 하나이다. 호기심을 가질 때 당신은 그 경험에 붙잡히기보다는 그 경험과 관계를 맺게 된다. 무슨 일이 일어나는지 정확히 이해할 필요도 없다. 자신이 사로잡혀 있다는 것을 인식하는 것만으로도 위축된 곳 주위로 공간이 열리면서 더 넓은 관점으로 자신의 경험을 바라볼 수 있게 된다.

호기심이 커지면서 당신은 내면에서 일어나는 일, 특히 삶에서 상처를 받을 때 일어나는 일에 흥미를 느낄 것이다. 그리고 그럴 때마다 당신은 이렇게 말할 수 있다. "나는 내 안에서 벌어지는 일이 있는 그대로 일어나게 두겠어." 그러면 스토리텔러가 하는 말에 방해받지 않고 어떤 경험이든 온전히 경험하게 될 것이다. 당신의 경험을 수용적인 태도로 온전히 알아차릴 때, 당신은 내면에 묶여 있던 에너지가 움직이며 풀려나는 것을 느끼게 될 것이다.

스토리텔러가 무엇에 의존하고 있는지 알 때, 당신은 무섭고 어둡고 부정적인 자신의 부분들까지도 어떻게 하면 수용적인 태도로 경험할 수 있는지 알게 된다. 이것들은 없애야 할 '나쁜' 부분들이 아니다. 음양의 상징이 보여주듯 당신은 어둠과 빛의 혼합체이다. 당신의 어두운 부분들은 선물로 가득한 풍요로운 곳이며, 그것들은 수용적인 알아차림의 빛을 받을 때 드러날 것이다.

틱낫한 스님도 《온전한 알아차림의 기쁨*The Joy of Full Consciousness*》
이라는 책에서 이 점을 이야기한다. "우리 안에 있는 두려움, 분노,
괴로움은 유용한 퇴비와 같다. 그것들을 창밖으로 내던져서는 안
된다. 연민, 기쁨, 행복 같은 꽃들이 우리 안에서 피어나려면 그것
들이 꼭 필요하다. 이것이 모든 수행의 기본이다. 그것이 없다면 우
리는 계속 고통받게 될 것이다. 우리는 행복해지려면 이런 부정적
인 상태를 없애야 한다고 계속 믿고 살게 될 것이다. 그러나 사실은
그것들을 받아들이는 것이 매우 중요하다."

내 모임에 참석한 클라라라는 여성은 자신의 어두운 기분을 받
아들이고 그것이 왔다가 금방 사라지는 것임을 깨닫게 된 이야기
를 다음과 같이 들려주었다.

저녁을 지으면서 지저분한 집 안을 둘러보는데 "난 지쳤고 일이
너무 버거워"라는 생각(주문)이 마음속에 들어왔다. 그 스토리를
받아들이자 에너지가 가라앉는 것이 느껴졌다. 그런 뒤 인식이
바뀌면서, 나는 지치고 버거워하는 내 일부가 여기에 있다는 사
실을 깨달았다. 이렇게 인식이 달라지자 전처럼 에너지가 가라
앉지 않았고, 그 대신 더 넓은 공간이 생겨났다. 그때 나는 이렇게
말했다. "지치고 버거워하는 것들이 찾아왔군."

얼마나 근사한 전환이었는지! 이 모든 게 일시적이며, 이 또한
지나가리라는 사실을 인정하게 해준 것이다. 그러자 더 넓은 공

간이 내 안에서 활짝 열렸다.

　그때 내가 초원과 구름 비유와 관련해서 몇 가지 깨달은 게 있다. 마음(스토리)이라는 구름은 날씨처럼 왔다 갔다 한다. 어떤 날은 맑고, 어떤 날은 비가 오고, 어떤 날은 눈이 오고…… 나는 날씨를 통제할 수 없고, 날씨는 고정불변이 아니다. 날씨는 변화무쌍해서 통제할 수가 없는 것이다. 유일하게 할 수 있는 것은 있는 그대로 날씨를 경험하는 것, 즉 그냥 바라보는 것이다.

　자신의 경험을 마주하면서 클라라는 스스로를 스토리텔러와 동일시하는 함정에 빠지지 않았고, 그 덕에 지금 하고 있는 경험에 붙잡히지 않고 오히려 이 경험과 관계를 맺을 수 있었다. 또 저항하지 않은 덕에 지치고 버거워하는 에너지가 내면에 붙들리지도 않았다. 그 에너지는 마치 먹구름이 하늘을 가로질러 지나가듯 그렇게 내면을 통과해 지나갔다.

　스토리가 당신을 통과해 지나가게 하려면, 배를 부드럽게 풀어주고 그 경험에 숨을 불어넣는 것이 도움이 된다. 그 주위가 부드러워져야 스토리가 놓여날 수 있기 때문이다. 주문에 사로잡힐 때 당신이 얼마나 자주 숨을 참는지 알고, 이 호흡의 에너지가 흐르도록 하는 것이 얼마나 강력한 일인지 알 때 당신은 진실로 기쁨을 맛보게 된다. 깊이, 충분히 호흡할 때 에너지가 움직인다. 깊이 호흡하려 애쓰다 보면 더 긴장하게 될 수도 있으므로, 이때는 가만히 날숨에 집중한다. 원하는 만큼 들이쉬었다가 오랫동안, 천천히, 깊이 내

쉰다. 날숨에 집중하면서 마음을 고요히 하고, 자꾸 닫히려는 것 주변을 열어주는 상상을 한다.(기억하기 실습 2주차에 한 촛불 끄기 호흡으로 천천히, 길게 날숨을 내쉬는 연습을 할 수 있다.)

배에 주의를 모은다. 배가 딱딱하다면 스토리텔러가 긴장하고 있구나 하고 알아차린다. 촛불 끄기 호흡을 하듯 오랫동안, 깊이 숨을 내쉰다. 그런 다음 뱃속 깊이까지 미소를 보낸다.

불편함과 사이좋게 지내기

초원에서 살아가려면 불편함과의 관계를 바꾸는 것이 중요하다. 불편함에 저항하지 말고 마주하라. 불편함을 마주하면, 무슨 일이 일어나건 거기에 휘둘리지 않고 그 일을 처리할 수 있다. 이전처럼 달아나지 않고 경험에 온전히 머무는 데서 치유가 일어난다는 걸 알 때, 당신은 누구보다 긴장을 잘 찾아낼 수 있다. 그러다 보면 몸과 마음 혹은 가슴이 긴장할 때에도, 당신은 저항에 사로잡히기보다 지금 하고 있는 경험 그 자체에 관심을 갖게 된다. 긴장한다는 것은 갈등의 구름 속에서 다투고 있다는 말이다.

구름에서 깨어날수록 당신은 숨길 게 아무것도 없다는 사실을 더 많이 깨닫게 된다. 불편함 앞에서 긴장하기보다는, 그동안 스스로와 동일시해 온 스토리들 가운데 어떤 것도 당신이 원치 않는다는 사실을 알게 된다. 그래서 결국 지금 하고 있는 경험을 있는 그대로 경험하는 것, 그리고 그것에 수용적인 알아차림의 빛을 비추는 것만이 당신이 할 수 있는 유일한 선택임을 알게 된다. 그때 묶여 있던 에너지가 움직일 수 있는 공간이 생겨난다.

물론 깊이 숨어 있던 부분들이 표면으로 드러나면 고통스럽다. 그것은 가장 필요한 동시에 가장 불편한 상태이다. 모임에서 "나는 네가 보여"(I see you)라고 말하는 것이 지닌 힘에 관해 이야기하던 때, 그 모임에 참석한 한 여성은 그 말이 '중환자실intensive care unit'의 약자인 'ICU'로 들렸다고 했다. "나는 네가 보여"라는 말을 가장 필요로 하는 우리 안의 부분이 마치 중환자실에서 가장 절실한 생존 모드에 있는 사람들과 비슷하다는 걸 깨닫고 그녀가 그 역설에 웃음을 터뜨렸다. 우리의 이 부분들은 "나는 네가 보여"라는 말을 아주 절실히 필요로 한다. 당신은 최대한의 호기심과 연민의 마음으로 당신이 하는 경험에 응답해야 한다.

당신 속 가장 깊은 곳에 있는 것들을 만나는 경험은 마치 얼어붙은 손가락을 따뜻한 물에 담그는 것과 비슷하다. 손가락에 다시 피가 돌기 시작하면 죽을 것처럼 아프다. 알아차림을 통해 묶여 있던 부분을 어루만지고 열어주면, 몸과 가슴에 에너지가 다시 흐르면서 아플 수 있다. 그러나 이것은 치유의 아픔이다. 따뜻한 피가 돌면서 손가락이 되살아나는 느낌이 드는 것과 똑같이, 묶여 있던 부분으로 에너지가 흐르기 시작할 때 당신은 훨씬 더 생기가 도는 것을 느낄 수 있다.

당신에게 떠오른 생각과 느낌, 감각은, 결국에는 모두 당신을 통과해 지나갔다. 그것들은 가슴으로 마주할 때 훨씬 더 빨리 지나갈 것이다. 이는 저항이라는 거미줄에 붙잡혀 있기보다는 움직이기를 원하는, 묶여 있는 에너지일 뿐이다. 당신의 가슴은 억눌린 에너지를 열 준비가 되어 있다는 걸 알 필요가 있다.

나와 함께 작업한 적이 있는 도라는 우리 안 가장 깊은 곳에 있는 주문을 마주했을 때의 기쁨에 대해 이렇게 이야기한다.

✦————————

다음 이야기를 읽는 동안 자신의 호흡이 막히는지 살핀다. 만약 그렇다면 길게 숨을 내쉬며 '아' 하고 소리를 낸다.

친구의 죽음 이후로 나는 위축되어 있었다. 열려 있거나 확장되는 것이 아니라 고통과 갈등을 느꼈다. 나는 그때 내면으로 주의를 돌려 거기에 누가 있는지 물었다. 그러자 뭔가 오싹한 것이 모습을 드러냈다. 그것은 강렬한 공포였고, 죽음과 연결되어 있었다. 나는 내 마음이 죽음에 겁먹고 있으며, 친구의 죽음으로 나의 이 부분이 드러났음을 깨달았다. 나는 내 안에 그 정도로 심한 공포가 있는지 몰랐다. 그런 부분을 너무도 철저히 밀어냈기 때문에 보거나 느끼지 못했던 것이다. 그러나 그 공포는 아주 오랫동안 내 안 깊은 곳에서 나도 모르게 부글부글 끓고 있었다.

두려운 감정을 맞아들이고 충분히 느껴도 보는 등 치유 작업에서 나의 무섬증을 다룬 적이 있었음에도, 친구의 죽음과 함께

내 마음은 다시 비명을 지르고 있었다. 나의 일부가 마치 작은 방에 갇혀서 미친 듯 벽을 두드리며 탈출을 시도하는 것처럼 느껴졌다. 숨쉬기조차 어려웠지만, 나는 거기서 달아나지 않고 가만히 그것을 지켜보았다. 아무것도 바꾸려 하지 않고 그냥 느끼기만 했다.

나는 겁먹고 있는 나의 일부에게 말했다. "물론이지, 얘야, 당연히 너는 여기 있어도 돼. 너는 죽음이 끝이라고 생각하는데, 왜 겁이 나지 않겠어? 우리 서로를 알아가 보자. 전에는 너를 제대로 보려고 하지 않아서 미안해. 넌 아름다워. 여기선 다 환영받고 있어. 너도 여기서 환영받고 있어. 괜찮아, 이리 오렴."

그 순간 겁먹고 있던 나의 일부가 굉장히 편안해하는 것이 느껴졌다. 나는 나의 그 일부를 내 심장에 머물게 했다. 나는 그 일부에게 필요한 만큼 거기에 머물러도 된다고 말했고, 그건 진심이었다. 정말 놀라운 경험이었다.

나는 나의 겁먹은 일부를 알게 되고, 그 부분과 관계를 개선할 수 있어 기뻤다. 그리고 아침마다 나의 그 일부와 마주앉아 '안녕' 하고 인사를 했다. 이 얼마나 놀라운 선물인지! 내 생애 진정한 선물이었다!

◆━━━━━

도라가 기꺼이 자신의 공포를 탐색한 이야기를 읽고 당신 내면에 떠오른 것이 무엇인지 알아차린다. 그런 다음 그것이 무엇이건 당신이 경험하는 그것에 미

소를 선물로 준다.

도라는 '놀라운 선물!'이라고 했다. 자기도 모르게 평생 영향을 끼쳐온 그 숨어 있던 공포가 마침내 드러나 자기 가슴에 안겼기 때문이다. 또한 공포 속에, 또 이 공포에 대한 저항 속에 붙들려 있던 에너지가 풀려나면서 초원의 기쁨과 광대함에 다시 연결되었기 때문이다. 그녀는 이러한 공포에 자신을 열어 보일 만큼 삶을 신뢰했고, 그래서 공포에서 놓여날 수 있었다. 이는 "삶이란 내면에 묶여 있던 것을 밖으로 불러내는 과정이며, 따라서 활짝 열어젖혀 모든 것이 풀려날 때, 당신의 삶도 온전히 드러나게 된다"는 이 책의 핵심 메시지를 일깨워준다.

가슴의 힘에 접속하기

알아차림의 빛을 비춰도 놓여나지 않는 주문은 가슴으로 치유해야 한다. 자신의 스토리텔러가 얼마나 겁을 먹고, 화를 내고, 헤매고, 외로워하는지 가슴을 통해서 알 수 있다. 호기심을 품고 삶에게 명료함을 요청하는 데 익숙해질수록 가슴이 더 활짝 열릴 것이다. 전에는 받아들이지 못하던 부분들도 깨어 있는 가슴으로 마주하며 맞아들이면 지속적인 치유가 일어난다.

가슴은 저항하지 않고 경험을 받아들이는 법을 알고 있다. 앞 장에서 우리는 "여기서는 다 환영받고 있어" "있는 그대로…… 여기에 있네" "나는 네가 보여…… 내가 여기 있어" 같은 표현들을 통해 가슴의 강력한 치유력에 접속했었다. 가슴은 있는 그대로 받아들일 뿐 다투지 않으며, 경험하고 있는 것들이 당신을 통과해 지나가도록 필요한 공간을 내준다. 가슴은 본디 당신의 모든 부분들이 간절히 바라는 받아들임, 광대함, 귀 기울여 들어주는 법을 잘 알고 있다.

내가 진행하는 '깨어나기 모임'에 참가한 론다는 기꺼이 질문을 던지면서, 가슴에서 나오는 치유의 힘으로 자신의 두려움을 대면했다. 그녀의 이야기는 스토리텔러나 두려움을 느끼는 자신의 부분들과 어떻게 대화를 나눌 수 있는지 생생하게 보여준다.

✦━━━━━━━━

이 이야기를 읽는 동안 가슴에 손을 얹고, 내면에서 어떤 것이 일어나든 수용적인 자세로 알아차리며 마주하겠다고 다짐해 본다.

나는 여든여섯 되신 할머니랑 같이 사는데, 할머니는 보통 아침 아홉시 반에 일어나신다. 내가 할머니를 돌본 지난 6개월 동안 아무리 늦어도 열시 반 이후에 일어나신 적은 없었다. 고요한 아침, 시계가 서서히 열시 반에 이르자 내 스토리텔러가 이야기를 지어내기 시작했다. "할머니가 이렇게 늦게까지 주무신 적이 없어. 아직 안 일어나시는 건 이상해, 안 그래?" 나는 그 스토리에 끌려 들어가기보다는, 깊이 호흡을 하고, 가슴에 손을 얹으며, 두려움에 기초한 스토리도 여기서는 환영받는다는 사실을 떠올리면서, 이 스토리를 향해 "안녕" 하고 인사를 했다.

이번에는 스토리텔러가 방해받고 싶지 않았는지 훨씬 더 그럴 싸한 스토리를 지어냈다. "이상할 정도로 조용하잖아. 할머니 코 고는 소리도 들리지 않아. 보통은 밤에 일어나 화장실에 가시는 데 어젯밤에는 그런 일도 없었어. 주무시다 돌아가신 거야. 할머 니가 돌아가셨어! 할머니는 돌아가신 거야. 나는 알아. 느낄 수 있어! 할머니를 잃기 싫어. 이제 나는 살 곳도 없어지겠지. 그럼 어떻게 해야 하는 걸까?" 나는 두려움이 지어낸 스토리로 빨려 들어가는 것을 느꼈다.

가슴이 쿵쾅거리고, 목과 어깨가 굳고, 팔로 딱딱해진 배를 감 싸고 있는데, 호기심이 깨어나면서 나에게 그만 그 반응에서 빠 져나오라고 말하는 것이 느껴졌다. "이건 그냥 스토리텔러야." 호 기심이 말했다. 그러자 어깨에서 힘이 빠지고 목에서도 긴장이 풀렸다. 나는 한 손을 가슴 위에, 다른 손은 부드럽게 배 위에 올 리고 "거기 누가 있어?" 하고 물었다. 즉시 그것이 나의 겁먹은 일 부라는 사실이 명확해졌고, 나는 말했다. "오, 얘야, 여기 있어도 괜찮아. 우린 안전해. 삶이 알아서 할 거고, 모든 게 다 괜찮아."

배가 부드러워지자 어깨도 이완되었고, 나는 광대함 앞에 나 를 열어젖힌 채 가슴으로 내 두려움을 어루만져 주었다. 그때 스 토리가 다시 올라왔다. 스토리텔러가 노랫말을 지어내고 거기에 살을 덧붙이기도 했지만, 나는 호흡의 리듬에 몸을 맡긴 채 스토 리텔러가 하는 말을 연민과 호기심을 품고 들었다.

긴장이 엄습할 것 같으면 나는 긴장이 느껴지는 부분을 부드럽게 풀어주었다. 그건 마치 해변으로 밀려왔다 멀어져가는 파도를 구경하는 것 같았다. 내가 곧 그 오르락내리락하는 파도는 아니었다. 나는 파도가 연출하는 온갖 장엄하고 멋진 장면의 목격자였다. 그것은 정말 숨이 막힐 정도로 아름다웠다.

열한시에 가까워지자 나는 할머니의 상태를 확인해 보기로 했고, 스토리텔러는 더욱 정교한 플롯을 꾸몄다. 처음에 나는 두려움을 차단했지만, 내 가슴은 그것을 받아들이고, 허용하고자 했으며, 애써 바꾸려 하지 않았다. 그러자 두려움이 또 올라오는 것이 보였고, 내 가슴은 그것을 다시 사랑으로 감쌌다. 파도가 한 번씩 밀려올 때마다 가슴은 더 깊어졌으며, 결국 스토리텔러는 완전히 사랑으로 감싸였다.

할머니의 방문을 열었을 때, 나는 깊은 숨소리와 함께 탁자 위에서 울리는 커다란 벨소리를 들었다. 할머니가 벌떡 일어나 전화를 받으셨고, 나는 할머니의 늦잠이 내게 준 참으로 풍요로운 선물에 미소 지으며 방문을 닫았다. 그러자 내 스토리텔러가 말했다. "세상에, 이런 멍청이를 봐! 할머니가 돌아가셨다고 생각하다니. 이런 헛다리 같으니라고!" 그러자 내 가슴이 응답했다. "오, 얘야. 나는 있는 그대로 널 사랑해!" 춤은 계속되었다.

론다에게 이 경험에 대해 듣고 나는 책에 그 이야기를 싣고 싶다면서 글로 써달라고 부탁했다. 그녀는 글의 말미에 이렇게 썼다.

"이 경험에 온갖 배역들이 다 등장했다. 그리고 놀랍게도 나는 그 모두를 사랑으로 두 팔 벌려 가슴에 안았다. 또 알다시피, 그중 누구도 오래 머물지 않았다! 내가 이 경험을 제대로 글로 써낼 수 없을 거라고(그래서 내가 똑바로 살지 못하고 있다고) 믿는 나의 한 부분에게도, 나는 삶이 다 알아서 하며, 그러니 안전하다고 부드럽게 일깨워 줄 수 있었다."

론다는 이렇게 결론지었다. "모든 것을 내려놓고, 이 과정을 신뢰하고, 어제 나를 붙잡으려던 어떠한 스토리에도 빠져들지 않고, 그것들이 나를 통과해 지나가도록 가슴을 열고 사랑을 보내며, 삶은 우리를 위한 것이고 신뢰할 만하다는 진실로 계속해서 돌아온다면, 게임이 달라지고 평화가 생겨난다. 그리고 나는 감사의 마음으로 가득 찬다!"

두려움이라는 깊은 주문에 사로잡혀 있었음에도 론다는 그것이 단지 자신의 스토리텔러라는 걸 알아차리고 그것에게 연민어린 관심을 보냈다. 가슴으로 경험을 마주할 때 커다란 치유가 일어난다는 사실을 알더라도 여전히 가슴이 열리지 않을 때가 있다. 스토리텔러에게 사로잡혀 있음을 알아차리면 그 상황을 삶에 내맡기는 것으로 충분하다는 사실을 기억하라. 이런 것들이 깨어남의 기본 도구들이다. 그리고 자신으로 돌아가면 갈수록, 애쓰지 않고도 가슴은 더 잘 열릴 것이다.

억지로 가슴을 열려고 하지 않는 것이 매우 중요하다. 가슴으로 자신의 경험을 어루만지는 일이 얼마나 강력한 힘을 발휘하는지 알면, 이제 당신 마음은 가슴을 열려고 '애쓸' 것이며, 뜻대로 경험을 마주하지 못할 때는 좌절할 것이다.("'나는 네가 보여'라고 말해도 아무 일도 안 일어나잖아" 하고 마음이 말할 것이다.) 그러나 어떤 것이 놓여나리라는 기대를 품고서 그것을 수용적인 자세로 알아차리는 식으로는 아무런 효과도 없다. 당신 내면에 묶여 있는 것들은 그것들이 사라져버리기를 바라는 그런 미세한 느낌에도 아주 민감하게 반응한다. 모든 부분들이 충분히 드러나고, 충분히 받아들여지고, 필요하다면 있는 그대로 충분히 들어줄 때에야 진정한 '놓여남'이 가능하다.

내게 두려움이 일었을 때 치유가 가장 크게 일어난 순간은 내면의 두려움에게 진심으로 이렇게 말한 순간이었다. "만일 네가 평생 여기 있고 싶다면, 그래도 좋아." 돌아보면 그런 식으로 마주한 후에야 두려움이 극적으로 가라앉았음을 이제는 알 수 있다.

그러니 뭔가 일어나게 하려고 애쓰지 말라. 해결하려 애쓰기보다는 새로운 방식으로 마음을 활용해 보라. 자신의 경험에 깊이 호기심을 품는 것 말이다. 그러면 가슴은 저절로 열릴 것이다. 이렇게 할 때 자신의 경험과 오롯이 관계를 맺게 된다. 이 같은 진실한 관계가 맺어지는 가장 극적인 순간은 바로 당신의 인식이 바뀌면서 한 번도 상상해 본 적 없는 치유가 이루어질 때이다. 수용적인 자세로 알아차리며 지켜볼 때, 당신 내면에 묶여 있던 에너지는 원래의 생기를 회복하고 자유로이 흐르게 된다.

자신에게 주의를 돌려 지금 이 순간의 경험에 호기심을 품어본다. 이 경험을 마치 폴라로이드 사진처럼 현상시킨다. 느낌, 감각, 스토리, 무엇이든 알아차린 것에다 이렇게 말한다. "나는 네가 보여."

서서히 깨어나다

호기심을 품는 매 순간, 연민의 마음을 품는 매 순간이 중요하다. 경험을 마주하는 매 순간은 마치 발 앞에 놓인 양동이에 물방울이 하나씩 떨어져 내리는 것과 같다. 자신의 경험을 몇 번 마주하고 나서 내려다봐야 양동이에는 물이 겨우 두어 방울 있을 뿐이다. 그러면 당신 마음은 "소용없는 짓이야"라고 말할 것이다. 하지만 자꾸 연민어린 호기심에 이끌리다 보면, 어느 날 양동이가 절반이나 차 있고, 물방울 하나하나가 모두 호기심의 순간들이었음을 알게 될 것이다. 그래도 마음은 이걸로는 모자란다고 할 것이다. 그러나 어느 날 양동이가 흘러넘쳐 발이 젖은 것을 보고 당신은 이루 말할 수 없는 기쁨을 느끼게 될 것이다.

자신의 경험을 수용적인 자세로 알아차리는 법을 배우는 이 여정에서, 어떤 날은 자신이 경험에 사로잡힌 건 알아차리지만 어떻게 빠져나와 삶으로 돌아갈지 모르고 계속 헤맬 수 있다. 어떤 날은 뭔가가 아주 깊은 곳에서 당신 마음을 어지럽혀서 자신이 그것에 사로잡혔다는 사실도 깨닫지 못하고, 따라서 무엇을 해야 하는지 모른 채 살아갈 수도 있다. 또 어떤 날은 목에 응어리가 져 있는 것을 금방 알아차리고, 그저 바라보는 것만으로 그것이 사라지게 할 수도 있다.

깨어남에 깊이 다가갈수록 자신을 묶고 있던 에너지에서 풀려나 핵심 주문을 더 쉽게 보고 들을 수 있다. 그때는 온몸이 활짝 열린 에너지로 빛날 것이다. 그러나 무엇이 열리든 그 경험에 아주 잠시만 머물 수 있다는 것을 알아야 한다. 그렇지 않으면 지금 하고 있는 경험을 살펴보느라 30분을 허비할 수도 있다. 자신의 느낌을 신뢰하라.

경험을 마주하고 싶지 않을 때도 있을 것이다. 주문에 대한 반응에 사로잡혀 있을 때, 당신은 그 주문들을 없애버리고 싶을 수도 있고, 주문들에 빠져 헤어나오지 못할 수도 있고, 누군가를 탓하고 싶어 할 수도 있다. 그렇다면 이렇게 물어보자. "그렇게 해서 바라던 행복을 얻었는가?" 일시적으로는 보고 싶지 않은 것에서 벗어났다는 느낌이 들 수도 있고, 그것을 통제할 수 있다는 환상에 젖을 수도 있다. 그러나 길게 보면 당신은 여전히 당신이 있는 초원에서 단절돼 구름 속에 갇혀 있다.

당면한 경험에 기꺼이 호기심을 품고 그것을 수용적인 자세로 알아차릴 때, 당신은 치유란 무언가를 고치거나 바꾸거나 없앤다고 일어나는 것도 아니고, 무언가를 내려놓는다고 일어나는 것도 아니며, 이전에 묶여 있던 부분들을 온전히 받아들일 때 일어나고 또 그때 비로소 그 묶여 있던 것들도 풀려난다는 놀라운 사실을 발견하게 된다. 루미가 〈여인숙〉이라는 시의 후반부에 쓴 내용이 바로 이것이다. "시련을 맞이하라. 진실한 사람이라면 알고 있는 연금술을 배워라. 문제를 받아들이는 그 순간 열린 문이 나타난다." 루미는 정신적인 수용에 관해 말하는 것이 아니다. 인생의 시련과 역경을 받아들이는 것은 우리 여정의 핵심적인 부분이며, 이러한 받아들임 속에서 우리는 그것들을 탐험할 수 있다. 그리고 그 같은 탐험 가운데서 문이 열린다.

그러니 가장 멀리하고 싶었던 당신의 모습들을 대면하는 과정에서 기억해야 할 것은, 깨어남이란 애써서 해야 할 무엇이 아니라 있는 그대로의 당신 안에서 발견할 무엇이라는 점이다. 당신에겐 타고난 호기심이 있으며, 그 호기심을 일깨워 자신을 둘러싼 구름을 흩뜨리는 것이 당신이 할 일이다.

- 묶여 있는 에너지를 열어주는 가장 효과적인 방법은, 지금 하고 있는 경험을 고치고 없애고 이해하려고 애쓰는 게 아니라 그것을 알아차리는 것이다. 지금 하고 있는 경험을 알아차리면 묶여 있던 에너지가 움직이기 시작한다.

- 경험에서 달아나지 않고 그것을 마주하는 법을 배우면 가슴이 지닌 강력한 치유력에 접속할 수 있다.

- 당신은 혼자가 아니다. 이 길의 모든 걸음걸음에 삶의 지성이 함께해왔다. 삶의 지성에 접속하면 할수록 당신을 치유하는 것은 당신이 아니라는 사실을 발견하게 될 것이다.

- 가슴은 무언가와 씨름하지 않으며, 그것이 지나가는 데 필요한 공간을 내어준다.

- 긴장하고 있는 곳을 찾아내라. 긴장하는 것은 갈등의 구름과 씨름하기 때문이다. 불편함을 마주하라. 그러면 무엇이 되었든 그것에 눌리지 않고 그것과 작업할 수 있다.

- 당신을 길들여온 구름에서 깨어날수록, 숨길 게 아무것도 없다는

사실을 더 많이 깨닫게 된다.

- 묶여 있던 부분을 알아차려 그곳을 열고 어루만지기 시작하면 아플 수도 있다. 그러나 이것은 치유의 아픔이다.

- 가슴의 치유력을 활용한다는 것은 어떤 것이 일어나게 만든다는 것이 아니다. 그것은 자신의 경험과 오롯이 관계를 맺는 순간들을 가리킨다. 그리고 이같이 순수하게 관계를 맺는 순간은 상상을 초월하는 치유를 불러온다.

- 치유는 무언가를 고치거나 바꾸거나 없앤다고, 심지어는 그것을 내려놓는다고 일어나는 것이 아니다. 치유는 묶여 있는 에너지를 온전히 받아들일 때 일어나며, 그때 그 묶여 있던 것들도 풀려난다.

이 주의 기억할 구절

"이것은 내 안에서
무엇을 불러일으키는가?"

나만의 구절

....

....

기억하기 실습
• 8주 •

이전 실습들에서 당신은, "나는 네가 보여"라고 말했는데도 고요해지지 않은 특정한 경험들 — 머릿속의 스토리, 몸의 감각, 또는 깊은 느낌 — 이 있다는 것을 발견했을 수 있다. 계속해서 당신의 주의를 끌고 있는 것들은 당신 안에 갇힌 에너지들로, 놓여나기 위해서 당신이 귀 기울여주기를 요청하고 있다.

그런 부분을 마주친 순간은, 그때 어떤 경험을 하고 있든 "너의 이야기를 듣고 싶어"라고 하면서 관계를 맺을 때이다. 그런 부분들은 모두 꼭 당신처럼 보인다. 그런 부분이 하루 일과를 계획하느라 바쁜 마음이든, 위통이든, 목에 고인 눈물이든, 가슴속의 불안한 느낌이든 이들 각 부분에는 세상을 보는 자기만의 관점이 있다. 그 관점은 대체로 어린 시절 만들어져 당신 내면에 얼어붙은 것이다. 당신과 똑같이 그런 부분들도 귀 기울여주면 고요해진다. 그런 부분들이 놓여나도록 깨어 있는 가슴으로 귀 기울여 들어주면, 갈등의 구름은 엷어지고 초원은 더 가까워질 것이다.

뭔가 일어나게 하려는 게 아니라는 사실을 기억하라. 귀 기울여주기를 바라는 부분들은 자신들을 그만 내려놓겠다는 당신의 아주 사소한 바람에도 아주 민감하게 반응한다. 뭔가를 애써 내려놓으라는 말이 아니다. 그런 것은 내면에서 일어나는 일들을 고치고 바꾸고 없애면 평화가 온다고 믿는 낡은 패러다임이다. 이런 것은 소용이 없다. 이런 것은 오히려 당신이 넘어서고자 하는 그것에 힘을 실어줄 뿐이다. 그저 호흡에서 멀어지게 만드는 것들에 '연민을 갖고 귀 기울이면' 된다. 그렇게 귀 기울여주면 그 느낌/생각/감각에 묶여 있던 에너지가 적절한 때에 움직이고 풀려날 공간이 생겨난다.

다음 지시문을 읽은 뒤 책을 내려놓고, 눈을 감은 채 탐색을 시작해보라. 시간에 제약이 있다면 이전 실습에서 1분을 더해 총 12분 동안 진행하라. 시간에 제약을 받지 않는다면 호기심이 이는 만큼 각 단계에 머물러도 좋다.

1. 눈을 감고 알아차림의 촉수를 경험의 강물에 담근 뒤, 지금 이 순간 자신의 느낌이 어떠한지 알아차린다.

2. 세 번, 숨을 들이쉬며 근육을 당겼다가 내쉬는 숨에 '아!' 하고 내려놓는 소리를 크게 내면서 천천히 모든 것을 이완한다.

3. 들어오고 나가는 호흡에 주의를 기울이면서 "들이쉬고…… 내쉬고, 깊이…… 천천히, 고요하게…… 편안하게, 있는 그대로…… 여기에 있네"(혹은 "있는 그대로…… 여기에 있네"만 해도 좋다)라고 말한다.

4. 호흡에서 주의가 분산되었음을 알아차리면 스스로에게 "무엇이 드러나기를 원해?" 하고 물어본다. 이 질문은 지금 이 순간 자신에

게 주의를 돌려 자신의 경험을 명확히 바라보도록 해준다.

5. 어떤 느낌/감각/스토리가 나타나면 수용적인 알아차림의 자세로 그것들을 살펴본다. 알아차린 것이 무엇이든 이렇게 말해준다. "나는 네가 보여. 여기 있어도 괜찮아. 너의 이야기를 듣고 싶어." 우리의 모든 부분에는 세상을 보는 저만의 관점이 있으며, 그 관점은 여섯 살 이전에 형성된 것임을 기억하라. 그리고 이 부분들은 당신이 들어주면 응답한다. 그러니 이런 말을 통해서 당신은 그것들에 매몰됨 없이 온전히 함께하면서, 그것들에 가슴의 치유력을 보내는 것이다.

6. 당신이 탐색하고 있는 스토리/느낌/감각은 세상을 보는 자신들의 관점을 당신과 나눌 준비가 되어 있을 것이다. 억지로는 하지 않는다. 그것들이 자연스럽게 그렇게 하도록 둔다. 자신들이 준비가 되면 당신에게 말을 건네올 것이다.

7. 몇 초든 몇 분이든 원하는 만큼 이 호기심에 머무른다. 느낌이 희미해지면 탐색을 멈추고 다시 호흡으로 돌아온다.

8. 무슨 일이 일어나고 있는지 명확하지 않으면 이렇게 물어본다. "무엇이 드러나기를 원해?" 이 질문이 상황을 움직여줄 것이다. 그런 뒤에 다시 들어오고 나가는 호흡으로 주의를 모은다.

9. 끝으로, 의식을 확장시켜서, 알아차림의 치유를 받은 후의 경험에 호기심을 품어본다.

10. 준비가 되었다면, 눈을 떠도 좋다.

짧은 실습

1. 눈을 감고 알아차림의 촉수를 경험의 강물에 담근 뒤, 지금 이 순간 자신의 느낌이 어떠한지 알아차린다.

2. 세 번, 숨을 들이쉬며 근육을 당겼다가 내쉬는 숨에 '아!' 하고 내려놓는 소리를 크게 내면서 천천히 모든 것을 이완한다.

3. 들어오고 나가는 호흡에 주의를 기울이면서, "들이쉬고…… 내쉬고, 깊이…… 천천히, 고요하게…… 편안하게, 있는 그대로…… 여기에 있네"(혹은 "있는 그대로…… 여기에 있네"만 해도 좋다)라고 말한다.

4. 호흡에서 주의가 분산되었음을 알아차리면 스스로에게 이렇게 물어본다. "무엇이 드러나기를 원해?"

5. 무언가 나타나면 수용적인 알아차림의 자세로 살펴본 다음 이렇게 말한다. "나는 네가 보여. 네가 여기 있어도 괜찮아. 너의 이야기를 듣고 싶어."

6. 원하는 만큼 이 호기심에 머무른다. 느낌이 희미해지면 탐색을 멈추고 다시 호흡으로 돌아온다.

7. 끝으로, 의식을 확장시켜서, 알아차림의 치유를 받은 후의 경험에 호기심을 품어본다.

8. 준비가 되었다면, 눈을 떠도 좋다.

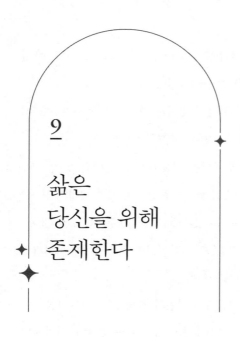

9

삶은
당신을 위해
존재한다

이 책에서 우리는 관점의 근본적인 전환을 살펴보고 있다. 당신이 바라는 치유는 무언가를 바꾸는 데서 오지 않는다. 치유란 있는 그대로를 바라보고 그것과 함께 머무르는 힘에서 나온다. 진정한 당신은 곧 알아차림awareness 자체이기 때문이다. 알아차림 자체로서 당신은 스토리텔러가 만들어내는 스토리에 빠져들지 않고 온종일 자신을 스쳐가는 주문과 느낌과 감각을 있는 그대로―그것들을 바꾸려 애쓰지 않고―바라볼 수 있다.

내면에서 벌어지는 일에 호기심을 품으면, 어떤 일을 문제로 만들지 않으면서 있는 그대로 경험할 수 있다. 그러기 위해서는 삶이 당신을 위해 존재한다는 사실을 알아야 한다. 삶이란 당신이 뭔가를 잘했거나 잘못해서 우연히 벌어지는 사건들이 아니다. 삶은 온종일 당신을 무의식에서 의식으로 한 걸음씩 데려다주면서 <u>스스로</u>를 펼쳐 보이는 지적인 전개이다. 또는 에크하르트 톨레가 《삶으로 다시 떠오르기 *A New Earth*》(한국어판 제목 ― 옮긴이)에서 썼듯이 "삶은 당신의 의식이 진화하는 데 가장 유용한 경험을 안겨줄 것이다. 이것이 필요한 경험인지 어떻게 아느냐고? 지금 이 순간 당신은 이 경험을 하고 있지 않은가."

잠시, 이 말이 삶이란 통제되고, 해결되고, 바뀌어야 하는 일들이 우연히 일어나는 것이라는 평소의 관점과 얼마나 다른지 느껴보라. 삶에 저항하는 게임을 전부 내려놓고 삶을 신뢰하는 건 어떤 것일지 한번 상상해 보라. 이 신뢰를 통해 삶에 열리고, 삶에 귀 기울이게 되며, 마주치는 모든 것에서 성장을 경험할 수 있을 것이다.

언젠가 하와이 몰로카이 섬에서 개최한 워크숍의 핵심 주제가 "여기서는 모든 것이 환영받고 있어"(All is welcome here)였다. 둘째 날, 참가자 한 명이 와서는 그 말을 들을 때마다 "모든 것이 괜찮으니, 이리로 와!"(All is well. Come here!)라는 말로 들렸다고 했다. 삶을 원하는 대로 만들려 하기를 멈추고 그 대신 삶을 드러내는("여기선 모든 것이 환영받고 있어") 법을 배우면, "모든 것이 괜찮으며"(초원이 언제나 함께하고, 삶이 다 알아서 하므로), "여기에 와서 머물러도" 안전하다는 것을 알게 된다. 삶이 주는 경험을 온전히 다 드러낼 수 있는 것이다. 신경외과 의사로 《나는 천국을 보았다*Proof of Heaven*》(한국어판 제목—옮긴이)를 쓴 이븐 알렉산더가 일주일간의 혼수 상태에서 깨어나 누이에게 던진 첫마디도 "다 괜찮아!"(All is well)였다.

"모든 것이 괜찮다"는 사실에 열려 있으려면 지구에서 일어나고 있는 진화 과정에 인류도 포함되어 있음을 아는 것이 중요하다. 당신을 포함한 모든 것이 이 진화의 일부이다. 당신은 무의식에서 의식으로 진화하고 있는 삶 자체이다. 당신의 삶은 우연한 사건의 연속이 아니라, 삶 자체를 이루어가는 하나의 지적이며 신비로운 과정이다. 나는 이러한 전개 과정을 '완전무결하고 질서정연한 신비the flawless, methodical mystery'라고 부르고 싶다. 인생의 경험 하나하나는 당신의 잠들어 있는 의식을 깨우려고 맞춤제작된 것이므로 결함이 있을 리 없다. 또한 그 전개 과정은 실로 질서정연하다. 마음의 구름에서 벗어나 초원을 깨달아가는 여정에는 누구라도 거쳐야 하는 기본 단계들이 있다. 그리고 이 여정은 참으로 신비롭다. 이것을 다 이해하지는 못하더라도 우리는 조셉 캠벨이 '살아있음의 환희rapture of being alive'라고 부르는 것을 발견하면서 그리로 나아갈 수 있다.

의식의 여섯 단계

삶은 무의식에서 의식으로 향하는 여정이다. 아가페 국제영성 센터Agape International Spiritual Center의 설립자인 마이클 버나드 벡위드Michael Bernard Beckwith는 이러한 진화 과정을 네 단계로 설명한다. 나는 거기에 "삶은 당신 안에서 일어난다"와 "삶은 당신을 위해 일어난다" 이 두 가지를 더해 의식의 여섯 단계라고 부른다.

- 삶은 당신에게 일어난다.(Life happens to you)
- 삶은 당신에 의해 일어난다.(Life happens by you)
- 삶은 당신 안에서 일어난다.(Life happens in you)
- 삶은 당신을 위해 일어난다.(Life happens for you)
- 삶은 당신을 통해 일어난다.(Life happens through you)
- 삶은 당신이다.(Life is you)

잠시 각각의 단계를 살펴보자. 읽는 동안 계속 확인해 보기를 바란다. 자신의 치유를 위해 할 수 있는 가장 효과적인 작업은, 심지어 이 책을 읽을 때조차도, 어떤 일이 벌어지든 그 경험을 알아차리는 것임을 기억하라.

✦───────────

알아차림의 촉수를 경험의 강물에 담근다. 거기에 무엇이 있든 그대로 있도록 허용한다. 당신은 지금 이 삶을 전에도 경험한 적이 없고 앞으로도 경험하지 못할 것이다. 지금 이 순간은 유일무이하며, 있는 그대로 정확히 괜찮다.

삶은 당신에게 일어난다

살면서 당신은 남들과 마찬가지로 삶이 당신에게 일어난다고 느꼈을 것이다. 삶은 너무나 거대하며, 솔직히 다음 순간에 무슨 일이 일어날지 결코 알 수가 없다. 어느 날 아침에 일어나서는 가슴이 가볍고 행복하다가도, 다음날이면 불안감이 엄습한다. 회사에서 해고당하고, 독감으로 골골대고, 사랑하는 사람들에게 거절당하고, 하루하루 더 나이가 들어가고, 그리고 저 모퉁이 뒤에는 늘 죽음이 숨어 있다.

의식이 깨어 있지 못할수록 당신은 더 자주 자신이 삶의 희생자라고 느낀다. 삶이 자신에게 일어난다는 믿음 속에 살면 삶이 잠재적인 위협으로 느껴질 때가 많다. 그래서 머릿속에 붙잡혀, 저항하고 반응하고 방어하고 설명하고 모든 걸 파악해 내고자 하는 스토리텔러에게 귀 기울이는, 갈등의 구름 속에 빠져 있는 자신의 모습을 보게 된다. 그것은 대개 지금 여기에서 삶에 열리는 것만 빼고는 뭐든지 한다.

삶은 당신에 의해 일어난다

이처럼 무기력하게 사는 것이 너무 힘들어지면, 당신은 이제 삶이 당신에 의해 일어난다는 믿음의 단계로 넘어가게 된다. 당신은 인생의 희생자가 되기보다는, 자신이 삶을 통제할 수 있다고 믿는다. 이 의식 수준에서는 개인의 능력이 아주 중요하게 느껴질 수 있다. 이는 첫 번째 단계의 희생자 의식에서 벗어나는 데는 필요한 과정이지만, 대개는 거기에 붙잡히게 된다. 남자는 여자를 통제하고 여자는 남자를 통제하려고 한다. 종교는 대중을 통제하려고 하고, 국가들은 서로 다른 국가들을 통제하려고 한다. 다수는 그들과 다른 소수, 예컨대 동성애자나 피부색이나 종교가 다른 사람들을 통제하려고 한다. 무엇보다도 우리는 스스로 그래야 한다고 생각하는 모습이 되기 위해 자신을 통제하려고 한다.

이러한 의식 수준에서는 엄청난 노력이 들어간다. 스토리텔러는 좋은 일이 있으려면 그 일을 일어나게 만들어야 한다고 믿는다. 그래서 목표를 설정하고, 완수하지 못하면 심한 수치심을 느낀다.(새해의 다짐을 생각해 보라.) 스토리텔러는 마침내 의도intention로 진화해 간다. 목표란 마음을 활용해 자신이 원하는 방식으로 일이 되어가도록 애쓰는 지점이다. 당신은 의도를 통해서 원하는 것을 이루어낸다는 느낌을 얻으려고 노력한다.

이것이 나쁘거나 잘못되었다는 것은 아니다. 이러한 것들은 깨어남의 과정에서 중요한 수단이며, 때로는 실제로 효과를 발휘하기도 한다. 그러나 뭔가 일어나게 하려고 애쓰기보다 그저 삶에 열려 있기만 해도 가장 깊이 바라던 것을 얻을 수 있다는 사실을 깨닫는다면 어떻게 될까?

현실을 통제할 수 있다고 가르치는 인기 수업이 있다. 당신이 만약 이런 신념을 받아들인다면, 스토리텔러는 바른 생각을 통해 원하는 삶을 이룰 수 있다고 말할 것이다. 이것의 단점은 장기적으로 별 효과가 없다는 점이다. 인생을 통제할 수 있다는 생각은 바다 위에 떠다니는 코르크 마개가 자신이 바다의 움직임을 통제할 수 있다고 믿는 것이나 똑같다. 코르크 마개의 믿음은 자기가 있는 곳의 물의 움직임을 약간 바꿀 수 있을지는 몰라도, 바다를 움직이는 거대한 힘 전체에 영향을 미칠 수는 없다.

의식의 이 단계에 붙잡혀 있으면 삶의 창조적인 흐름에서 단절된다. 자신이 삶을 책임지고 있다고 믿으면, 당신은 있는 그대로의 현실을 드러내 보이기보다는 자신의 현실을 만들어내려고 애쓰면서, 자기가 생각하는 개념적 세계와 자신을 동일시하는 데 대부분의 시간을 쓸 것이다.

의식의 이 단계에서 오랫동안 살아왔다면 당신은 이 단계의 부정적인 면을 보게 될 것이다. 우선, "이런 식으로 생각하면 안 돼. 이런 식으로 생각하면 내 세계에 이런 것을 구현하게 될 테니까" 하면서, 자신의 생각을 두려워하게 된다. 둘째, 이는 또 수치심을 불러오기도 하는데, 자기 계발서들이 장담하는 것처럼 믿음이 작동하지 않을 때 당신은 그게 자기가 제대로 못했기 때문이라고 생각하게 되기 때문이다.

✦━━━━━━

"삶은 당신에게 일어난다"와 "삶은 당신에 의해 일어난다"는 내용을 읽으면서 뱃속이 경직되는 느낌이 들었을지도 모르겠다. 뱃속에서 어떤 긴장이 느껴지거든 그것이 녹아서 저절로 사라지도록 허용한다. 미소를 지으며 이러한 부드러움이 골반 저부로 내려가 등 주위로 퍼져나가게 한다.

삶은 당신 안에서 일어난다

당신은 결국 어떤 식의 반응이나 통제로도 그토록 바라는 편안함과 기쁨을 얻을 수 없다는 사실을 깨닫게 될 것이다. 희생자가 된다거나 삶을 특정한 방식으로 만들려고 애쓰는 대신, 삶이란 우리가 귀 기울이고 열려 있어야 할 어떤 것이란 사실을 알게 되는 것이다. 이때 당신은 의식의 다음 단계, 즉 "삶은 당신 안에서 일어난다"는 단계로 넘어가게 된다.

의식의 이 단계에서 당신은, 대부분의 시간을 자신이 삶을 경험하기보다는 삶에 대해 생각하고 있으며 그저 머릿속 생각들만 보고 있을 뿐이라는 사실을 알고 놀라게 된다. 생각을 통해 삶을 경험하는 한, 삶을 있는 그대로 경험할 수 없다. 당신은 있는 그대로 보지 못하고, 자신의 주문을 당신 자신과 남들에게 투사한다. 사랑하는 사람의 얼굴을 정말 제대로 본 것이 언제인가? 꽤나 오래되었을 것이다.

이 단계에서 당신은 고통이 삶의 경험에서 나오는 게 아니라는 것도 깨닫는다. 고통은 일어난 일에 대한 당신의 스토리에서, 당신의 내면에서 비롯된다. 어떤 날은 흐려도 괜찮을 수 있다. 그러나 어떤 날은 날씨가 흐려 비참한 기분이 들 수 있다. 단지 날이 흐려서라고 당신은 말할지 모르겠지만, 그 기분은 날씨가 아니라 날씨에 관한 자신의 스토리에서 나온 것이다.

여기가 바로 '자신으로 돌아가기'를 할 지점이다. 그러면 희생자 역할을 하며 사는 것도 흥미가 떨어지고, 상황을 바꿔보려고 애쓰는 일도 덜 하게 될 것이다. 당신은 자신이 바라는 치유는 내면으로 주의를 돌릴 때 일어난다는 것을 깨닫게 된다. 자기 괴로움의 근원인 주문들을 알 때 비로소 그것들에서 풀려나 삶으로 돌아갈 수 있다.

◆━━━━━━

자신으로 돌아가서, 이렇게 묻는다. "드러나야 하는 것이 무엇인가?" 지금 이 자리에 있는 것에 호기심을 품어본다.

삶은 당신을 위해 일어난다

일어나는 일에 반응하거나 그것을 통제하려고 하는 대신 호기심을 품을 때, 당신은 삶이 당신을 위한 것이라는 멋진 깨달음에 도달하게 된다. 삶은 우연한 사건들의 연속이 아니다. 삶이란 고도의 지적인 전개 과정으로, 삶의 흐름에서 당신을 떼어놓는 주문들이 어떤 것들인지 알고 거기에서 풀려날 수 있도록 당신을 필요한 상황에 데려다놓는다. 살면서 어떤 일이 벌어지건 당신은 결국 삶이 그것을 다 알고 있다는 사실을 이해하게 될 것이다.

당신은 자신이 원하는 대로 삶을 빚고 만드는 것이 아니라 있는 그대로의 삶을 드러내기 시작한다. 물론 삶의 흐름에는 고통, 상실, 죽음도 들어 있다. 그러나 삶의 고통에 저항하면 고통은 괴로움이 될 뿐이다. 그리고 저항하는 데서 오는 괴로움의 크기가 고통을 직접 경험하는 것보다 항상 더 크다. 경험하는 것에 움츠러들고 거기에서 달아나면 갈등의 구름만 두터워질 뿐이다. 그러니 어떠한 경험을 하든 거기에 주의를 모으라.

일상에 호기심을 품는 매우 짧은 순간도 효과가 크다. 내면에서 벌어지는 일에 '반응'이 아닌 '응답'을 할 때마다 거기에 매여 있던 것들이 느슨해지기 시작한다. 당신은 자유롭게 흐르는 생기를 타고났음을 기억하라. 그 생기가 주문들 속에 갇히면 당신의 에너지와 기쁨은 흐릿해진다. 알아차림의 빛을 받으면 주문들이 놓여나고, 갇혀 있던 에너지가 자유롭게 흐르며, 모든 것에 활짝 열리는 지복至福이 뒤따른다. 삶이란 내면에 묶여 있던 것을 밖으로 불러내는 과정이며, 활짝 열어젖혀 그 안에 있는 모든 것이 풀려날 때 당신의 삶도 온전히 드러나게 된다.

잠시 눈을 감고, 살아있는 이 순간에 가슴을 연다. 듣고, 감지하고, 느껴본다. 온 생애를 통틀어 지금이 가장 중요한 순간이다. 삶이 벌어지는 순간은 오로지 지금 이 순간이기에.

삶은 당신을 통해 일어난다

"삶은 당신을 위해 일어난다"는 단계에서 당신은 인생에 평범한 순간 같은 것은 없으며, 매순간 삶이 자신에게 말을 걸고 있다는 사실을 알게 된다. 자신이 하고 있는 경험에 호기심을 품고 연민어린 알아차림의 빛을 보내 그 경험이 놓여날 수 있도록 하면, 당신은

"삶은 당신을 통해 일어난다"는 다음 단계로 나아가게 된다. 바로 이 단계에서 당신은 삶을 신뢰해도 된다는 사실을 깨닫게 된다. 언제나 마음에 들지는 않을지라도 삶은 자신이 무엇을 하고 있는지 알고 있다. 당신이 삶을 무조건 신뢰한다고 상상해 보라. 매일 아침 당신은 오늘은 어떤 모험을 하게 될까 기대하는 마음으로 자리에서 일어난다. 뱃속은 편안하고, 마음에는 호기심이 가득하며, 가슴은 활짝 열려 있다. 큰 어려움에 직면했을 때에도 당신은 삶과 씨름하지 않고 삶에 열려 있다. 자신이 자동 반응하고 있다는 것을 알아차리면, 그 사실을 알아차리는 것만으로 반응이 멈출 수 있다.

힘차게 흐르는 삶의 에너지는, 마치 꼬여 있던 호스가 풀려 막혔던 물이 콸콸 흐를 때처럼, 이제 당신을 통해 자유롭게 움직일 수 있으며, 이 흐름은 그토록 갈망하던 기쁨과 생기를 당신에게 가져다준다. 한 번도 상상해 본 적이 없는 창조성이 당신에게서 명료히 드러나고, 당신은 물론 당신과 마주치는 모든 사람들에게도 삶의 지혜가 축복처럼 내린다.

당신은 모든 것에 절대적인 감사를 느끼게 된다. 삶은 우주에서 일어난 창조 하나하나에 모두 의존하고 있다는 사실도 깨닫는다. 시련을 비롯해 자신에게 일어난 모든 일이 삶으로 돌아가는 여정의 일부였다는 것도 알게 된다. 삶은 당신을 깨어남으로, 지금 이 삶에 온전히 머물 수 있도록 한 걸음 한 걸음 이끌어준다. 이제는 느긋한 마음으로 그 모험에 발 디딜 수 있다. 신시아 부조Cynthia Bourgeault는《희망의 신비Mystical Hope》(한국어판 제목—옮긴이)에서 이를 이렇게 아름답게 표현했다. "당신이 있는 바로 그곳에 민감하게, 감각적으로 연결될 때, '지금 여기'가 당신에게 손을 뻗어 당신을 이끌도록 허용할 때, 당신은 당신의 길을 찾게 될 것이다."

삶은 당신이다

반응하거나 통제하는 대신 삶이 당신을 통과해 지나가도록 허용하면 할수록, 당신은 "삶은 당신이다"라는 여섯 번째 단계를 더욱 잘 알아차리게 된다. 당신은 더 이상 분리된 존재가 아니다. 오히려 당신은 삶의 창조적인 흐름 속으로 완전히 스며들어, 바위건 사람이건 구름이건 분자이건 무당벌레건 그 모두가 당신이란 사실을 이해하게 된다. 당신이 삶이다! 에크하르트 톨레는 〈우주의 신성한 목적은 무엇인가?What Is the Divine Purpose of the Universe?〉라는 비디오에서 이렇게 말하고 있다. "당신은 우주 안에 있는 게 아니다. 당신이 우주이다. 셀 수 없이 다양한 삶의 형태와 온갖 경험으로 자신을 표현하는 우주는, 당신의 삶을 통해 스스로를 경험하고 있다. 우주는 당신을 통해 자신의 본질을 깨닫기 원한다."

✦────────

다 괜찮아. 이리 오렴.

*

의식의 여섯 단계를 면밀히 들여다보면, 앞의 두 단계는 고치고 바꾸고 저항하면서 삶을 통제하려 드는 것임을 알 것이다.(삶은 당신에게 일어난다/ 삶은 당신에 의해 일어난다.) 이 두 단계는 스토리텔러의 세계로, 지금 여기에 있는 것을 원치 않고(삶에 연결되는 법을 모르고) 여기에 있지 않은 것을 원한다.("똑바로 생각하면 원하는 것을 얻을 수 있어.") 이두 단계에는 모두 자신과 살아있는 경험 사이에 장막이 있다. 이두 단계는 어느 것도 삶의 창조적인 흐름을 보여주지 못하기 때문이다.

다음의 두 단계는 지금 일어나고 있는 일에 저항하거나 통제하려고 하는 대신 마음을 활용해 그것에 호기심을 품는 단계이다. "삶은 당신 안에서 일어난다" 단계에서 당신은 내면의 스토리텔러가당신을 삶에서 떼어놓는다는 사실을 깨닫는다. 그래서 무언가를바꾸려 하기보다는 그 순간의 경험에 관심을 갖게 된다. 쉽건 어렵건, 기쁘건 슬프건 지금 이 삶에 머물며 주문에서 풀려날수록, 삶은자신이 무엇을 하고 있는지 알고 있으며 삶이 하는 모든 일이 당신을 위한 일이라는 사실이 더욱 분명해질 것이다.

의식의 마지막 두 단계는 고향인 초원으로 돌아오는 일에 관련된다. "삶은 당신을 위해 일어난다"는 진실에 입각해서 살수록 당신은 더욱 편안하게 흐름을 탈 수 있고, 이는 당신에게 '삶이 당신을 통해서 움직이는' 기쁨을 맛보게 해준다. 구름이 흩어지면서 당신은 초원을 다시 알아보게 될 뿐만 아니라 당신이 바로 초원이라는 사실을 깨닫게 된다. 삶이 당신이고, 당신이 곧 삶이다.

사람들은 대개 처음 두 단계, 즉 "삶은 당신에게 일어난다"와 "삶은 당신에 의해 일어난다"의 한가운데에 나머지 네 단계로 나아가는 문이 있다는 사실조차 모르고 살아간다. 삶은 처음 두 단계에서 벗어나 나머지 네 단계로 향하도록 당신을 일깨우고 있다. 이는 당신의 치유를 위한 것이자 또한 모두의 치유를 위한 것이기도 하다. 갈등의 구름을 꿰뚫고 볼 수 있을 때 당신은 세상 속에서 치유하는 존재가 되기 때문이다.

알아두어야 할 중요한, 역설적인 진실이 있다. 인류는 첫 번째 단계에서 "삶이 당신이다"라는 여섯 번째 단계로 진화해 나아가는 중이다. 당신은 거의 매일 이 단계들을 경험할 것이다. 어떤 특정 단계를 없앤다거나 어느 한 단계를 다른 단계보다 잘해야 한다는 말이 아니다. 이 모두가 삶의 일부이며, 당신이 진화해 갈수록 그것들을 모두 인식하고 받아들이게 될 것이다.

신뢰의 진실

뒤의 네 단계로 나아가려면 삶에 대한 신뢰를 다시 회복해야 한다. 대다수 사람들처럼 당신도 어쩌면 삶을 신뢰하지 않을 것이다. 아니, 삶은 믿을 수 없는 것이라고 확신한다. 삶은 가슴을 찢는 아픔을 주고, 몸을 병들게 하며, 때로는 어찌해 볼 수 없는 상황으로 당신을 내모는 것처럼 느껴진다. 신뢰하지 못한다면 어떻게 삶에 자신을 내보일 수 있겠는가? 어떻게 자신의 경험 전부에 열려 있을 수 있겠는가? 어떻게 무의식에서 의식으로 한 걸음씩 나아갈 수 있겠는가? 삶이 당신보다 지혜롭다는 자각이 생겨날 때 비로소 당신은 삶이란 열려 있어도 될 어떤 것이라는 사실을 다시 배울 수 있다.

우리는 대부분 스토리텔러가 하는 말에 사로잡혀 작고 비좁은 세상에서 살아가고 있다. 우리는 지금 무슨 일이 일어나고 있는지 보지 않는다. 따라서 초원도 명확히 인식하지 못한다.

이 작고 비좁은 세상에서 당신의 인식을 열어주는 수단으로서 '큰 그림 살펴보기'라는 것을 권한다. 달에 앉아서 아름다운 초록빛 보석 같은 지구를 바라본다고 상상해 보라. 지구를 45억 년간 생명을 펼쳐온 살아있는 존재로 바라본다. 그리고 그 지구 너머로 검고 깊은 우주를 본다. 거기엔 지구 위 모든 해변의 모래알 수보다 많은 별들이 반짝인다.

이제 우주를 떠다니는 이 지구를 바라보고 그 아름다움을 음미하면서, 자신과 이 행성의 모든 것이 저 별들에서 온 원자들로 만들어졌다는 사실을 인식한다. 눈에 보이는 모든 것이 우주 먼지로 이루어졌다.

이제 상상 속에서 지구가 진화하는 모습을 한 편의 영화를 보듯 바라본다. 처음 이 행성은 가스와 먼지로 가득한 공과 같았다. 마음의 눈으로 영화를 빨리 감기 해보면, 지구의 대기가 형성되면서 땅과 물이 나타날 것이다. 그 다음 바다 속에서 다양한 원시 생명들이 나타난다. 이제 바다에서 나온 생명체가 황무지를 가로질러 초록

이 뒤덮인 대륙으로 이동하는 모습을 본다. 곤충이 나타나고, 동물이 나타나고, 공룡이 나타났다 사라진다.

생명의 진화 과정에서 이 행성에 '마주보는 엄지'를 가진 생명체가 없던 시대가 있었고, 따라서 그때는 생명이 누군가의 손에 들어가 활용되거나 탐구되는 일도 없었다. 이제 수백만 년 전 두 손에 마주보는 엄지와 네 손가락이 있고 생명체의 수집·탐구에 흥미를 느끼는 두뇌를 가진 존재가 나타난 모습을 본다. 전에는 이런 생명체가 없었다.

이제 초기 인류가 부족을 이루고 모여 사는 것을 본다. 전두엽이 발달하면서 언어 능력을 발견하고, 도구를 만들고, 땅을 경작하고, 마을과 도시를 세우고, 바퀴를 발명하고, 바다를 항해할 수 있는 배를 만들어내는 것을 본다.

다시 한 번 영화를 빨리 감기 해 지금으로부터 몇백 년 전으로 가보자. 당신의 조부모의 조부모의 조부모가 태어나고 자라서 서로를 만나 아이를 낳고 가족을 형성한 뒤 다시 신비의 세계로 사라지는 모습을 바라본다. 그와 같은 순환이 당신의 조부모와 부모를 낳고 또 당신을 낳았다. 이제 당신이 신비의 세계로부터 와서 이 행성의 바로 이곳에 태어나는 모습을 본다. 자신이 아기에서 어린아이로, 십대로, 성인으로 커가는 과정을 지켜본다.

이제 영화는 오늘 아침 잠에서 깨어나 하루를 시작하던 순간으로, 그리고 지금 이 책을 읽는 이 순간으로 이어진다. 삶의 모든 순간들이 지금 이 순간을 향해 펼쳐졌으며 지금 이 순간은 이 행성의 진화에서 가장 앞서 있는 지점이란 사실을 자각한다. 지금 이 순간이 평범한 순간이 아님을 알아차린다. 지금 당신은 삶이라는 아주 놀랍고 귀한 선물을 받았다. 당신은 아주 잠시 여기에 있다가, 언젠가 다시 신비 속으로 사라져갈 것이다. 그리고 삶은 계속될 것이다.

✦————

잠시, 자신과 주위의 온갖 것들이 존재하도록 해주고 먼저 사라진 수많은 창조적 행위들에 대해 묵상해 본다.

당신의 이야기

이 행성에서 생명이 펼쳐지는 과정이 담긴 이 영화는 바로 당신의 이야기이다. 당신은 이 행성에서 45억 년 동안 생명이 진화해 온 과정을 표현하는 존재이다. 먼저 사라져간 거대한 창조의 물결 덕분에 당신은 지금 이 몸으로 존재한다. 눈(目)을 예로 들어보자. 당신 눈의 최초의 조상은 해저에 사는 폴립polyp(용종) 형태의 강장 동물에서 나왔으며, 이들은 빛과 어둠을 구분할 수 있는 세포들을 만들었다.

시력의 맹아 단계와 이 책을 읽을 정도의 인간의 시력 사이에는 수없이 많은 창조적 행위들이 존재한다. 이렇게 모든 생명체들의 창조성에 의존하는 것은 비단 눈만이 아니다. 당신의 인생 전체가 이 행성에서 일어난 모든 창조 행위들에 의존하고 있다.

삶의 창조성 덕분에 우주 먼지로부터 이 행성이 만들어지고 당신을 비롯한 지구상의 모든 것이 만들어졌음을 알면 놀랄 것이다. 여기 앉아 이 책을 읽고 있는 당신이, 10만 킬로미터가 넘는 동맥과 정맥에 혈액을 공급하고, 신경을 통해 빛의 속도로 메시지를 보내고, 호르몬을 조절하고, 세포를 재생하고, 당신의 생각과 무관하게 음식을 소화시키는 70조 개의 세포들로 이루어진 공동체라는 사실을 알면 더 놀랄 것이다.

모든 생명에 스며 있고 모든 생명을 관통하는 놀라운 지성이 있다는 사실이 의심스럽다면, 그저 지금 이 순간 당신 몸에서 일어나는 일을 살펴보기만 하면 된다.

당신은 삶의 중심에 지성이 있다는 사실을 인식할 수 없기 때문에 자신이 삶에서 분리되었다고 믿는다. 삶에서 분리되었다고 믿으므로, 삶을 통제해야 한다는 환상에 빠진다. 삶을 통제해야 한다고 믿는 순간 당신은 삶에서 단절되고, 삶에 연결되었을 때 느끼던 기쁨을 잃어버린다.

사실 당신은 삶을 크게 신뢰하고 있다. 심장이 뛰고 공기가 폐를 가득 채우리라는 사실을 당신은 믿어 의심치 않는다. 그렇지만 삶의 중심에 있는 지성은 자신의 일상과 아무런 상관도 없을 것이라고 생각한다. 다른 사람들처럼 당신도 삶이 자기 책임이라고 말하는 에고의 오만함을 믿고 있다. 분리되었다는 믿음 때문에, 당신은 삶이란 자신이 빚고 만들어내야 하는 임의적인 사건들의 연속이라고 생각한다.

그렇게 생각하지 않는다면 어떻게 될까? 별들이 계속 회전하게 하고 피부의 상처가 낫게 하며 겨울이 지나면 봄이 오게 하는 그 지성이 당신 인생의 모든 경험에서도 당신과 함께하고 있다는 사실을 이해한다면? 이 창조적 지성이 빛과 어둠이라는 태초의 대립물로 당신의 삶을 엮고 있으며, 무의식에서 의식으로 나아가는 데 필요한 것들을 당신에게 정확히 가져다준다면? 이 행성을 창조하고 바다에서 땅으로 생명을 불러온 그 놀라운 진화의 힘이 지금 당신의 인생에서도 똑같은 마법을 펼치고 있다는 사실을 당신이 이해한다면, 그때 당신 인생은 어떻게 될까?

이 사실들을 그저 조금이라도 알아볼 수 있다면 당신은 통제의 손길을 내려놓고 마치 마법이 일어난 듯 삶을 신뢰하게 될 것이다. 삶을 신뢰할수록 삶에 더 자신을 내맡기게 되고, 삶에 자신을 내맡길수록 삶이 자신보다 더 지혜로우며 삶으로 돌아가는 데 꼭 필요한 경험들로 자신을 이끈다는 사실을 알게 될 것이다.

✦────────

책에서 눈을 떼고, 광활한 시간 속에서 지금 이 순간이 두 번 다시 반복되지 않으리라는 것, 그리고 그 순간을 목격하는 특권이 자신에게 있다는 사실을 알아차려 본다.

삶을 신뢰한다는 것

삶이 자신보다 똑똑하다는 사실을 깨달으면 당신의 삶은 매우 흥미진진해진다. 갈등의 구름 속에 빠지기는커녕 지금 여기에서 아주 특별한 일이 일어나고 있다는 사실, 당신 인생에 평범한 순간 같은 것은 없다는 사실을 깨닫게 된다. 당신의 안과 밖에서 일어나는 일에 훨씬 더 깨어 있게 된다. 우리의 삶은 빙하와 같다. 사람들은 대개 물 위로 드러난 부분만 보지만, 실제로 일은 우리가 일상적으로 자각하지 못하는 수면 아래에서 일어난다.

당신은 운전하고, 일하고, 샤워하고, 요리하고, 논쟁하고, 사랑을 나누고, 아이들을 기르고, 아기를 낳고, 죽는다. 그러나 그 이면에서는 모든 것이 지적으로 진화하고 있으며, 당신도 그 진화의 일부를 이루고 있다. 당신은 무의식적인 인간에서 의식적인 인간으로 진화하는 중이다. 이는 당신 인생의 '모든' 경험에서 일어나고 있다. 삶은 삶을 위한 것이다. 삶은 당신이 잠에서 깨어나도록 돕고 있다. 삶은 햇살, 비, 꽃가루를 나르는 벌, 흙 속의 양분 등등으로 복숭아나무가 열매를 맺도록 도와줄 때와 똑같이, 당신이 의식적인 인간으로 성장하는 데 필요한 그것, 즉 삶에 깨어 있을 수 있는 능력을 당신에게 준다.

"삶은 당신을 위한 것"이라는 진실을 따라 살 때 당신은 괴로움이 당신 바깥에 있는 어떤 것, 즉 다른 사람이나 직장, 몸, 연인, 건강 상태, 자신의 과거나 마음 때문에 생겨났다는 믿음을 내려놓게 된다. 괴로움이 자기 내면에 있는 주문으로 말미암아 생겨난다는 사실을 알게 되는 것이다. 물론 인생에는 어려운 일들이 있다. 그러나 그에 관한 스토리에 빠지지 않으면, 당신은 그 상황에 응답할 수 있고, 시련 속에 들어 있는 선물 또한 챙길 수 있다.

깨어나고 나면 당신은 아무리 어려운 상황에서도 외부의 무언가를 바꾸는 것보다는 내면에서 일어나고 있는 일에 더 흥미를 느끼게 된다. 당신은 주문들을 알아보고, 그것들이 실제로 작동하고 있는 것을 보며, 그것들이 단지 어린 시절 생존 등을 위해 형성된 것들로 이제 더 이상 필요 없는 주문이란 걸 깨닫게 된다.

주문들을 경험할 때 그것에 덜 저항하면, 주문들이 느슨해지면서 표면으로 떠오른다. 충분히 떠오르고 나면 그것들이 터지면서 그 안에 갇혀 있던 에너지가 풀려난다. 당신은 이러한 정화 과정을 두려워하기는커녕, 삶에 온전히 깨어 있고자 하는 바람이 주문에 대한 두려움보다 훨씬 더 커지면서 그 정화 과정을 기쁘게 받아들이게 된다.

✦━━━━━━

잠시 뱃속을 점검해 본다. 뱃속에서 긴장이 느껴지거든 전부 녹아서 사라지도록 허용하고, 치유가 담긴 미소로 자신을 가득 채운다. 이러한 부드러움이 골반 저부로 내려가 등 주위로 퍼져나가게 한다.

응답하는 기쁨

질병, 고통, 힘들게 하는 이웃, 경제적 위기 등 힘든 상황에서는 지금 하고 있는 경험에 '반응'이 아닌 '응답'을 하는 것이 스토리텔러에게는 처음에 위협적이라 느껴질 수도 있다. 스토리텔러는 그 경험을 자기가 책임지고 있다고 느끼므로, 고치거나 이해하거나 없애버리는 등 뭔가를 해야 한다. 그러나 책임감responsibility의 진정한 본질은 바로 '응답하는 능력response ability'이다.

주문에서 비롯되는 낡은 반응들은 너무나 완강해서 호기심을 가지고 그 상황에 응답하는 능력을 가로막을 수 있다. 그러나 그럴 때는 바닥에 단단히 고정시켜 놓은 바람 인형이 되는 법을 배우면 된다. 어려운 상황에 처했을 때 당신은 마치 주먹에 맞고 쓰러지는 인형처럼 느껴질 수 있다. 그러나 그럴수록 당신은 더 빨리 자신으로 돌아가, 그 상황이 내면에 불러일으키는 것에 호기심을 품고, 바람 인형처럼 그 탄력을 이용해 다시 일어날 것이다.

이제 진정으로 삶을 신뢰하기 시작할 때이다. 당신은 어려운 상황들이 다 자신을 위한 것임을 알고 있다. 몸이 외부의 바이러스나 박테리아를 땀으로 씻어내는 것처럼, 당신도 오래된 주문들을 깨끗이 씻어낼 것이다. 주문을 더 많이 보고자 할수록 삶은 그 주문들이 모습을 드러낼 만한 상황에 당신을 더 자주 데려다놓을 것이다. 그리고 수용적인 알아차림의 빛을 비추면 그것들은 자유롭게 풀려나고, 당신은 더 이상 인생의 희생자가 되지 않는다.

삶을 온전히 누리려면 당신이 가장 두려워하는 것을 당신 내면에서 마주해야 한다. 5장에서 이야기한 옷장 속 괴물을 기억하는가? 마침내 눈가리개를 풀고 보면 옷장 속 괴물이라 생각했던 것이 그저 옷더미일 뿐이라는 사실을 알게 된다. 그와 같이 느낌, 감각, 스토리는 두려워할 것이 아니라 호기심을 품어야 할 것들이다. 저항하고 있을 때는 심각하고 진짜 같기만 하던 외로움이나 끝없는 슬픔, 허무감 같은 느낌들도 '안녕' 하고 인사하며 연민으로 어루만질 수 있다. 귀를 기울이면 그것들은 더 이상 전처럼 당신을 지배하지 못한다. 그 안에 묶여 있던 에너지가 풀려나고, 당신 앞에는 초원이 열린다.

일상에 의식의 빛을 비출 때, 자신이 한 번도 초원을 떠난 적이 없다는 사실, 다만 떠났다고 생각하고 있을 뿐이라는 사실을 기억하는 것이 중요하다. 그토록 고대하던 기쁨과 명료함, 살아있다는 느낌은 바로 지금, 바로 여기에서 당신과 늘 함께 있어왔다. 스토리텔러에게 주의를 빼앗겨서 보지 못했을 뿐이다. 당신 구름의 핵심 주문들을 직접 대면하면 할수록 구름은 더 엷어지고, 당신은 초원을 더 많이 누리며 살게 될 것이다.

- 삶은 당신이 무언가를 잘했거나 잘못해서 생겨나는 우연한 사건들의 연속이 아니다. 그것은 언제나 당신에게 말을 걸며 당신을 깨우고 있는 지적인 전개 과정이다.

- 의식의 처음 두 단계("삶은 당신에게 일어난다"와 "삶은 당신에 의해 일어난다")는 삶을 고치고, 바꾸고, 저항하고, 통제하려는 단계이다. 그로 인해 당신과 삶 사이에 장막이 생겨난다.

- 의식의 다음 두 단계는 호기심의 단계이다. "삶은 당신 안에서 일어난다"에서는 당신이 지금 경험하고 있는 것에 흥미를 갖게 된다. "삶은 당신을 위해 일어난다"에서는 당신이 어떤 주문들을 갖고 있는지 볼 수 있도록 삶이 당신을 필요한 상황에 데려다놓는다.

- 의식의 마지막 두 단계는 고향인 초원으로 돌아오는 단계이다. 삶의 흐름 안에서 느긋해질수록 삶이 "당신을 통해 일어나는" 기쁨을 더 많이 경험할 수 있다. 또 초원과 다시 연결될 때 당신은 "삶은 당신이다"라는 사실을 깨닫게 된다.

- 삶의 놀라운 지성이 의심스럽다면, 자신이 70조 개의 세포들로 이루

어져 있고, 심장이 10만 킬로미터가 넘는 동맥과 정맥에 혈액을 공급하며, 당신의 생각과 무관하게 몸이 알아서 상처를 치유하고 음식을 소화시킨다는 사실을 떠올려보라.

• 삶의 중심에 있는 지성을 자각하지 못하기 때문에 당신은 자신이 삶에서 분리되었다고 믿는다. 분리되었다고 믿으면, 삶을 통제해야 한다는 환상에 빠지게 된다.

• 더 빨리 자신으로 돌아갈수록, 당신은 삶을 진정으로 신뢰하게 된다. 당신은 어려운 상황들도 자신을 위한 것임을 알고 있다. 외부의 바이러스나 박테리아를 몸이 알아서 정화하는 것처럼, 오래된 주문들도 당신 스스로 정화하게 될 것이다.

이 주의 기억할 구절

"삶은 나를 위한 것이다."

나만의 구절

....

....

기억하기 실습
• 9주 •

이번 주 실습에서는 초원의 비유로 돌아간다. 모든 것은 에너지이고, 초원에서는 모든 것이 흐른다. 당신 또한 마찬가지다. 삶의 에너지는 느낌, 감각, 생각의 형태로 당신을 통과해 흐른다. 당신이 바라는 치유는 삶이 당신을 통해 흐르도록 허용할 때 일어난다. 당신은 편안하고 안락한 상태에 집착하지 않으며, 불편하거나 힘든 상황에서도 긴장하지 않게 된다.

지금까지 해온 기억하기 실습들은 모두 당신이 알아차림의 장을 열수 있도록, 그리하여 자신을 스토리, 느낌, 감각과 동일시하기보다는 모든 것이 당신을 통과해 지나가도록 허용하는 자각의 공간이 될 수 있도록 당신을 이끌어왔다.

몇 차례 들어오고 나가는 숨에 주의를 모으다가, 호흡에만 집중하던 것을 내려놓고 호기심에 당신을 내맡긴다. 이는 마치 자동차의 핸들을 내려놓는 것처럼 느껴질 수도 있다. 당신은 삶을 통제하려는 버릇에 너무 익숙한 나머지 이 기억하기 실습마저도 통제하려고 할지 모른다. 집중을 잘하면 실습을 잘하는 것이고, 그렇지 못하면 망쳤다고 생각할 수도 있다. 여기서는 그러한 관점을 넘어서, 무엇이 나타났다 사라지든 거기에 사로잡히지 말고 그냥 허용한다. 여기서는 무엇이든 다 환영받는다.

내면에서 일어나는 모든 것은 호기심을 품으면 그냥 당신을 통과해서 지나갈 것이다. 스토리텔러와 그 스토리가 일으키는 느낌과 감각에 주의가 끌리겠지만, 그 다음엔 자연스럽게 호기심이 다시 일 것이다. 잠시 구름 속에 빠질 수도 있지만, 얼마 후면 저절로 호기심이 다시 효과를 발휘할 것이다. 자신을 판단하지만 않으면, 일어나고 있는 일에 바로 호기심을 품을 수 있다.

특정한 경험을 만들어내려는 게 아니라는 사실을 기억하라. 뭔가 일어나게 하려고 하거나, 일어나고 있는 일에 대해 생각하거나, 그것에 저항하거나, 그 일을 바꾸려는 게 아니라, 그저 지금 이 순간 일어나고 있는 일에 마음으로 호기심을 품는 것이다. 당신의 내면 세계는 마치 날씨와도 같아서, 호기심을 품는 법을 배우면 스토리, 느낌, 감각이라는 날씨가 하늘을 지나가는 구름처럼 당신을 통과해 지나갈 것이다.

다음 지시문을 읽은 뒤 책을 내려놓고 눈을 감은 채 탐색을 시작해본다. 시간에 제약이 있다면 13분간 진행한다. 시간에 구애받지 않는다면 각 단계에 호기심이 이는 만큼 머물러도 좋다.

1. 눈을 감고 알아차림의 촉수를 경험의 강물에 담근 뒤, 지금 이 순간 자신의 느낌이 어떠한지 알아차린다.
2. 적어도 세 번, 숨을 들이쉬며 근육을 당겼다가 내쉬는 숨에 '아!'

하고 내려놓는 소리를 크게 내면서 천천히 모든 것을 이완한다.

3. 몇 번 더 들어오고 나가는 호흡에 주의를 기울이면서, "들이쉬고…… 내쉬고, 깊이…… 천천히, 고요하게…… 편안하게, 있는 그대로…… 여기에 있네)"(또는 "있는 그대로…… 여기에 있네"만 해도 좋다)라고 말한다.

4. 호흡을 가볍게 내려놓으며 호기심에 자신을 내맡긴다.

5. 어떤 것이든 왔다가 지나갈 수 있다. 몸에 다른 감각이 나타날 수도 있고, 머릿속에 스토리가 떠오를 수도 있으며, 감정이 일었다 사라질 수도 있다. 무언가 일어나게 만들려고 하거나 지금과 다른 모습이 되기를 바라거나 하지 말고 이 소중한 순간에만 오로지 관심을 가져본다. 무엇이 일어나든 그것이 자신을 통과해 지나가도록 허용한다.

6. 이 실습 초기에는 마음이 헤맬 수도 있다. 그날 있었던 일이 떠오른다거나 실습을 제대로 못할까봐 두려울 수도 있다. 그러나 열려있다 보면 자연스럽게 호기심이 일어나 자신의 내면에서 드러나고 있는 일에 흥미를 느끼게 될 것이다. 실습중에 "지금 내가 어디에 주의를 기울이고 있나?" 하고 질문해 보는 것도 도움이 될 것이다. 내면에서 벌어지는 일에 대해 생각을 하기 전에 호기심을 품어본다.

7. 마음이 많이 헤매고 있는 것이 보이면, 몇 차례 호흡에 집중한 뒤 다시 알아차림의 장을 열고 지금 여기 있는 것에 호기심을 품어본다. 마음이 내키는 만큼 이렇게 호기심을 품고 있는다. 그 시간

은 30초가 될 수도 있고, 30분이 될 수도 있다.

8. 준비가 되었다면, 눈을 떠도 좋다.

짧은 실습

1. 눈을 감고 살펴보면서, 지금 자신의 느낌을 알아차린다.

2. 적어도 세 번, 숨을 들이쉬며 근육을 당겼다가 내쉬는 숨에 '아!' 하고 내려놓는 소리를 크게 내면서 천천히 모든 것을 이완한다.

3. 몇 번 더 들어오고 나가는 호흡에 주의를 기울이면서, "들이쉬고…… 내쉬고, 깊이…… 천천히, 고요하게…… 편안하게, 있는 그대로…… 여기에 있네"(또는 "있는 그대로…… 여기에 있네"만 해도 좋다)라고 말한다.

4. 들이쉬고 내쉬며 호흡의 파도를 타던 것을 그만하고 알아차림의 장을 연다. 자신의 내면에 드러나고 있는 것에 호기심을 품고, 내면에 무엇이 있든 그냥 거기에 있도록 허용한다.

5. 마음이 많이 헤매고 있는 것이 보이면 몇 차례 호흡에 집중한 뒤 다시 알아차림의 장을 열고 지금 여기 있는 것에 호기심을 품어 본다.

6. 준비가 되었다면, 눈을 떠도 좋다.

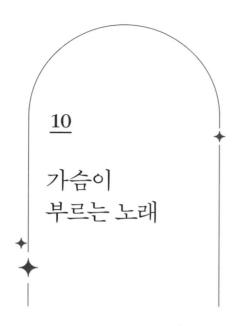

10

가슴이
부르는 노래

이 책에서 이야기한 것들을 깨달으면 우리를 에워싸고 있던 갈등의 구름들이 정말로 순식간에 다 사라질까? 내 경험으로나 내가 아는 사람들 99.999퍼센트의 경험으로나 그런 일은 없다. 스티븐 레빈이 말했던 것처럼, 깨어남은 점진적인 과정이다. 이 과정이 얼마나 오래 걸리느냐는 질문을 받았을 때 그는 이렇게 답했다. "그것은 평생이 걸리는 일입니다."

심장 판막이 열렸다 닫히고 숨이 들어왔다 나가는 것처럼, 당신은 날마다 기억했다 잊어버리고 긴장했다 이완하기를 반복할 것이다. 어느 날은 아주 명료해져서 어떤 갈등의 스토리라도 쉽게 내려놓을 수 있을 것이다. 그러다 다음날은 그 스토리의 손아귀에서 영영 빠져나올 수 없을 것 같은 기분이 들 것이다. 그러나 당신은 머릿속에 있는 온갖 스토리들의 퍼즐을 맞추고 있는 중이며, 결국은 스토리텔러의 주문에서 풀려날 것이다. 정말 중요한 것은 당신이 경험하고 있는 그것에 얽매이지 않고 그것과 관계를 맺는 매 순간이다.

자신이 지금 초원에 있으며 이 앎을 가로막는 것은 한갓 갈등의 구름일 뿐임을 안다면, 무엇을 경험하건 당신은 그것에 점점 더 연민어린 호기심을 품게 될 것이다. 또 힘든 일들을 삶에 내맡기면 삶의 중심에 있는 지혜가 당신을 안내하고 도와주리라는 걸 기억해낼 것이다. 이렇게 해서 당신은 삶에 연결되고, 그 흐름에 들어설 수 있으며, 갈수록 더 편안하고 즐거워질 것이다.

네 가지 실천

지금까지 살펴본 것을 '네 가지 실천Four Lets'이라는 말로 요약하면 좋을 것 같다. 이는 당신이 얼마나 열려 있건 간에 일어나는 모든 일에 명확하게 응답하도록 해줄 것이다.

- 삶에 맡겨라.(Let Life)

- 그냥 두라.(Let it be)
- 내려놓으라.(Let it go)
- 보내라.(Let go)

"삶에 맡겨라"는 힘든 일을 삶에 내맡기고 스토리텔러의 핵심 반응들에서 벗어날 수 있는 출구로서, 삶의 지성이 당신의 한 걸음 한 걸음을 도울 수 있도록 허용하는 것이다.

이것은 "그냥 두라" 단계의 호기심으로 이어진다. 이는 자신의 경험과 싸우지 않고, 무슨 일이 벌어지는지 그 경험의 공간을 탐험할 수 있다는 뜻이다. 그러면 자신의 주문을 연민의 눈으로 알아차리고 주문에서 놓여나게 된다.

"내려놓으라"를 통해서 당신은 주문들이 일어날 때 간단히 그것들을 내려놓을 수 있다. 스토리들이 당신을 통과해 지나가기에 충분한 호기심과 연민을 보냈기 때문이다.

이제 당신은 "보내라" 단계로 넘어간다. 이는 당신이 초원에서 쉴 수 있을 정도로 갈등의 구름이 엷어진 단계이다. 이 순간에 열려있으면 당신은 삶에 느긋해지면서 삶이 당신을 있는 그대로 통과해 흐르도록 허용하게 된다.

스토리텔러에 사로잡혀 있을 때 막대한 도움이 되는 "삶에 맡겨라"로 시작해서 삶에 완전히 연결되는 "보내라"로 나아가는 이 네가지 실천 단계에는 의식의 발전 과정이 고스란히 담겨 있다. 각각을 더 깊이 살펴보자.

삶에 맡겨라

반응이 너무 빨리 일어나 내면에서 무슨 일이 벌어지고 있는지 감을 잡지도 못할 때가 많이 있을 것이다. 스토리의 늪에서 빠져나올 길이 없다고 느낄 때도 있고, 깨어남의 도구들을 활용해 보지만 저항이 더 심해질 때도 있을 것이다.

이런 식으로 위축되면 "나는 제대로 못 살고 있어" "난 별 볼일 없어" "뭐가 잘못돼서 계속 이런 일이 생기는 걸까?" 같은 주문에 빠져들기가 아주 쉽다. 그러나 당신 안의 모든 것이 이런 주문을 믿고 싶어 한다 할지라도, 살면서 숱하게 주문에 휘둘려보았다면 이것이 더 큰 괴로움만 자초한다는 걸 알 것이다.

이때가 바로 "삶에 맡겨라"에 연결되는 순간이다. "삶에 맡겨라" 단계가 주는 첫 번째 선물은, 자신이 주문에 사로잡혀 있으며 내면의 반응 앞에서 무기력하다는 사실을 인정하게 된다는 것이다. 반응에 빠져드는 게 아니라 반응에 사로잡혀 있다는 사실을 깨어서 알아차리는 것이다. 이는 주문의 구름 안에서 매우 강력한 알아차림의 순간이다. "내가 반응에 사로잡혀 있는 게 보여"라고 말할 수 있다면 갈등의 늪 바깥으로 반 발짝은 내딛은 것이다.

"삶에 맡겨라"의 두 번째 부분은 삶에게 명료하게 볼 수 있기를 청하는 것이다. 살면서 어떤 일을 겪든 초원은 언제나 당신과 함께 있으며, 삶 자체인 지성에 도움을 청하기만 하면 초원에 바로 접속할 수 있다.

이러한 요청은 답을 구하는 것이 아니란 사실을 기억하라. 답을 구하려 하면 머릿속에 갇힐 뿐이다. "무엇을 대면해야 하는가?" "이 길을 지나면 어떤 길이 나오는가?" "내가 보아야 할 것은 무엇인가?"처럼 삶을 향해서 열려 있는 질문을 계속 던질 때, 삶이 정한 때에 삶이 정한 방식으로 당신에게 답이 나타나기 시작할 것이다. 삶은 질문하는 모든 순간을 다 헤아리고 있다. 아무런 일도 일어나지 않는 것처럼 보일 때에는 특히 더 그렇다.

✦ ————————

깊고 느리게 호흡하면서, 당신 혼자 삶의 춤을 추고 있는 게 아니라는 사실을 묵상해 본다.

그냥 두라

깨어나면, 당신이 반응하거나 위축되거나 혹은 삶에 적절히 대처하지 못한 순간, 당신 내면에서 벌어지는 일에 점점 더 관심이 커질 것이다. 어떤 일이 일어나든 있는 그대로 허용하겠다는 의도를 품고 자신에게 주의를 기울일 것이다. 이것이 "그냥 두라"이다. 일어나고 있는 일에 저항하지 않으므로 반응도 일지 않는다. 그러면 내면에서 일어나는 일을 바라보고 거기에 응하기가 훨씬 수월해진다.

모든 것이 있는 그대로 존재하도록 허용하는 이 공간에서 바로 연금술이 일어난다. 주문은 꼭 사람처럼, 당신이 자신들을 고치려 하거나, 부정하거나, 판단하거나, 제거하려 들면 저항한다. 당신이 주문들을 기꺼이 인정해 주고 그들의 관점에 귀 기울여주면 그들은 당신이 들어주었다고 느낀다. 그 느낌은 당신이 준비되었을 때 주문들이 스스로 떠나갈 수 있는 기회를 극적으로 높여준다.

스토리텔러는 기본적으로 저항하도록 세팅되어 있다. 이는 '그냥 두라'의 중심 원리인 '허용'과는 정반대이다. 그러나 5장과 6장에서 살핀 대로, 경험하고 있는 것에서 달아나려 할수록 스토리텔러의 갈등만 더 키울 뿐이다. 만약 경험하고 있는 것을 호기심의 눈으로 바라본다면 그 주위에 공간이 생겨나고, 바로 그 공간의 광대함(반응과 정반대)에서 치유가 일어난다.

여기에서 핵심은 허용이다. "그냥 두라"를 가장 명확히 설명하는 한 가지 방식은 "지금 이 순간, 내 안에서 무슨 일이 일어나든 내가 거기에 관심을 기울일 수 있도록 그 일이 그냥 그대로 일어나도록 허용하려고 해"라고 말하는 것이다.

허용은 "삶은 삶을 위해 존재한다"는 사실을 믿는 데서 나온다. 허용은 우리를 긴장하게 만드는 모든 것이 성장의 기회라는 사실을 아는 데서 나온다. 두려워하거나 부끄러워할 것은 아무것도 없다. 단지 연결되어야 하고 탐색되어야 하며 있는 그대로 드러나야 할 어떤 것, 즉 주문들을 형성하는 막힌 에너지가 있을 뿐이다. 허용함으로써 문이 열리며, 그로 인해서 당신은 삶의 경험들을 드러내고 그것들에 관심을 기울여 그것들이 놓여나도록 할 수 있다.

불안감을 예로 들어보자. 이것이 살면서 아주 익숙한 느낌이라고 상상해 보라. 불안해질 때마다 당신은 저항감, 안절부절 못하는 느낌, 그리고 여기서 벗어나고 싶은 간절한 느낌이 든다. 그러나 그런 느낌에서 벗어나려 별의별짓을 해도 잠깐은 안도감이 들겠지만 불안감이 완전히 해소되지는 않는다는 것을 알고 있다. "그냥 두라"를 실천하면 지금 불안을 느끼고 있다는 것을 알아차리고 거기에 호기심을 품을 수 있다. 이렇게 살펴보는 사이 불안감은 저절로 사라질 것이며, 다시 일어난다 해도 훨씬 덜 두렵고 훨씬 더 빨리 지나갈 것이다.

그냥 내버려두기가 쉽지 않을 때도 있다. 저항하고 통제하는 데 길들어져왔기 때문이다. 지금 하고 있는 경험을 제대로 받아들이고 탐험하려면, 마치 스스로 선택한 경험인 양 그 경험과 관계를 맺어보는 것이 도움이 된다. 독감에 걸려 온종일 몹시 힘든 상황을 상상해 보자. 그때 "이것은 내 깨어남의 일부야. 저항하기보다는 이것과 함께 머물기를 선택하겠어"라고 말하면서 이 경험과의 관계를 바꾼다고 해보자. 이런 식으로 받아들이면 독감이라는 경험이 완전히 달라진다.

이 방법이 소용없다면, 삶이 당신을 위해 그 경험을 선택했다고 가정해 보자. 운명이 당신을 이리로 데려왔으며, 당신이 할 일은 그것을 깨어서 알아차리는 일이라고 해보자. 이러한 관점을 통해 괴로움은 자유롭게 흐르는 생기로, 진정한 자신으로 변형된다.

인식을 바꿔주는 이 두 가지 방법은 당신을 무의식적인 희생자 역할에서 벗어나 모든 경험을 깨어서 바라보는 힘에 연결되도록 해준다. 이것이 "그냥 두라"의 진정한 의미이다.

✦━━━━━━━

잠시 책을 내려놓고 비틀즈의 노래 〈렛 잇 비Let It Be〉를 불러본다. '렛 잇 비'라는 제목이 주는 지혜와 후렴구를 음미해 본다.

내려놓으라

앞의 두 가지 실천("삶에 맡겨라"와 "그냥 두라")을 통해서 주문을 더 잘 볼 수 있게 되면, 주문이 일어날 때 그것을 알아보고 거기에서 풀려 나기가 수월해진다. 그러면 주문에 유연해지면서 주문이 당신을 통과해 지나가도록 하는 "내려놓으라" 단계에 이르게 된다.

다시 불안감을 예로 들어보자. 당신은 "나는 불안해"라고 하면서 자신을 주문과 동일시하는 대신 "그냥 두라"를 실천하게 되면 "이 건 그냥 불안일 뿐, 이것 때문에 긴장할 필요가 없어"라고 말할 수 있게 된다. 불안의 스토리를 따라가는 데도, 그 에너지에 저항하는 데도 관심이 없다. 그래서 간단히 불안감을 내려놓고 삶으로 주의 를 되돌린다. 당신이 곧 주문이 아니라는 사실을 기억하라. 주문은 그저 어린 시절 배우고 받아들인 조건들일 뿐이다. 당신은 그 주문 을 바라볼 수 있으며, 바라볼수록 주문의 힘은 약해진다.

때로 주문을 내려놓기 어려울 때도 있겠지만, 묶여 있는 주문의 에너지에 온전히 주의를 기울일 때 연금술이 일어나는 것을 보면 볼수록, 담아둘 가치가 있는 주문 같은 건 없다는 걸 알게 될 것이 다. 담아두면 이 주문이 당신 안에 갇히고, 그 과정에서 당신의 기 쁨도 갇힌다는 사실을 명확히 알 수 있다. 주문을 알아차리고, 긴장을 풀어, 주문이 올라와도 싸우지 않고 그저 자신을 통과해 지나가게 하겠다는 열정을 품어보라. 당신 삶에 일어나는 모든 일이 그저 당신을 통과해 지나가도록 허용한다면, 당신은 우리가 어떤 기쁨을 타고났는지 알게 될 것이다.

✦━━━━━━━━

책을 내려놓고 호흡에 주의를 모은다. 다음번 들숨에 근육을 당겼다가 날숨에 천천히 이완한다. 원하는 만큼 내려놓기 호흡을 한 다음, 미소를 지어본다.

보내라

"삶에 맡겨라" "그냥 두라" "내려놓으라"를 통해 주문의 구름이 엷어지면, 이제 당신은 지금 여기를 살아가는 것이 안전하고 기쁜 일이라는 것을 생각이 아니라 생생한 경험으로 알게 된다. 이는 당신을 네 번째 실천인 "보내라"로 이끈다. "보내라" 실천을 하면서 당신은 삶을 통제하거나 조종하려 애쓰기보다 삶에 연결되어 있음을 기억하게 된다. 당신은 뒤로 물러나 삶이 펼쳐지는 것을 바라보는 법을 배우는 중이다. 페마 최드렌은 깨어남을 "힘 빼고 살아가기 Relaxing into life!"라는 말로 아주 적절히 묘사하고 있다.

"보내라"라는 이 간단한 말에 이 책의 정수가 담겨 있다. 이는 삶을 위한 아주 근사한 만트라이다. "보내라"를 통해서 당신은 자연스럽게 펼쳐지는 삶에 연결된다. 긴장하는 것이 느껴질 때 그저 "보내라"라고 말하면, 스토리텔러가 어떤 갈등에 붙들려 있건 다 녹아서 사라지기 때문이다.

티베트의 한 라마승은 여기서 일어나고 있는 일을 제대로 본다면 웃다가 숨이 넘어갈지도 모른다고 말했다. 우리는 자신을 밧줄로 묶어둔 채, 통제할 수 없는 것을 통제하려 애쓰고 있다. 마치 모기가 코끼리 등 위에 앉아 코끼리를 몰려고 애쓰면서 자기 맘대로 안 된다며 좌절하는 꼴이다. 삶을 통제하기를 멈추고 그 흐름을 타면 당신은 이것이 바로 기쁨이라는 사실을 알게 된다. 그러면 아무리 힘든 일을 겪는 순간에도 당신은 초원으로 연결된다.

이제 당신은 두려움에 근거한 작고 비좁은 마음 안에서 사는 대신, 주어진 삶에 자신을 여는 것이 가장 안전하다는 것을 깨닫고, 자신을 확장하고 열 때가 되었다. 물론 두려울 수 있다. 당신은 너무나 오랫동안 마음이 삶을 책임진다고 믿는 개념적인 세상에 붙들려 있었기 때문이다. 불가능한 임무를 스스로에게 부여한 마음은 자신에게만 골몰하다 신경과민 상태가 되었다. 그러나 삶이 자신보다 현명하다는 사실을 깨달으면 당신은 다시 삶에 연결될 수 있다.

사람들은 대부분 두려움에 사로잡혀 자신의 마음이 삶보다 더 강하다고 믿는다. 그러나 물어보자. 심장을 뛰게 만드는 것이 당신인가? 두 눈을 만든 것이 당신인가? 겨울이 지나 봄이 오게 하는 것이 당신인가? 피부에 난 상처를 아물게 하는 것이 당신인가? 아니다. 삶의 힘이 당신의 삶을 창조하고 조율한다. 그리고 삶은 믿을 만하다. 물론 거기엔 죽음, 질병, 상실도 있지만, 삶을 신뢰하지 않고 삶에 열려 있지 않아서 겪는 괴로움은, 힘든 면을 포함해 삶의 모든 면에 열려 있을 때 경험하는 어떤 고통보다도 크다.

삶이 당신보다 현명하며 자신이 무엇을 하고 있는지 안다는 사실을 깨닫는다면 더 이상 마음속에만 갇혀 살지 않을 것이다. 마음을 사용하지 않는다는 뜻이 아니라 더 이상 갈등 게임을 벌여 당신을 삶과 단절시키게 두지 않는다는 뜻이다. 마음은 삶을 헤쳐 나가게 도와주는 정교한 도구이다. 그러나 삶에 대해 마음이 생각하는 것이 삶은 아니다. 마음의 진정한 기능은 삶을 통제하는 것이 아니라 삶을 위해 온전히 여기에 머무는 것이다.

✦━━━━━━

잠시 책을 내려놓고 삶에 자신을 그냥 한번 열어보라. 지금 이 순간 일어나는 어떤 일도 이전에는 한 번도 일어난 적이 없었음을 인식한다. 이는 완전히 새로운 것이다. 생각하지 말고 그냥 받아들인다. 꿀꺽 들이마신다. 삶이라는 거대한 강물에 자신을 내놓아도 안전하다.

당신은 이에 대한 향수병이 있다. 이 책을 읽는 지금 이 순간에도 펼쳐지고 있는 삶의 거대한 흐름 속에 온전히 참여하고 싶은 열망이 있다. 당신에겐 삶이라는 선물이 주어졌으며, 지금 이 순간 당신은 그것을 목격하고 있다. 당신 삶에서 일어나는 사건들은 당신만이 경험할 수 있는 특별한 것이며, 언젠가는 더 이상 경험할 수 없게 될 것이다. 삶은 계속 펼쳐지겠지만, 당신은 떠날 것이다. 이 사실을 인식하면 새의 지저귐, 맛있는 음식, 복통, 기뻐하는 사람, 괴로워하는 사람, 마음속의 두려움, 당신 자신의 죽음 등 주의를 사로잡는 모든 순간에 깊이 귀 기울이고 싶은 열정이 솟아난다. 이것이 당신의 삶이기 때문이다.

삶에 대한 열정 속에서, 당신은 더 이상 그 흐름에 저항하지 않는다. 그 대신 점점 더 많은 일상의 순간들이 자신을 통과해 지나가도록 허용한다. 예수회 신부이자 심리 치료사이기도 한 안소니 드 멜로Anthony de Mello는 이를 '필연과의 완벽한 협력absolute cooperation with the inevitable'이라 불렀다. 삶을 풍요롭게 하는 것은 기꺼운 마음으로 삶을 사는 것이다. 삶에 저항하기보다는 삶을 포용하는 것이다. 자신의 삶을 살아라! 모든 경험을 포용하는 데서 기쁨이 솟아난다. 이 행성을 포함해 이 행성 위의 어떤 것도 영원하지 않다는 사실을 깨달을 때 이렇게 될 수 있다. 사람도 동물도 사건도 경험도 모두 죽는다. 태어난 모든 것은 결국은 신비 속으로 사라진다. 그러니 기꺼이 삶 속으로 죽으라.

"보내라" 실천을 하면 할수록 당신은 삶을 더 많이 누릴 수 있다. 삶과 당신 사이엔 친밀함이 싹튼다. 삶은 풀어야 할 문제들이 아니라 발견해야 할 춤이 되며, 가장 단순한 것에서 실로 깊은 감명을 받게 된다. 편안히 받아들이는 일이 늘어날수록 모든 것이 편안해진다는 사실을 당신은 커다란 기쁨 속에서 알게 된다. 이다음에 무엇이 일어날지 두려워하는 마음도 기꺼이 편안하게 내려놓을 수 있다.

이 위대한 삶의 신비를 신뢰하면 미래도 무조건 신뢰할 수 있다.

당신은 모든 것이 가능하지만 확실한 것은 아무것도 없다는 사실을 깨닫게 된다. 마음은 이다음에 일어날 일을 결코 알 수 없지만 그래도 상관없다. 당신에겐 인간이 받은 가장 큰 선물—지금 있는 그대로 삶과 함께 머물 수 있는 힘—이 있다는 사실을 알기 때문이다. 삶을 헤쳐 나가는 방법을 생각하고 계획하는 대신, 당신은 에너지를 느끼는 법을 찾는다. 삶을 관통하는 흐름이 있고, 당신은 이 힘에 당신을 맡기는 법을 배운다. 당신이 자신의 삶의 흐름을 따라간다고 느낄 때 스토리텔러는 더욱 고요해지고, 당신 가슴은 당신의 인도자가 된다.

나의 책《살아있음이라는 마법의 숲*The Magical Forest of Aliveness*》은 삶으로 돌아가는 여정을 탐색한 책이다. 이 책은 어른들을 위한 동화(많은 사람들이 아이들도 이 책을 좋아한다고 말해주었지만)로, '로즈Rose'라는 소녀가 '마음Mind'이라는 마을의 장벽 뒤에 갇혀 사는 이야기이다. 소녀는 마침내 마을에서 벗어나는 길을 찾아내, 아름답고 깨끗한 숲속 깊이 '살아있음'이라는 마법의 숲으로 들어간다. 그리고 거기에서 자신이 진정 누구인지를 발견하게 된다. 그러자 사자, 호랑이, 곰이 나타나 소녀에게 깨어 있는 의식에 대해, 또 삶에 연결되는 법에 대해 가르쳐준다.

그러나 마을로 돌아갈 때가 되자 별안간 소녀의 오래된 두려움이 표면으로 떠오른다. "나는 삶에 열려 있을 수 없어. 아무것도 못할 거 같아. 난 그냥 동네북이 되고 말 거야! 나쁜 일이 일어나든가, 아니면 아무 일도 일어나지 않겠지." 그러나 이제 로즈는 이런 생각이 자신을 열어주기보다는 긴장하게 만든다는 것을 느낄 수 있었고, 따라서 그런 스토리에서도 풀려날 수 있었다.

들판을 가로질러 마을로 가는 길을 바라보는 로즈에게 '모른다'는 말이 치유의 향기처럼 다가온다. '마음'이란 마을에 갇혀 있을 때는 두려움과 좌절을 안겨주던 그 말이 이제는 삶의 지성으로부터 나온다. "내 삶에 무슨 일이 벌어질지 전혀 모르지만, 알 필요도 없어. 내 삶은 되어야 하는 그대로 펼쳐져나갈 거야. 알아야 한다는 생각 때문에 나는 내 머릿속에 갇혀 있었어. 알 필요가 없다는 사실이 나를 삶의 위대한 신비 앞에 계속 열려 있게 해줘."

✦────────

잠시 눈을 감고 깊이 숨을 들이쉰다. 그리고 천천히 길게 내쉬면서 "모른다" 하고 말한다. 날숨이 전부 빠져나갈 때까지 그 말을 길게 내뱉는다. 이 "모른다" 호흡을 원하는 만큼 여러 차례 해본다.

*

네 가지 실천을 통해서, 우리가 할 수 있는 가장 중요한 선택, 마음으로 통제할 것인지 아니면 삶에 연결될 것인지를 살펴보았다. 사실 이것은 당신이 진실하게 내릴 수 있는 유일한 선택이다. 마음이냐, 그 순간이냐! 당신은 갈등의 구름을 만들어내는 머릿속의 모든 스토리와 주문에 주의를 기울일 수도 있고, 열정적이고 연민어린 가슴으로 삶에 주의를 기울이고 자연스러운 방식으로 삶과 교감하면서 삶이 펼쳐지게 할 수도 있다. 언제든 어려움은 있겠지만, 주문에 걸려 살아가는 게 아니라 느긋이 삶의 춤을 출 수 있을 때, 삶은 한결 수월해진다.

가슴으로 살기

지금까지 우리가 살핀 내용은 모두 마음보다는 가슴의 지혜가 당신 삶을 이끌게 하라는 것이다. 7장에서 당신이 깊이 사랑하는 누군가를 떠올릴 때 가슴의 에너지가 어떻게 변하는지 느껴보았을 것이다. 가슴은 확장되고, 열리고, 빛나기까지 했다. 그런 깊은 사랑의 느낌으로 오랫동안 있다 보면 온몸이 빛난다는 것도 알 수 있었다. 우리 몸의 모든 세포는 열린 가슴에서 나오는 빛에 응답한다. 그러니 자신의 다른 부분에게도, 사랑하는 사람들에게도, 낯선 이들에게도, 식물과 동물에게도 그렇게 하라. 열린 가슴으로 어루만져 주면 그 모두가 훨씬 더 생명력을 발할 것이다.

가슴의 안내를 따르면 어떻게 될까? 열린다. 가슴은 마음처럼 나누거나 분리할 줄 모르기 때문이다. 가슴을 따르는 삶을 설명하는 단어는 허용, 광대함, 호기심, 즐거움, 자발성, 그리고 신뢰이다. 마음이 가슴에 안기면, 당신은 진실해지고, 진실을 말하고, 다투지 않고, 반응이 아닌 응답을 하고, 호기심을 품고, 고요히 침묵하는 시간을 갖고, 자기 입장을 내세우지 않고, 있는 그대로 삶에 귀 기울이며 감사하는 데 가치를 두게 된다. 또한 가슴을 따라 살아가면 당신은 평안의 초원에 거하면서 세상을 치유하는 존재가 될 것이다.

마음이 가슴을 따를수록, 당신은 더 자주 자신이 바라는 방식으로 삶을 경험하게 된다. 즉 편안하게 사랑을 주고받고, 어디서나 사랑을 발견하는 기쁨을 맛보며, 아주 작은 일에도 깊이 감사하게 된다. 우리 존재의 본질은 사랑임에도 그 사실을 알지 못한 탓에 우리는 늘 사랑에 굶주려왔다. 바다 속에 살면서도 목말라하는 물고기처럼 우리는 평생 사랑을 찾아다녔다.

'용기courage'라는 단어는 '심장의of the heart'라는 뜻에서 나왔다. 자신의 주문을 들여다 볼 용기가 생기면 당신은 가슴이 지닌 힘을 발견하게 되고, 평생 그리워해 온 사랑이 바로 자신에게 있다는 사실을 깨닫게 된다. 자신의 모든 것을 향해 가슴을 열고 그 안에 주문이나 감각, 느낌, 생각을 모두 포용할 수 있을 때, 당신의 몸과 마음은 사랑의 에너지로 빛날 것이다.

바깥에서 오는 사랑은 결코 당신을 만족시킬 수 없다. 그러한 갈망을 해소하는 유일한 길은 자신이 진정으로 누구인지 아는 데 있기 때문이다. 다른 사람에게서 받는 사랑은 자신이 곧 사랑임을 깨달을 때 당신이 보여줄 수 있는 사랑의 깊이에 비하면 그야말로 대양의 물 한 방울에 불과하다. 당신은 모든 것에 생기를 주는 에너지에서 태어났다. 몸의 세포를 구성하는 원자들은 빛으로 가득하며, 그 빛의 움직임이 사랑이다. 스토리텔러의 갈등에서 벗어나 사랑의 들판에서 쉴 때 당신은 진정한 자신의 빛을 경험하게 된다.

그때 놀라운 일이 일어나기 시작한다. 끝없이 사랑을 찾아다니며 괴로워하는 게 아니라 스스로 그 사랑이 되는 것이 삶의 가장 큰 기쁨임을 깨닫는 것이다. 사랑이 되는 것이 자신의 운명임을 깨달으면 놀라운 변화가 일어난다. 사랑을 주고받는 거대한 순환 속으로 들어서게 되는 것이다. 사랑을 주면 줄수록 사랑은 더 크게 당신에게 돌아오며, 당신은 어디서나 사랑을 발견한다.

그때 이 사랑은 온 인류에게로 확장된다. 당신은 여기에 오직 '우리'밖에 없으며 우리는 모두 하나로 연결되어 있다는 사실을 깨닫는다. 삶이란 수없이 많은 잎사귀들이 달린 우람한 나무와도 같다는 걸 깨닫는다. 사람들은 나무의 잎사귀들이고, 우리 모두는 같은 나무, 같은 뿌리에 연결되어 있다. 모든 사람의 눈에는 모든 생명에 똑같은 생기가 스며 있는 모습이 보인다.

사람들은 대부분 자신을 이런 눈으로 보지 못하고, 따라서 자신의 빛을 흐리게 하는 주문에 사로잡혀 살아간다. 그러나 가슴의 눈을 통해서 당신은 자신이 진정 누구인지 알아볼 수 있다. 〈마리아여, 아셨나요?Mary, Did You Know?〉라는 성탄 노래는 성모 마리아가 어린 예수에게 입을 맞췄을 때 '신의 얼굴에 입맞춤했다는 것'을 알고 있었는지 묻는다. 아기 예수에게서 신의 얼굴을 본다는 것은 놀라운 일이다. 그러나 사랑의 진실에 깨어나면 당신은 모두에게서 신의 얼굴을 본다.

가슴으로 살아가면 당신은 모두에게 저절로 열린다. 그가 마트의 점원이든, 교통체증으로 서 있는 옆 차의 사람이든, 연인이든 당신이 맛보는 존재의 충만함을 그와 나누게 된다. 그들이 주문에 얼마나 깊이 사로잡혀 있는지는 상관이 없다. 다른 사람들과 마찬가지로 그들 역시 삶에 서툴고 그래서 당신이 그들에게 상처를 받았다 해도 상관이 없다. 주문에 사로잡혀 있을 때에도 그들 나름대로 최선을 다하고 있다는 사실 또한 깨닫게 될 것이다. 다른 사람들과 가슴으로 관계를 맺고, 당신 눈으로 그들의 참모습을 되비쳐준다면, 그들이 지닌 갈등의 구름도 엷어질 것이다. 그때 당신은 이 세상의 깨어 있는 힘a force of consciousness이 된다.

이런 사랑은 온 생명으로 확장된다. 당신은 모든 것의 원천이 삶의 중심에 있는 지성이라는 사실을 깨닫게 된다. 생명나무에 달린 잎사귀들처럼 모두 사람들이 같은 근원에서 양분을 흡수한다. 사람이든, 느낌이든, 생각이든, 식물이든, 곤충이든, 바위든, 풀이든, 돌고래든, 별이든, 당신의 아이든 다 마찬가지다. 모든 것이 신비에서 나왔으며, 동일한 에너지로 생기를 얻고, 모두가 다 넓은 가슴에 안길 자격이 있다. 이 순간이 자신의 진정한 본질에 들어설 때, 즉 존재하는 것의 연인이 될 때이다.

당신은 분리된 듯 보이는 존재들이 실은 서로 연결되어 있음을 본다. 모든 것은 연결되어 있고, 모두가 다 생명나무의 뿌리인 사랑에서 양분을 얻어서 자라기 때문이다. 온갖 형태로 표현된 생명들은 마치 당신의 심장을 이루는 세포 하나하나와 같다. 물론 세포는 분리된 개체들이지만, 심장이라는 집단community이 없으면 존재하지 못한다. 심장은 몸이라는 더 큰 집단이 없으면 존재하지 못하고,

몸은 생명이라는 전체 집단이 없으면 존재하지 못한다.

가슴으로 살게 되면 당신은 감사의 바다에서 헤엄칠 것이다. 어떤 것도 당연시하며 그냥 받아넘기지 않을 것이다. 일용할 양식을 주는 땅에게도(또그런 일이 일어나게 하는 모든 힘들에게) 감사하고, 감각을 통해 삶을 경험하게 해주는 몸이라는 놀라운 선물에도 감사하고, 감각 그 자체에도(못 보거나 못 듣는다면 어떨까?) 감사하며, 걸을 수 있는 능력에도(걷지 못하는 사람들이 많이 있다) 감사하는 등 매사에 감사할 것이다. 심지어 삶의 시련에도 감사하게 될 것이다. 시련을 통해 자신이 믿고 살아온 주문들이 깨끗이 치워지면 지금 여기에 온전히 머물 수 있다는 사실을 깨닫게 되기 때문이다. 감사하며 살아가는 것보다 더 큰 기쁨은 없다.

강물, 사람, 계절, 당신의 몸, 당신이 겪는 시련 등등 모든 것을 사랑의 분출로 본다는 것은 당신이 바야흐로 가슴이라는 고향으로 돌아가고 있다는 말에 다름 아니다. 삶을 소유가 아닌 사랑으로 볼 때 당신은 자신이 분리되었다거나 혼자라는 느낌을 더 이상 느끼지 않게 된다. 당신의 가슴이 당신을 삶이라는 직물 안으로 짜 넣기 때문이다. 그러면 삶에 자신을 다 드러내 보이는 것, 가슴으로 삶을 경험하는 것이 곧 당신의 열정이 된다. 열린 가슴으로 기꺼이 삶에 연결되는 것 외에 다른 모든 것은 부차적이다. 또다시 삶과 단절되고 주문에 사로잡힌다 해도, 이제 당신은 그리로 사랑을 불러오는 법을 알고 있다.

상상 속에서 지구를 보며 초록의 산들과 쪽빛 바다, 금빛 들판 등 그 아름다움에 감동을 느껴본다. 지금 이 순간 수많은 사람들이 걷고, 운전하고, 잠자고, 일하고, 태어나고, 죽어가고, 웃고, 우는 모습을 본다. 그들 대부분의 머리 주위로 구름이 소용돌이치며 삶의 시야를 가리고 있는 광경을 바라본다.

이제 구름에서 벗어난 어떤 사람이 아직 구름 속에 있는 사람 앞에 서서 그 사람을 가슴으로 어루만지는 모습을 바라본다. 이 가슴 에너지에 의해 마주선 사람의 구름이 흩어지면서 그 사람이 다시 삶에 연결되는 모습을 본다. 이제 이 두 사람이 또 다른 두 사람을 만나 가슴으로 치유하는 모습을 본다. 이것이 점점 지구 전체로 퍼져나가면서 사람들이 갈등의 구름에서 벗어나 초원에서 살아가는 모습을 본다. 당신의 삶은 지금 이 행성에서 벌어지는 치유 과정의 일부임을 기억한다.

과정을 신뢰하기

자신의 가슴을 찾으려 애쓸 필요가 없다. 가슴은 언제나 여기에 있기 때문이다. 스토리텔러가 갈등에 계속 중독되어 있어 드러나지 않았을 뿐이다. 가슴을 찾으려 애쓰는 건 그저 구름 하나를 더 만드는 것일 뿐이다. 치유는 뭔가를 바꾸는 데서 오는 게 아니다. 치유는 지금 존재하는 것에 기꺼이, 넓은 가슴으로 호기심을 품는 데서 일어나며, 그때 구름이 얇아지고 초원이 드러난다.

물론 여기에는 인내가 필요하고, 인내는 스토리텔러에게 취약한 부분이다. 인내는 '조용히 꾸준하게 버티는 것, 침착하게 살피는 것'이다. 내가 매우 존경하는 스승 한 분은 "깨어남에서 가장 중요한 세 마디가 있다. 그것은 '그냥 계속 걸어라Just keep walking'이다"라고 하셨다.

우리 대부분에게 깨어남이란 느리고 꾸준한 과정이요 머릿속 스토리텔러의 시끄러운 목소리와 달리 알아차리기도 어렵지만, 그럼에도 존재하는 것이다. 깨어남은 하루가 시작될 때의 모습과 비슷하다. 아침의 빛은 한 순간에 나타나지 않는다. 그보다는 밤의 어둠에서 최초의 미명으로 서서히 번져나간다. 별들은 아침 햇살이 다 드러날 때까지 천천히 사라져간다.

그러니 즉각적인 깨어남을 기대하지는 말라. 그러나 삶이 당신을 깨우고 있다는 사실은 알 필요가 있다. 깨어남에 대해 가르친 스승 중 가장 존경받는 한 사람인 라마나 마하리쉬Ramana Maharshi는 "당신에게 필요한 것은 기꺼이 깨어나겠다는 마음뿐"이라고 말한 적이 있다. 이 책을 읽고 있으니 당신에게는 이미 그 마음이 있는 셈이다. 그러니 그 모습이 어떻든 지금 당신의 삶은 한 걸음 한 걸음 갈등의 괴로움에서 나와 삶으로 돌아가도록 당신을 깨우고 있는 중이다.

삶의 흐름을 신뢰해도 좋다. 삶은 당신을 위한 것이다. 별이 창조되고, 지구가 생겨나고, 당신이 신비에서 태어난 시간, 그 시간이 시작되던 때부터 삶을 빚어온 지성이 지금 이 순간도 당신에게 숨을 불어넣고 있다. 한 걸음만 더 나아가면 그 지성이 당신의 삶을 책임지고 있다는 사실을 깨닫게 된다. 초원은 당신을 실망시키지 않을 것이다. 그것은 진정한 당신이 누구인지 그 깨달음을 향해 한 걸음 한 걸음 나아가게 하려고 쉼 없이 일하는 중이다.

삶을 신뢰할수록 당신은 자신의 삶을 더 많이 드러내 보이게 된다. 삶이 당신에게 주는 것들과 기꺼이 관계 맺는 것보다 더 의미 깊은 관계 맺기는 없다. 호기심을 품고 기꺼이 받아들일수록, 자유로 향하는 길이 바로 당신 발밑에 있다는 사실을, 길에서 부딪친 그것이 곧 길이라는 사실을 더 잘 알게 될 것이다. 지금 여기 있는 것에 호기심을 품으면 삶이 당신을 고향으로 안내해 줄 것이다. 그때 당신은 인류가 지금까지 경험해 온 것들로 충만한 존재가, 즉 삶이라는 놀라운 창조 행위를 축하하고 목격하는 의식이 될 것이다.

- "삶에 맡겨라"는 힘든 일을 삶에 내맡기고, 삶의 지성이 당신의 한 걸음 한 걸음을 도울 수 있도록 허용하는 것이다.
- "그냥 두라"는 경험과 싸우지 않고, 무슨 일이 벌어지는지 광대함 속에서 탐험하며 가슴의 힘으로 그것을 치유하는 것이다.
- "내려놓으라"로 당신은 주문이 일어날 때 그것들을 간단히 내려놓을 수 있다. 자신이 갖고 있는 주문들을 인식하고 그것들이 자신을 통과해 지나가도록 하는 데 열정을 품어보라.
- "보내라"로 당신은 삶에 느긋해지면서 삶이 당신을 통과해 흐르도록 허용하게 된다.
- "보내라" 실천을 하면 할수록 당신은 삶을 더 많이 누릴 수 있다. 삶은 풀어야 할 문제가 아니라 발견해야 할 춤이 된다.
- 가슴의 지혜가 당신 삶을 이끌게 하라. 가슴을 따르는 삶을 설명하는 단어는 허용, 광대함, 호기심, 즐거움, 자발성, 신뢰이다.
- 자신의 모든 것을 향해 가슴을 열고 그 안에 주문, 감각, 느낌, 생각을 모두 품을 수 있을 때 온몸이 사랑의 에너지로 빛날 것이다.

- 여기에는 오직 '우리'밖에 없으며 우리는 모두 하나로 연결되어 있다. 삶이란 수많은 잎사귀가 달린 나무와 같다. 우리는 모두 나무의 잎사귀들로 같은 뿌리에 연결되어 있으며, 모든 사람의 눈에는 모든 생명에 똑같은 생기가 스며 있는 모습이 보인다.

- 세상만물은 마땅히 넓은 가슴에 안길 자격이 있다. 이 순간이 자신의 진정한 본질에 들어설 때, 즉 존재하는 것의 연인이 될 때이다.

- 깨어남이 당장 일어날 거라 기대하지는 말라. 그러나 삶이 당신을 깨우고 있다는 사실은 알 필요가 있다.

- 당신은 삶의 흐름을 신뢰해도 좋다. 삶은 당신을 위한 것이다. 우주가 생긴 이래 삶을 빚어온 지성이 지금 이 순간에도 당신에게 숨을 불어넣고 있다.

이 주의 기억할 구절

"나는 지금 이 순간의 삶을
있는 그대로 환영한다."

나만의 구절

....

....

기억하기 실습
· 10주 ·

9주 동안 알아차림의 촉수를 경험의 강물에 담그기를 하면서, 당신은 마음을 고요히 하고 가슴을 열어 지금 있는 자리에서 자신을 마주하는 법을 살펴보았다. 이번 실습에서는 우리가 연습해 온 것들을 반복해 볼 수도 있고, 원한다면 자신만의 방법을 찾아볼 수도 있다. 어느 쪽을 하든 이제 이 실습에 한 단계를 더하고자 한다. 시간에 제약이 있다면 14분 동안 진행한다.

자신만의 방법을 만들어보고 싶다면 앞 장들에서 살펴본 아래의 기법들을 참조하라. 내가 추천하는 방법을 활용하고 싶다면 이 부분을 건너뛰고 다음으로 넘어간다.

그동안 살펴본 기법들

1. 숨을 들이쉬며 온몸의 근육을 잔뜩 당긴다. 그런 다음 날숨에 '아!' 하고 내려놓는 소리를 크게 내면서 천천히 이완한다.

2. 들숨에 숨이 들어오게 하고, 날숨에 숨을 내보낸다. 호흡의 파도를 타면서 조용히 자신에게 말한다. "들이쉬고…… 내쉬고, 깊

이…… 천천히.”

3. 처음에 코로 숨을 들이마신 다음 입으로 부드럽고 길게 내뱉는 다. 날숨을 길게 내뱉기가 편안해지면, 코로만 숨을 들이쉬고 내 쉰다.

4. 들어오고 나가는 호흡의 리듬을 타다가, 자신이 스토리텔러에게 주의를 빼앗기고 있음을 발견할 때마다 스토리텔러가 과거나 미 래에 관해 말하고 있지 않은지 알아차린다. 과거에 관한 스토리이 면 “과거”라고 말하고, 미래에 관한 스토리이면 “미래”라고 말한다. 과거에 관한 것인지 미래에 관한 것인지 당장 알 수 없거나 그저 멍하게 느껴진다면 “스토리”라고 말한다. 그런 다음에 다시 호흡에 주의를 기울인다.

5. 늘 긴장하고 있는 신체 부위에 주의를 기울이며 몸을 살펴본다. 긴장하는 부위를 외면하지 않고 마주하면서 이 부분에서 어떤 일 이 일어나고 있는지 호기심을 품어본다. 마치 폴라로이드 사진이 현상되어 나오듯이, 그 부분의 감각들이 알아차림의 빛을 받아 서 서히 드러날 것이다.

6. 자신의 모든 부분을 받아들이면 연민어린 알아차림이라는 양분 을 얻을 수 있다는 사실을 떠올리며, 들숨에 “있는 그대로”, 날숨 에 “여기에 있네”라고 말해본다.

7. 호흡에 주의를 기울이며 “들이쉬고…… 내쉬고, 깊이…… 천천히, 고요히…… 편안하게, 있는 그대로…… 여기에 있네”라고 말한다.

8. 호흡의 리듬에 맞춰 소리 낼 수 있는 자신만의 표현을 찾아본다.

9. 호흡에 온전히 집중하지 못하고 있음을 알아차리면 무엇에 주의를 빼앗기고 있는지 살펴본다. 그 느낌/감각/스토리에 "나는 네가 보여"라고 말하면 그것이 사라질 것이다. 그때 다시 호흡에 주의를 기울인다.

10. 호흡에서 다른 데로 주의가 흩어지면 스스로에게 "무엇이 드러나길 원해?" 하고 물어본다. 어떤 느낌/감각/스토리가 나타나면, 알아차림의 촉수로 그것을 탐색해 본다. 알아차린 것이 무엇이든 "나는 네가 보여. 여기 있어도 괜찮아. 너의 이야기를 듣고 싶어"라고 말해준다. 이런 말들을 통해서 당신은 그것들에 매몰되지 않고 온전히 함께하면서, 그것들에 가슴의 치유력을 보내게 된다.

11. 호기심에 당신을 내맡겨, 느낌/감각/스토리가 일어나도 그것들이 그냥 당신을 통과해 지나가게 한다.

나만의 실습법 만들기

나만의 실습법을 만들 때에는, 자신에게 귀를 기울여 어떤 것이 가장 효과적인지를 찾아본다. 자신에게 끌리는 방법들을 가지고 이렇게 저렇게 활용해 보는 것이다. 날마다 빠짐없이 자신에게 고요한 시간을 선물로 줄 때 자신의 방법을 계속 이어갈 수 있다. 어떤 날은 내내 호흡만 신경 써야 할 수도 있다. 다른 날은 호흡에 신경 쓰지 않아도 될 만큼 호흡이 잘될 수도 있다. 또 어떤 날에는 호흡에서 주의를 흩뜨리는 것이 무엇인지 살피는 데 관심이 가고, 그 다음날에는 그저 삶에 맡기기가 할 수 있는 전부일 수도 있다. 언제나 호흡에서 시작을 하고, 거기서부터 더 나아간다.

　실습의 마무리는 다음과 같이 한다.

1.　눈을 뜨고, 지금 이 순간을 온전히 받아들인다. 전에는 한 번도 본 적이 없던 것처럼 새로운 눈으로 본다. 인생의 모든 순간들이 당신을 이리로 데려왔고, 지금과 똑같은 순간은 결코 없을 것이다. 이 순간을 꿀꺽 들이마신다. 당신과 이 살아있는 순간 사이에 있는 필터들을 치워버리면 삶이라는 거대한 강물에서도 편히 쉴 수 있다.

2.　두려움이 이는지 잘 살펴본다. 마음은 통제를 내려놓기 두려워한다. 삶은 삶이 책임지고 있으며, 삶의 모든 것은 사랑으로 이루어져 있고, 모든 경험이 자신을 위한 것이라는 사실을 잊었기 때문이다. 삶에 열려 있으라. 그리고 이것이 가장 안전한 일이라는 사실을 알아차려라. 이 순간이 바로 고향이기 때문이다.

3.　준비가 되면, 눈을 떠도 좋다.

추천 실습법

1.　눈을 감고 알아차림의 촉수를 경험의 강물에 담근 뒤, 지금 이 순간 자신의 느낌이 어떠한지 알아차린다.

2.　적어도 세 번, 숨을 들이쉬며 근육을 당겼다가 내쉬는 숨에 '아!' 하고 내려놓는 소리를 크게 내면서 천천히 모든 것을 이완한다.

3.　몇 번 더 들이쉬고 내쉬며, 호흡에 주의를 기울이면서, "들이쉬

고…… 내쉬고, 깊이…… 천천히, 고요히…… 편안하게, 있는 그대로…… 여기에 있네"(또는 "있는 그대로…… 여기에 있네"만 해도 좋다)라고 말한다.

4. 호흡에 주의를 기울였다가 편안하게 내려놓고 느낌/감각/스토리가 일어나면 그냥 당신을 통과해 지나가도록 하면서, 호기심에 당신을 내맡긴다.

5. 주의가 분산되고 있음을 알아차리면, 호흡으로 돌아와 괜찮다고 느껴질 때까지 머무른다. 그러다가 끝내도 괜찮다. 자신을 신뢰하라. 경험을 통제할 필요가 없다는 사실을 알수록, 느낌/감각/스토리의 에너지가 자신을 통과해 지나가도록 허용하면서, 호흡 너머로까지 알아차림의 범위가 넓어져 호기심을 품을 수 있는 기회는 더 커진다.

6. 실습을 마무리하면서, 눈을 뜨고 지금 이 순간을 온전히 받아들인다. 전에는 한 번도 본 적이 없던 것처럼 새로운 눈으로 본다. 인생의 모든 순간들이 당신을 이리로 데려왔고, 지금과 똑같은 순간은 결코 없을 것이다. 이 순간을 꿀꺽 들이마신다. 당신과 이 살아있는 순간 사이에 있는 필터들을 치워버리면 삶이라는 거대한 강물에서도 편히 쉴 수 있다.

7. 두려움이 이는지 잘 살펴본다. 마음은 통제를 내려놓기 두려워한다. 삶은 삶이 책임지고 있으며, 삶의 모든 것은 사랑으로 이루어져 있고, 모든 경험이 자신을 위한 것이라는 사실을 잊었기 때문이다. 삶에 열려 있으라. 그리고 이것이 가장 안전한 일이라는 사

실을 알아차려라. 이 순간이 바로 고향이기 때문이다.

8. 준비가 되면, 눈을 떠도 좋다.

짧은 실습

1. 눈을 감고 알아차림의 촉수를 경험의 강물에 담근 뒤, 지금 이 순간 자신의 느낌이 어떠한지 알아차린다.

2. 적어도 세 번, 숨을 들이쉬며 근육을 당겼다가 내쉬는 숨에 '아!' 하고 내려놓는 소리를 크게 내면서 천천히 모든 것을 이완한다.

3. 몇 번 더 들이쉬고 내쉬며, 호흡에 주의를 기울이면서 "들이쉬고…… 내쉬고, 깊이…… 천천히, 고요히…… 편안하게, 있는 그대로…… 여기에 있네"(또는 "있는 그대로…… 여기에 있네"만 해도 좋다)라고 말한다.

4. 호흡에 주의를 기울였다가 편안하게 내려놓고, 느낌/감각/스토리가 일어나면 그냥 당신을 통과해 지나가도록 하면서, 호기심에 당신을 내맡긴다.

5. 주의가 분산되고 있음을 알아차리면 호흡으로 돌아와 몇 번 들이쉬고 내쉰 다음, 다시 한 번 알아차림의 장을 열고 지금 여기에 호기심을 품어본다.

6. 실습을 마무리하면서, 눈을 뜨고 지금 이 순간을 새로운 눈으로 받아들인다.

삶으로 깨어나다

지금까지 살펴본 모든 것 — 당신이 실은 초원에 있다는 진실, 스토리텔러가 실제로 일어나고 있는 일에서 당신을 어떻게 분리시키고 있는지, 자신이 받아들인 주문들을 인식하고 꿰뚫어보면 초원에 살 수 있다는 것 — 은 모두 당신을 삶의 창조적인 흐름으로 다시 연결시켜 주는 것들이다. 이는 삶에 "예스!"라고 대답하는 것이다. 그렇다고 길바닥에서 죽어가도록 자신을 내버려둔다는 뜻은 아니다. 삶에서 일어나는 모든 일이 당신을 위한 것이며 삶은 우연한 사건들의 연속이 아니라는 사실을 당신이 중심으로부터 알고 있다는 뜻이다. 삶은 지적인 과정이다. 삶은 자신이 하고 있는 일을 알고 있으며, 따라서 삶에 열려 있어도 안전하다.

삶에 열려 있으면 삶에 관한 대화에 붙잡히는 것이 아니라 지금 일어나고 있는 일에 온전히 참여하게 된다. 이를 '항복surrender'이라고 부를 수도 있는데, 그렇다고 싸움에서 진다는 뜻은 아니다. 그것은 삶이 당신에게 주는 것들과의 전쟁을 마침내 포기한다는 뜻이다. 우리는 이것을 '겸손humility'이라고도 부를 수 있을 것이다. 그러나 사전에서는 이 말을 '비천하고 순종적이며 고분고분함'이라고 정의해 그 온전한 의미를 놓치고 있다. 진정으로 자신을 낮출 때 커다란 쓸모가 생긴다. 이 같은 열려 있는 상태에서 당신은 비로소 삶이 얼마나 현명한지 깨닫게 된다. 삶에 열려 있을 때 통제하려는 마음에서 연결되고자 하는 가슴으로 전환할 수 있다.

삶은 믿을 만한가? 저명한 철학자이자 작가, 교사인 앨런 W. 와츠Alan W. Watts는 이렇게 말한 바 있다. "깨달은 사람에게는, 우주가 지금 순간 정확히 있는 그대로, 그 전체를 보든 각각의 부분을 보든, 단순히 우주인 것을 넘어 어떤 설명이나 증명도 필요 없을 정도로 지극히 완벽하고 정확하다는 것이 더 없이 생생하고 확실해 보인다." 달리 말하면 삶에 열려 있는 것은 안전하다는 말이다!

자기가 생각하는 방식으로 삶을 만들려 하기보다 실제 있는 그대로의 삶에 자신을 여는 것이야말로 당신이 할 수 있는 가장 용감한 일이며 동시에 당신을 가장 깊이 치유하는 일이다. 갈등이 벌이는 게임을 꿰뚫어보고 당신과 이 살아있는 순간 ─ 이 놀랍고 눈부신 순간 ─ 사이의 장막을 걷어 올릴 수 있을 때, 당신은 세상을 치유하는 존재가 된다. 삶과 온전히 연결되는 순간들은 당신이 알 수 있는 것보다 훨씬 더 중요하다. 그로 인해 이 세상이 치유될 것이다.

갈등하는 마음이 너무나 오랫동안 이 행성을 지배해 왔다. 이 마음에 사로잡혀 있으면 사람들은 분리되었다는 느낌을 중시하고, 그 결과로 두려움의 세계를 받아들이며, 삶을 꾸려가는 길은 통제밖에 없다고 믿게 된다. 이 믿음이 얼마나 큰지 우리는 모두 삶을 통제하지 못하면 죽게 될 거라고 확신한다. 바로 이 믿음에서 갈등과 애씀, 비난, 불안, 저항, 강요, 방어, 한 발 앞서려는 마음, 판단이 생겨난다.

작가이자 진화우주론자인 브라이언 스윔Brian Swimme은 자신이 만든 비디오 시리즈 〈우주에 바치는 찬가Canticle to the Cosmos〉에서, 머릿속에 있는 갈등의 구름이 사람들을 얼마나 깊이 잠식해 왔는지, 그 구름을 꿰뚫어보고 놀라운 삶의 창조적 흐름에 다시 연결되는 일이 얼마나 중요한지 다음과 같이 직접적으로 언급한다. 그는 삶의 모든 순간들에 펼쳐지는 신비롭고 불가사의한 창조를 깨닫는 것과 관련해 '신성한sacred'이란 표현을 쓰고 있다.

인간의 몸, 인간의 마음, 인간의 감각 안에서 아주 근본적인 무언가가 가로막혀 있다. 이 신성한 차원이 보이지 않게 된 것이다. 이

난국에서 나가는 길은 곧 신성한 우주로 들어서는 여정이다. 이
여정은 우주의 신성한 차원에 감응하는 인류의 감각을 깨우고
있다. 이로써 인간의 영혼이 되살아나, 이 명백한 신비와 마주하
는 경이로움에 다시 한 번 전율하게 된다. 우리를 기다리는 것은
우리 눈에서 눈가리개가 풀리는 것이다. 우리 앞에 있는 것을 보
게 된다는 뜻이다.

　우리는 우리 앞에 있는 것을 보지 못한다. 우리의 문제는 생태
계의 한 종種으로서 자신이 위치한 곳을 모른다는 사실이다. 우
리는 자신을 에워싸고 있는 것을 알지 못한다. 우리가 무엇인지
도, 무엇을 하려 하는지도 알지 못한다. 우리가 할 일은 우리 자신
을 우주로, 우리를 둘러싼 신비로, 그 즐겁고 흥미진진한 곳으로
들여보내는 것이다.

　당신의 가장 큰 사명은 삶으로 돌아가는 것, 당신 앞에 있는 것을
보는 것, 눈가리개를 풀고 살아가는 것이다. 이는 더 이상 머릿속
구름을 만들어내는 갈등의 스토리들로 자각 능력을 떨어뜨리거나
초원을 가리지 않는다는 뜻이다. 삶과 씨름하려는 열망이 가라앉

고 주어진 삶을 기꺼이 받아들일 때, 당신은 이 세상을 치유하는 힘이 된다. 어디를 가든 당신은 '여기'에 있으며, 진실로 '여기'에 존재하는 사람은 모두가 잠든unconscious 세상에서 깨어 있음consciousness의 초점이 된다.

인류는 지금 기꺼이 삶에 열려 있고자 하는 더 많은 이들을 필요로 하고 있다. 인류의 집단 의식은 개념적인 세계관의 구름에 깊숙이 사로잡혀 있다. 이 행성에서 벌어지는 미숙하고 가슴 아픈 일들은 전부 '지금 여기'에 살지 못하는 사람들에게서 비롯한다. 사람들은 두려움이 낳은 갈등의 구름에 사로잡혀 증오, 지배, 탐욕, 피해의식, 폭력의 방식으로 행동한다. 갈등에 빠진 나머지 자신은 물론 다른 사람들의 삶까지도 파괴하고 있다.

깨어 있지 못한 사람들이 지어내는 고통은 실로 어마어마하다. 국립약물남용연구소는 미국에서 열두 살 이상의 5,200만 명이 비의료적인 이유로 약물을 처방받아 왔다고 보고하고 있다. 여기엔 일반 의약품, 술, 담배, 음식, 신용카드, 인터넷 등 다른 중독물의 광범위한 남용은 포함되지도 않았다. 갈등의 구름에 사로잡혀 생긴 결과에는 또 사재기, 자해, 폭력을 비롯해서, 물리적·정신적·감정적·성적 학대와 그 학대의 고통을 피해보려는 온갖 시도들도 있다.

지금 이 순간 이 행성에서 일어나고 있는 수많은 전쟁과, 그 결과로 고통받는 어린이와 여성, 남성 들을 잊지 말자. 또한 만물에 깃든 신성함을 보지 못하는 우리의 무능으로 인해 땅과 물과 공기가 오염된 지구도 있다.

거기에는 당신의 삶도 포함된다. 다른 사람들과 마찬가지로 당신도 이따금씩 크게 폭발하곤 하는 만성적이고 소소한 갈등의 흐름 속에 살고 있을 것이다. 살아있다는 기쁨 대신 삶의 버거움을 느낄 것이다. 아니, 방금 묘사한 고통들의 일부를 이미 경험하고 있을 수도 있다.

삶과 얼마나 많이 갈등하고 있건, 우리 모두에겐 이 끝없는 갈등 게임에서 벗어날 수 있는 길이 있다. 사실 지금 이 행성의 위기는 몰락이 아니라 돌파구이다. 여기엔 당신은 물론 다른 많은 사람들이, 진정한 자신은 갈등의 구름이 아니라는 사실을 깨달을 수 있는 가능성이 담겨 있다. 당신은 갈등을 바라보고 갈등과 함께할 수 있는 자각이다.

진화생물학자 엘리자벳 사흐투리스Elisabet Sahtouris는 이러한 우리 의식의 변형 과정을 은유적으로 설명한다. 그녀는 이 지구상에서 크기에 비해 가장 파괴적인 존재 가운데 하나가 애벌레라고 말한다. 애벌레는 나뭇가지 하나를 놀라운 속도로 다 삼켜버릴 수 있다. 그리고 종내에는 제 몸 주위로 고치를 만들고 그 안에서 원래의 형태를 잃고 찐득찐득하게 용해된다. 그 상태에서 나비의 세포들이 처음 모습을 드러내기 시작한다. 이 새로운 세포들은 성충 세포라 불리는데, 찐득거리는 옛것은 이 성충 세포를 파괴하려 든다. 이러한 위협 때문에 새로운 세포들이 집단을 형성하게 되고, 그것을 토대로 나비가 태어난다.

애벌레와 애벌레의 자기 파괴는 인류가 기대어 살아온 낡은 마음을 상징한다. 나비가 태어나는 과정에 애벌레는 필요하지만, 나비가 태어나려면 애벌레가 죽어야 하는 때가 온다. 나비는 마음을 새롭게 사용하는 것을 가리키고, 애벌레와는 반대이다. 나비는 삶을 파괴하지 않는다. 오히려 꽃가루를 옮기며 삶에 기여한다. 또한 나비는 사방으로 멀리까지 날아다닐 수 있으며, 따라서 애벌레보다 시야가 훨씬 넓다. 나비로 성장하면서 우리 또한 모든 것을 볼 수 있는 눈을 얻는다.

그러니 살면서 어떤 일이 일어나든 자신이 성충 세포라는 사실을 기억하라. 당신은 분리에서 연결로 옮겨가는 이 행성의 전환 과정의 일부이며, 여기에서 당신의 삶은 중요한 역할을 한다. 당신이 어떻게 살기로 선택하느냐에 따라서 차이가 생겨나기 때문이다. 나는 "바다는 물방울들이 모여서 이루어진다"는 말을 좋아한다. 어떤 물방울이 중요하지 않겠는가? 당신은 현재 깨어나고 있는 의식의 바다에서 물방울 하나와 같다. 그래서 당신의 실천이 중요하다. 노벨 평화상을 수상한 남아공의 데스몬드 투투Desmond Tutu 주교는 이렇게 말했다. "지금 있는 자리에서 작은 선행을 행하라. 작은 선행들이 모여 세상을 뒤덮는다." 그렇다. 선한 행동을 하라. 그러나 당신이 할 수 있는 가장 중요한 행동은 내면의 전쟁을 치유하는 일이다. 삶이 자신에게 보여주고 있는 것을 드러내고 가슴이라는 고향으로 나설 용기를 내보라.

  자신을 위해 무의식에서 의식으로 나아가는 길을 말끔히 치울 때, 당신은 세상을 위해서도 그렇게 하는 셈이다. 삶이 주는 것들로부터 영향을 받기보다 그것들과 관계를 맺는 순간마다, 일어나는 일들을 통제하려 하기보다 그것들에 호기심을 품는 순간마다, 깨어 있는 가슴의 광대함으로 자신과 다른 모든 존재들을 만나는 순간마다, 그리고 살아있음의 그 순수한 기쁨에 다시 연결되는 순간마다, 당신은 세상을 치유하는 존재가 된다. 앨버트 아인슈타인은 이렇게 말했다. "인생을 사는 데는 두 가지 길이 있다. 하나는 기적이란 없는 것처럼 사는 것이고, 다른 하나는 모든 것이 기적인 것처럼 사는 것이다."

✦─────────

상상으로, 우리 행성이 맞이한 이 새로운 잠재성의 시대에 가슴을 활짝 열어본다. 상상 속에서 이 아름다운 행성이 완전히 어두워진 모습을 본다. 이제, 몇천 년 전 이 행성 어딘가에서 깨어 있는 가슴의 빛 하나가 켜지는 모습을 본다. 세월이 흘러 점점 더 많은 가슴들이 깨어나면서 점점 더 많은 빛들이 켜지는 모습을 본다. 이 낱낱의 빛들이 전 지구를 뒤덮는 빛의 그물을 만들어 아직 어두운 구석구석에 빛을 비추는 모습을 본다. 그리고 이 빛의 그물이 완전히 펼쳐져 지구 전체가 빛나며, 분자 하나까지도 모두 치유된 모습을 본다.

이러한 치유는 일어날 수 있으며, 당신이 이 치유의 핵심이다. 당신이 어떻게 사느냐가 중요하다!

서문의 말미에서 했던 말을 되새기며 이 책을 끝맺고 싶다. 이 아름답고 푸른 지구에 살아가는 모든 이를 대신해 삶으로 되돌아가는 여정을 기꺼이 선택한 당신에게 고마움을 전한다. 이 고마움은 평안의 초원을 발견하고 거기서 살아가면 당신의 삶이 변화하리라는 앎에서 비롯된 것이다. 당신의 삶이 변화할수록 남은 생애 동안 당신이 만나거나 떠올리는 모든 이의 삶이 변화할 것이다. 갈등의 세계에 사로잡히지 않으면, 당신은 평안의 빛을 발하며 삶의 장엄함과 신비에 열린 채로 지금 여기에 존재하게 된다. 또 지금 여기에 존재하는 법을 알게 된 사람은 다른 모든 존재들을 초대해 갈등에 중독된 마음에서 풀려나고 지금 여기에 온전히 살아가는 기쁨에 열리도록 해준다.

당신과 존재하는 모든 것의 치유를 위해, 삶이 당신을 고향으로 데려가는 중이다.

여덟 가지 주문과 그 변형

다음은 4장에 소개된 여덟 가지 핵심 주문과, 머릿속의 스토리텔러가 그것들을 변형해서 만들어낸 주문들의 목록이다. 자신에게 익숙한 주문들을 확인해 보면 스토리텔러가 살고 있는 세상을 더욱 잘 이해하게 될 것이다. 목록 마지막에 주문들을 동그랗게 배열해 놓은 것은 이 주문들이 계속 돌고 돈다는 점을 보여주기 위해서이다.

● 근본 주문 두 가지

1. 나는 삶에서 분리되었어.

- ☐ 삶은 보이는 게 전부야.
- ☐ 나는 여기 안에 있고, 삶은 저기 바깥에 있어.
- ☐ 나는 내 생각이야.
- ☐ 이 마음이 바로 나야.

2. 삶은 안전하지 않아.

- ☐ 삶이 나를 거부해.
- ☐ 삶이 너무 버거워.
- ☐ 너무 과할 거야.
- ☐ 삶은 신뢰할 수 없어.
- ☐ 나는 달아나야/숨어야 해.
- ☐ 삶은 우연이야.
- ☐ 아무도 날 보호해 주지 않아.
- ☐ 삶은 위험해.
- ☐ 나쁜 일이 일어날 거야.
- ☐ 삶은 내 편이 아니야.
- ☐ 삶은 내가 어떻게 손쓸 수 있는 게 아니야.
- ☐ 삶이 나를 버렸어.
- ☐ 충분하지 않을 거야.
- ☐ 어려워.
- ☐ 삶은 공정하지 않아.
- ☐ 나는 아무것도 할 수 없어.

3. 삶을 통제해야 해.

- 나는 '애를 쓰며' 살아야 해.
- 좋아하지 않는 것에 저항해야 해.
- 좋아하는 것은 붙잡아야 해.
- 내가 내 현실을 창조해.
- 나에게 책임이 있어.
- 내가 최고야.
- 이겨내야 해.
- 내가 이해해야 해.
- 나는 준비가 필요해.
- 나는 너를 지배해야 해.
- 내 삶은 달라져야 해.
- 그건 내 책임이야.
- 너는 나를 지배하지 못할 거야. .
- 나를 돌볼 사람은 나뿐이야.
- 너는 내게 필요한 사람이 되어야 해.
- 남들이 나에 대해 어떻게 느낄지 통제할 수 있어.
- 내가 지금 경험하고 있는 것을 보지 않겠어.
- 내가 원하는 사랑은 내 바깥에서 오는 거야.

- 나는 훌륭히 해냈어.
- 나는 못할 거야.
- 나중에 할래.
- 별일 아니야.
- 너를 아프게 할 거야.
- 목표를 달성해야 해.
- 네가 내 문제의 원인이야.
- 나는 달라져야 해.
- 이렇게 하면 행복해질 거야.
- 네 잘못이야
- 나는 눈에 띄고 싶지 않아.

4. 똑바로 해야 해.

- 나는 완벽해야 해.
- 나는 최고여야 해.
- 나는 똑바로 하고 있어.
- 나는 옳아야 해.
- 내가 너보다 나아.
- 나는 너를 기쁘게 해야 해.
- 최고가 되어야 해.
- 이렇게 하지 않으면 내 삶은 끝장날 거야.
- 멍청해 보이기 싫어.
- 이렇게 하면 문제가 생길 거야.
- 전부 나 혼자 해야 해.
- 나는 다른 사람들이 원하는 존재가 될 거야.

- 나는 침착해야 해.
- 나는 나다울 수 없어.
- 실수하는 건 좋지 않아.
- 나는 틀리면 안 돼.
- 정답을 찾아내야 해.

5. 나는 제대로 하지 못하고 있어.

- ☐ 나는 너무 과해.
- ☐ 나는 잘못할 거야.
- ☐ 내 잘못이야.
- ☐ 나는 게을러.
- ☐ 난 어떻게 해야 할지 모르겠어.
- ☐ 다르게 했어야 해.
- ☐ 시간을 낭비하고 있어.
- ☐ 나는 바보 같아.
- ☐ 이건 시간이 너무 오래 걸려.
- ☐ 나는 지루해.
- ☐ 나는 예쁘지 않아.
- ☐ 나는 실수를 너무 많이 해.
- ☐ 어떻게 살아야 하는지 모르겠어.
- ☐ 사람들이 원하는 대로 할 수가 없어.
- ☐ 나는 행복해야/감사해야 해.

- ☐ 나는 좀 모자라.
- ☐ 남들은 제대로 하고 있어.
- ☐ 내가 나를 망치고 있어.
- ☐ 나는 꾸물거려.
- ☐ 열심히 하고 있지 않아.
- ☐ 나는 잘못된 길로 가고 있어.
- ☐ 소용없을 거야.
- ☐ 나는 겁이 나.
- ☐ 나는 기대에 부응하지 못했어.
- ☐ 더 일찍 했어야 해.
- ☐ 집중할 수가 없어.
- ☐ 남들은 다 있는데 나만 없어.
- ☐ 이건 끝나지 않을 거야.

● 숨은 주문 세 가지

6. 나는 틀렸어.

- ☐ 나는 쓸모없어.
- ☐ 나는 어리석어.
- ☐ 나는 외톨이야.
- ☐ 나는 근본부터 잘못됐어.
- ☐ 나는 낙오자야.
- ☐ 나는 상황을 바꿀 수 없어.
- ☐ 나는 내 실력을 다 발휘하지 못했어.
- ☐ 내가 하는 일이 싫어.
- ☐ 나는 실수로 태어난 사람이야.
- ☐ 나는 부족해.
- ☐ 느껴지는 대로 느끼는 건 좋지 않아.

- ☐ 나는 나빠.
- ☐ 나는 실패작이야.
- ☐ 나는 잘 못해낼 거야.
- ☐ 나는 가짜야.
- ☐ 나는 안 바뀔 거야.
- ☐ 나는 내가 싫어.
- ☐ 남들은 다 정상이야.
- ☐ 나는 가치가 없어.
- ☐ 나는 무력해.
- ☐ 더 잘했어야 해.
- ☐ 삶은 날 가만두지 않아.

- ☐ 나는 들통 날 거야.
- ☐ 시간을 다 써버렸어.
- ☐ 이런 취급을 받아도 싸.
- ☐ 나는 어울리지 않아.
- ☐ 나는 다른 사람들이 원하는 존재가 아니야.
- ☐ 나는 행복할 자격이 없어.
- ☐ 기회를 놓쳤어.
- ☐ 아무것도 파악할 수가 없어.

7. 나는 사랑받을 가치가 없어.

- ☐ 나는 중요한 존재가 아니야.
- ☐ 나는 훌륭하지 않아.
- ☐ 아무도 나를 신경 쓰지 않을 거야.
- ☐ 나는 모자라.
- ☐ 나는 존재할 가치가 없어.
- ☐ 절대 사랑받지 못할 거야.
- ☐ 나는 이럴 자격이 없어.
- ☐ 나는 거절당할 거야.
- ☐ 아무도 나를 좋아하지 않아.
- ☐ 아무도 나를 선택하지 않았어.
- ☐ 나는 아무것도 아니야.
- ☐ 그들은 나를 사랑하지 않아.

8. 나는 완전히 혼자야.

- ☐ 이게 다야.
- ☐ 영원히 이럴 거야.
- ☐ 외로워.
- ☐ 상황은 절대 변하지 않을 거야.
- ☐ 나는 존재감이 없어.
- ☐ 살고 싶지 않아.
- ☐ 출구가 없어.
- ☐ 나는 투명 인간이야.
- ☐ 더는 이렇게 못하겠어.
- ☐ 꼼짝할 수 없어.
- ☐ 나를 위한 자리는 없어.
- ☐ 내가 죽건 살건 아무도 신경 안 써.
- ☐ 나를 위해주는 사람은 하나도 없어.
- ☐ 모두가 나를 거부해.
- ☐ 내겐 희망이 없어.
- ☐ 안전해지려면 떠나야 해.
- ☐ 내게 필요한 것을 절대로 얻지 못할 거야.
- ☐ 절망뿐이야.
- ☐ 우울해.
- ☐ 내가 누군지 모르겠어.
- ☐ 버림받은 느낌이야.
- ☐ 진짜는 없어.
- ☐ 더는 이렇게 하기 싫어.
- ☐ 죽고 싶어.
- ☐ 나는 잘 못 어울려.

● 반복되는 주문

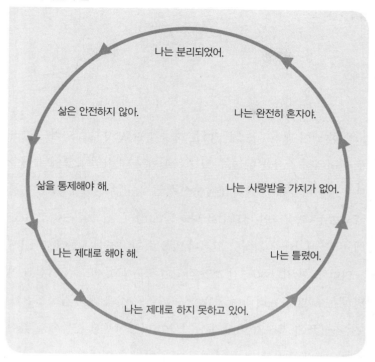

감사의 말

책 한 권이 태어나는 데는 마을 하나가 필요하다! 삶이라는 놀라운 여정에서 진심을 나눌 수 있는 자매이자 내 사업 동료인 메리수 브룩스를 비롯해 이 책에 도움주신 분들이 수없이 많다. 나는 이 책에 나오는 핵심적인 가르침을 나누는 모임 네 개를 주관하고 있는데, 지금 여기에 참가하고 있거나 앞으로 참가하실 모든 분께 감사드린다. 또한 지난 30년간 개인 작업을 했던 분들께도, 호기심과 연민 속에 서로를 드러내며 치유할 수 있었던 것에 대해 감사드린다. 또한 이 책에 자신의 이야기를 기꺼이 나누어주신 분들께도 깊이 감사드린다. 그분들 덕에 이 책이 더 깊어질 수 있었다.

또한 내 아이들 카트리나와 미카에게, 나를 이토록 훌륭하게 길러준 것에 감사한다. 나는 아이들과 함께, 아이들을 위해서, 아이들 덕분에 성장했다!

한없는 시간과 놀라운 창조성을 쏟아, 이 책의 메시지를 나누는 방법을 찾아준 홍보 담당자이자 내 친구인 마사 로간에게 얼마나 감사한지 말로 다 표현할 수가 없다. 이 책으로 그녀의 인생이 변형되었고, 그 결과 그녀는 이 책을 세상에 나누고 싶은 열정이 더 커졌다.

내 사랑하는 벗 스테파니 컨즈는 이 책을 쓰는 데 핵심 역할을 한 사람이다. 그녀는 내 피정 프로그램의 운영자일 뿐만 아니라 내게 진정한 우정을 가르쳐준 사람이기도 하다.

우리 컴퓨터들을 최고의 상태로 유지할 수 있도록 해준 마크 리커에게 깊이 감사하며, '기억하기 실습'을 실천하고 그것들을 세부적으로 다듬을 수 있도록 도와준 실습 모임에도 진심으로 감사드린다.

옮긴이의 말

어느 겨울 골목길을 걷는데 눈에 미끄러진 기왓장이 코끝을 스치고 떨어져 발밑에서 산산조각 났다. 죽음이 막 코앞을 스쳐간 순간이었다. 그런데 그 일이 일어난 순간부터 살았다는 안도의 한숨을 내쉬기까지, 아주 찰나의 '진공' 같은 상태가 있었다. 시공간이 멈춘 것만 같던 그 순간에 더없는 고요와 평화가 느껴졌다. 살면서 눈앞이 깜깜해지는 순간을 겪어본 이들 중 상당수가 모든 것이 끝나는 것 같은 그때, 아주 깊은 곳에서 뜻밖의 고요와 평화를 경험했다고 말한다. 과거에 대한 후회나 미련도, 미래에 대한 걱정이나 불안도 없는 이 이상한(?) 평온이 사실 우리 본래의 모습이라면 어떨까?

원하는 것을 얻으려면 노력해야 하고 지금보다 더 나아져야 한다는 신념은 많은 사람들에게 두말할 것도 없이 명확하다. 우리는 아주 오랫동안 삶이 노력에 따라 결과가 달라지는 시험 같은 것이라고 생각해 왔다. '노력의 신화'는 모두 한 길로 내달리는 경주에서 뒤처지는 이들을 외면하거나 '노력 부족'이라는 시선으로 의심해도 마땅한 근거가 되었다. 불안해진 사람들은 더욱 필사적으로 애쓰거나, 자포자기하며 냉소적인 태도를 보이기도 한다. 이 모든 것은 대개 삶에 정해진 길이 있으며, 적어도 할 수 있는 만큼은 그 길을 통제해야 한다는 믿음에서 비롯되는 것들이다.

그러나 여기 이 책에서는 조금 다른 이야기를 하고 있다. 문제가 일어난 바로 그 관점이 아니라, 더 근본적인 관점에서 한번 살펴보자는 것이다. 삶은 과연 내가 통제해야 하는 무엇인가? 계획하고 노력하지 않으면 내 삶은 엉뚱한 곳으로 굴러 떨어질 것인가? 내 안에서 모든 것을 계획하고 통제해야 한다고 주장하는 목소리의 정체는 무엇인가? 그 목소리는 언제, 또 어떻게 생겨났는가? 그러한 목소리와 삶의 불편함을 과연 어떻게 마주하면 좋을까?

이 책의 저자 메리 오말리는 경험을 통해 평생 이 문제를 살펴온 사람이다. 그리고 인생의 숱한 문제들이 이유 없이 자신을 괴롭히러 온 골칫거리가 아니라, 자신의 가슴으로 향하게 해주는 이정표였다는 사실을 발견했다. 문제 속에 답이, 장애 속에 길이 있었던 것이다. 그 결과 삶은 우리가 짐작하는 것보다 훨씬 현명하다는 것, 그러니 삶의 모든 면에 존재하는 지성을 믿고 가슴을 열어도 괜찮다는 사실도 깨닫게 되었다. 저자는 자신의 경험과 깨달음을 바탕으로 독자들 또한 그 과정을 차근차근 몸으로 느끼고 경험할 수 있도록 안내하고 있다.

이 과정은 일주일에 한 장씩 10주에 걸쳐 진행되는 실습이지만, 저자도 권했듯이 자신에게 알맞은 호흡과 리듬으로 읽어나가면 좋을 것 같다. 10주 동안 어떠한 변화가 일어날 수도 있고, 당장 커다란 변화는 느끼지 못할 수도 있을 것이다. 그러나 정말 중요한 것은 그 시간 동안 노력하고 애쓰는 삶이 아니라 자연스럽게 내맡기는 데서 펼쳐지는 삶이 어떤 모습인지 경험해 보는 것이다. 그 삶을 다시 맛보기만 해도 아무런 걱정이나 고민 없던 어린 시절의 가볍고 천진한 가슴을 다시 만날 수 있고, 내 안에서 치유하고 회복해야 할 것이 무엇인지 분명히 보게 될 것이다.

오늘날 우리는 유례없는 변화의 시기를 맞이하고 있다. 예측할 수 없는 기후 변화, 서서히 그러나 분명히 드러나고 있는 여러 시스템의 몰락, 인류 전체를 위협하는 테러와 범죄 행위, 조만간 특이점을 맞게 될 거라는 인공 지능의 발달⋯⋯ 다들 한 치 앞을 내다볼 수 없는 시대에 자신을 지킬 수 있는 것이라면 무엇이든 손에 쥐려 애쓰고 있다. 그러나 다른 동물에 비하면 맨몸에 불과했던 인류가 오늘날의 번영에 이르기까지 가장 결정적인 역할을 한 것은 서로의 '연대'였다고 학자들은 말한다. 모두들 삶에서 분리된 개인이 아니라 가슴의 에너지로 연결되어 함께 나아가는 지혜가 그 어느 때보다 절실하다. 자신과 다른 사람을 치유하고 열린 가슴으로 나아가는 길, 우리의 기본 설정값default인 평화의 초원으로 가는 길에 이 책이 제법 든든한 벗이 되어줄 거라 믿는다.

김수진